Geheimdienste der Welt

Alexandra Sgro

compact via

compact via ist ein Imprint der Compact Verlag GmbH

Baierbrunner Straße 27, 81379 München
Ausgabe 2013

Text: Alexandra Sgro
Chefredaktion: Dr. Matthias Feldbaum
Redaktion: Jenny Ranft
Produktion: Frank Speicher
Abbildungen: siehe Bildnachweis S. 224
Titelabbildungen: fotolia.com: Maksim Kostenko (Fernglas), burak çakmak
(Top-Secret-Stempel); iStockphoto.com/jsteck (Aktenmappe)
Gestaltung: h3a GmbH, München
Umschlaggestaltung: h3a GmbH, München

ISBN 978-3-8174-8963-3
381748963/1

www.compactverlag.de

Vorwort

Die Anschläge des 11. September 2001 schufen weltweit eine Atmosphäre der Unsicherheit und Angst. Die westliche Welt sah sich in ihren Grundfesten bedroht und fand im Kampf gegen den islamistischen Terror ein probates Mittel zur Abwendung der äußeren Gefahr. Die internationalen Operationen, die im Verborgenen stattfinden mussten, rückten die Geheimdienste in den Mittelpunkt des öffentlichen Interesses. Sie übernahmen fortan mehr oder minder erfolgreich die bedeutsame Aufgabe, erneute Terroranschläge zu verhindern.

Doch wie funktionieren die im Geheimen agierenden staatlichen Behörden? Welche Aufgaben nehmen sie wahr, wie sind die sicherheitspolitisch bedeutenden Organisationen aufgebaut und wer trägt dafür Sorge, dass sie den rechtsstaatlichen Prinzipien folgen? Anhand historischer Beispiele, wie dem damals allseits gefürchteten KGB, und der gegenwärtig hinter den Kulissen der aktuellen internationalen Politik operierenden Geheimdienste, wie der mächtigen CIA, sollen diese Fragen beleuchtet werden.

Gleichzeitig möchte dieses Buch einen Blick auf die Kehrseite der Medaille werfen und die großen Skandale sowie die antidemokratischen Aktivitäten der internationalen Geheimdienste aufzeigen. Zu nennen sind hier vor allem die sozialistischen und kommunistischen Geheimdienste der ehemaligen DDR und Sowjetunion. Aber auch das aktuelle syrische Regime unter Baschar al-Assad, das den Geheimdienst als Instrument der Repression nutzt, oder der afghanische Geheimdienst, dem von verschiedenen Organisationen Menschenrechtsverletzungen vorgeworfen werden, gehören in diese Kategorie.

Um das Individuum hinter der Institution nicht aus den Augen zu verlieren, rücken Sonderseiten die Lebenswege berühmter Geheimdienstmitarbeiter in den Mittelpunkt des Interesses. Die persönlichen Motive weltbekannter Spione, wie Günter Guillaume oder Lawrence von Arabien, werden geklärt, ihre Missionen beschrieben und gegebenenfalls ihre Enttarnung und die Folgen aufgedeckt.

Tauchen Sie ein in die spannende Welt der Geheimdienste!

INHALT

TOP SECRET

TOP SECRET

BUNDESNACHRICHTEN-DIENST

Seit 1956 steht der Bundesnachrichtendienst (BND) der deutschen Bundesregierung und dem Parlament in Fragen der äußeren Sicherheit mit Rat und Tat zur Seite. Ob und in welchem Ausmaß die Regierung bei internationalen Konflikten und Krisen eingreift, wird in den meisten Fällen anhand der vom BND beschafften Informationen entschieden.

NAME:
Bundesnachrichtendienst

ABKÜRZUNG:
BND

GRÜNDUNGSDATUM:
1. April 1956

HAUPTSITZ:
Pullach, ab 2016 Berlin

STELLUNG:
Einziger Auslandsnachrichtendienst der Bundesrepublik Deutschland

AUFGABENGEBIET:
Äußere Sicherheit, Unterstützung der Bundeswehr bei Auslandseinsätzen, Terrorismusbekämpfung, Berater der Bundesregierung und des Parlaments

ZUSTÄNDIGKEIT:
Bundesrepublik Deutschland

Bundesnachrichtendienst

Emblem des Bundesnachrichtendienstes

GESCHICHTE

Die Organisation Gehlen und die Anfänge des BND

Seine Wurzeln hat der Bundesnachrichtendienst in der „Organisation Gehlen". Reinhard Gehlen (1902–79), ein ehemaliger Abwehroffizier der deutschen Wehrmacht, erhielt durch die CIA nach dem Ende des Zweiten Weltkrieges den Auftrag, einen Geheimdienst in Westdeutschland ins Leben zu rufen. Der Offizier war den Amerikanern gut bekannt: Bereits kurze Zeit vor Kriegsende hatte sich der ehemalige Leiter der Spionageabteilung „Fremde Heere Ost" in amerikanische Gefangenschaft begeben und der Besatzung wichtige Unterlagen per Mikrofilm zukommen lassen. Nun sollte der Agent, der unter der Führung Adolf Hitlers (1889–1945) zahlreiche Informationen über die Sowjetunion gesammelt hatte, dabei helfen, den Kommunismus zu bekämpfen. Doch seine Vergangenheit wurde ihm fast zum Verhängnis: Gehlen bestückte den Geheimdienst teilweise mit ehemaligen Anhängern des Nationalsozialismus. Der Ruf der noch jungen „Organisation Gehlen" nahm erheblichen Schaden, politische Gegner unterstellten dem früheren Offizier immer wieder, ein Sympathisant des Nationalsozialismus zu sein. Das Kabinett unter der Führung von Kanzler Konrad Adenauer (1876–1967) hielt dies jedoch nicht davon ab, Gehlen am 20. Dezember 1956 als ersten Präsidenten der am 1. April 1956 gegründeten und somit inzwischen offiziellen Nachfolgeorganisation, dem deutschen Bundesnachrichtendienst, mit Sitz in Pullach einzusetzen.

Reinhard Gehlen – Präsident mit fragwürdiger Vergangenheit

Mit dem Juristen Gerhard Schindler (*1952) hat im Jahr 2012 der inzwischen 11. Präsident die Leitung übernommen. Zu den ehemaligen BND-Chefs zählt unter anderen der spätere Vizekanzler Klaus Kinkel (*1936), der 1979 bis 1982 diesen Posten bekleidete. Der Bundesnachrichtendienst hat 2010 die interne Forschungs- und Arbeitsgruppe „Geschichte des BND" ins Leben gerufen sowie eine unabhängige externe Historikerkommission beauftragt, die Entstehungsgeschichte sowie die Arbeitsweise des BND zwischen 1945 und 1968 zu untersuchen. Auf dem Wappen des Auslandsnachrichtendienstes prangt auf Gehlens Initiative hin seit dem Jahr 1957 eine Zeichnung des Heiligen Georgs.

Der Bau der deutschen Mauer

Die Situation im politisch zweigeteilten Deutschland sowie die Pläne der Besatzungsmächte beschäftigten den Bundesnachrichtendienst viele Jahre nach dem Ende des Zweiten Weltkrieges. Während der Berlinkrise im Jahr 1958 stellte er etwa die Vermutung auf, dass die führenden Köpfe der Sozialistischen Einheitspartei Deutschlands (SED) der Sowjetunion die Erlaubnis abringen wollten, gegen West-Berlin, das sich unter anderem weigerte, die Hoheitsrechte für alle Zugangswege auf die DDR zu übertragen, schärfer vorgehen zu dürfen. Die Behörde befürchtete auch, dass das eigene Agentennetz von sozialistischen Spionen unterwandert werden könnte und ließ sicherheitshalber alle laufenden sowie sämtliche zukünftig anstehenden Operationen überprüfen.

Der Bau der Mauer im August 1961

Am 29. Juni 1961 berichtete ein Informant, dass die in Berlin-Rummelsburg stationierte 2. Bereitschaft der Volkspolizei verlagert werde und folgerte daraus, dass auf diesem Wege Maßnahmen in Bezug auf die Berlinfrage vorbereitet würden. Bereits einige Tage vor der Errichtung der Berliner Mauer meldete der Bundesnachrichtendienst schließlich der Regierung, dass zwischen dem 12. und dem 18. August die Sektorengrenzen auf Weisung der DDR-Regierung geschlossen werden würden. Auf diesem Wege sollte dem innerdeutschen Flüchtlingsstrom, der unkontrollierbare Ausmaße angenommen hatte, Einhalt geboten werden. Laut dem BND sollen die Berliner Stadtkommandanten aufseiten der USA und Großbritanniens spätestens am Mittag des 12. August, einen Tag vor dem Mauerbau, von dem Vorhaben gewusst haben. Dennoch wurde die Teilung Deutschlands nicht verhindert.

Kurz nach dem Mauerbau schnappte ein Agent des BND in Moskau die Aussage eines sowjetischen Funktionärs auf, dass die Sowjetunion mit der Öffnung der Sektorengrenze einverstanden wäre, sofern die USA einwilligen würden, die politische Neutralisierung Westberlins gegenüber dem Osten voranzutreiben. Der Berliner Senat sollte daraufhin eine neutrale Haltung einnehmen. Die Rundfunkanstalten *Sender Freies Berlin* (SFB) und *Rundfunk im amerikanischen Sektor* (RIAS) sollten zudem ihren Betrieb in Westberlin einstellen. Diesen Forderungen gaben die Amerikaner jedoch nicht nach. Die innerdeutsche Teilung hatte bis zur Wiedervereinigung am 3. Oktober 1990 Bestand.

AUFGABENGEBIET

Die Tätigkeitsbereiche sowie Zuständigkeitsgebiete des BND sind offiziell im Gesetz über den Bundesnachrichtendienst (BND-Gesetz) geregelt, das am 30. Dezember 1990 in Kraft trat. Darin ist verankert, dass dem BND die Aufgabe obliegt, Informationen im Ausland zu sammeln, die von Bedeutung für die Sicherheit der Bundesrepublik sowie für außenpolitische Fragen erscheinen. Diese werden an die Bundesregierung und das Parlament weitergegeben. Der BND ist befugt, in Einzelfällen Auskünfte über Personen einzuholen, die eine potenzielle Gefahr für die Sicherheit des Landes darstellen. Dafür darf er beispielsweise Angaben über Flugbuchungen, Kontobewegungen und Telefon-

Das Olympiagelände in München

Terrorismusbekämpfung als primäre Aufgabe des BND seit dem 11. September 2001

sowie Internetnutzungen einholen und unterstützt dementsprechend die verschiedenen Ermittlungs- und Strafverfolgungsbehörden Deutschlands. Auf diese Weise sollen vor allem mögliche terroristische Anschläge aufgedeckt und vereitelt werden.

Anlass hierfür hatten besonders die Olympischen Spiele 1972 in München gegeben, die zum sportlichen Event für die bayrische Hauptstadt werden sollten. Der sportliche Wettkampf trat jedoch infolge eines furchtbaren Anschlages in den Hintergrund: Acht palästinensische Terroristen der Gruppierung „Schwarzer September" drangen in die Unterkunft der israelischen Mannschaft ein, töteten zwei Sportler und nahmen neun weitere als Geiseln. Der anschließende Befreiungsversuch der deutschen Polizei endete in einem Fiasko: 17 Menschen mussten am Flugplatz Fürstenfeldbruck ihr Leben lassen.

Um zukünftig ähnlich gelagerten terroristischen Aktionen vorzeitig entgegenwirken zu können, hat der Bundesnachrichtendienst einen seiner Aufgabenschwerpunkte auf die nachrichtendienstliche Aufklärung von Terrorgruppen gelegt. Durch das Zusammentragen von wichtigen Informationen über einzelne Staaten und Organisationen unterstützt der BND außerdem die Bundeswehr bei ihren verschiedenen Auslandseinsätzen: Er unterrichtet das Militär über die wichtigsten politischen Veränderungen und Krisen, die im Einsatzgebiet vorherrschen. Bei Entführungen deutscher Staatsangehöriger bietet er seine Hilfe an.

ORGANISATION

Personal und Abteilungen

An oberster Stelle des Bundesnachrichtendienstes steht der BND-Präsident, dem der Vizepräsident – sein offizieller Vertreter – zur Seite steht. Das Amt des Präsidenten ist an keine Partei und keinen Berufsstand gebunden.

Schon gewusst?

Der Posten des Vizepräsidenten unterteilt sich zusätzlich in die Bereiche „Militärische Angelegenheiten" und „Zentrale Aufgaben und Modernisierung". Ersterer wurde im Jahr 2003 neu in die Statuten des Bundesnachrichtendienstes aufgenommen.

Ergänzt wird der Vorstand unter anderem durch den Leistungsstab, den Gleichstellungsbeauftragten und den Personalrat. Insgesamt sind über 6500 Personen für den Bundesnachrichtendienst tätig. Die Fachabteilungen, die in verschiedene Referate unterteilt sind, befassen sich mit unterschiedlichen Themengebieten wie „Technische Aufklärung", „Terrorismus", „Proliferation ABC-Waffen", „Eigensicherung" und „Einsatzgebiete/Auslandsbeziehungen". Bearbeitet werden die einzelnen Inhalte von Teams, die sich wiederum um verschiedene Sachgebiete kümmern. Eine eigenständige Abteilung zur Aufklärung des internationalen Terrorismus hat im August des Jahres 2001, also kurz vor den katastrophalen Anschlägen des 11. Septembers, ihre Arbeit aufgenommen.

Kostbarer Neubau

Seinen Sitz hat der einzige Auslandsnachrichtendienst der Bundesrepublik in der Gemeinde Pullach im Isartal. Kleinere Nebenstellen unterhält der BND im In- und Ausland. Ihnen obliegt unter anderem die Aufgabe, Maßnahmen einzuleiten, wenn deutsche Staatsangehörige im Ausland entführt werden.

2003 beschloss das Bundessicherheitskabinett, dass die Zentrale des BND gemeinsam mit einem Großteil der Außenstellen in die Hauptstadt ziehen sollte. Bereits im September 2003 wurde die ehemalige Gardeschützenkaserne in Berlin-Lichterfelde für über 1000 Angestellte zu ihrer neuen Heimat. Nur wenige Jahre später erfolgte in der Nähe des Deutschen Bundestags und dem Kanzleramt in der Chausseestraße in Berlin-Mitte der Spatenstich für einen groß angelegten Neubau. Kurz zuvor war bereits die Auswerteeinheit für Nachrichtenwesen der Bundeswehr Teil des BND geworden. Der Bau der Zentrale soll voraussichtlich 2016 abgeschlossen werden. Es ist das größte Bauprojekt in Deutschland seit der Wiedervereinigung. Aufgrund zahlreicher Pannen auf der Baustelle, zum Beispiel Probleme beim Einbau der Lüftungsanlage sowie verschwundene Baupläne, sind die Kosten auf rund 912 Millionen Euro gestiegen – 192 Millionen Euro mehr als ursprünglich geplant.

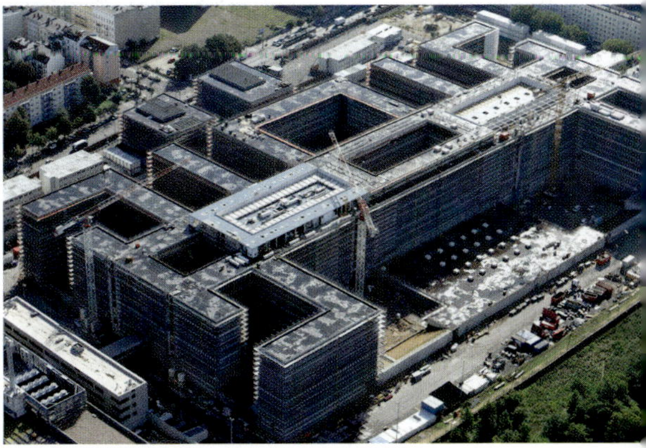

Die neue BND-Zentrale in Berlin

Wege der Informationsgewinnung
Mithilfe der vier folgenden Verfahrensweisen gelangt der Bundesnachrichtendienst hauptsächlich an die gewünschten Informationen: HUMINT, SIGINT, OSINT und IMINT.

Der Mensch als Hinweisquelle steht im Mittelpunkt der Methode HUMAN INTELLIGENCE (HUMINT). Für die Arbeit der Agenten ist diese operative Vorgehensweise unabdingbar, obwohl sie in einigen Fällen eine große Gefahr für Informanten und Mitarbeiter darstellt. Neben der Informationsgewinnung nimmt der Schutz der Quelle daher einen hohen Stellenwert ein. Die HUMINT zählt zu den wichtigsten Arten der Informationsbeschaffung.

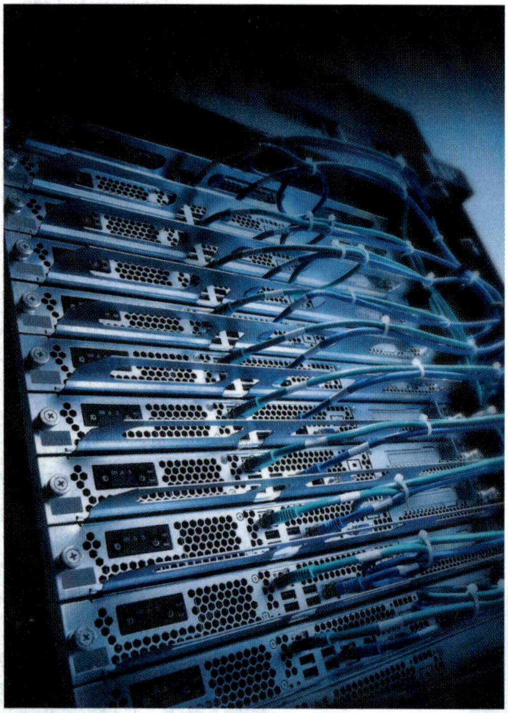

OSINT – Datenströme des Netzes filtern

Einen ebenfalls großen Stellenwert nimmt die OPEN SOURCE INTELLIGENCE (OSINT) ein, für die sämtliche frei verfügbaren Informationskanäle gezielt durchsucht werden. Dies geschieht weltweit und in allen gängigen Sprachen dieser Erde. Die Beschaffung der Informationen erfolgt nach einem bestimmten, intern geregelten System des Bundesnachrichtendienstes. Das OSINT-Verfahren ist mit einem hohen Arbeitsaufwand verbunden, da die Hinweise zunächst vorsortiert und ausgewertet werden müssen, bevor sie an die zuständigen Abteilungen weitergeleitet werden können, die sich mit den Informationen vertiefend beschäftigen.

Der neuesten Medien bedient sich die SIGNALS INTELLIGENCE (SIGINT). Die Informationsbeschaffung mittels technischer Geräte ist jedoch strengen Regelungen unterworfen. Nur bei hinreichendem und begründetem Verdacht dürfen E-Mail-Verkehr und Telefonanrufe kontrolliert werden. Generell werden die Datenströme, die aus aller Herren Länder durch das weltweite Netz geschickt werden, nur auszugsweise gefiltert. Diese werden anschließend auf spezielle, vorher festgelegte Inhalte hin überprüft. Im Gegensatz zur HUMINT ist die SIGINT hinsichtlich des gewünschten Informationsgehaltes schwer steuerbar, da sie nur empfangend (rezeptiv) arbeitet.

Ihren Schwerpunkt setzt die IMAGERY INTELLIGENCE (IMINT) auf das Einfangen von nützlichen Bildern aus dem All, die per Satellit und/oder Luftbild gewonnen werden.

In der Regel wird beim BND zwischen verschiedenen Formen der Berichterstattung unterschieden. So werden die aktuellen Entwicklungen in einem Tagesbericht zusammengefasst

Satellitenbilder – Grundlagen des IMINT

Das Bundeskanzleramt in Berlin

den reibungslos verläuft. Der BND steht in der Pflicht, ihm auf Wunsch Informationen über bestimmte Verdachtsfälle sowie anderweitige Vorkommnisse zukommen zu lassen. Außerdem darf er Auskünfte über die Arbeitsmethoden des Bundesnachrichtendienstes einholen sowie Vorschriften erlassen, die die Arbeit der Nachrichtendienste regeln. Überwacht wird der BND unter anderem durch die G10-Kommission. Die ressortübergreifende

und dem Referenten im Bundeskanzleramt im Rahmen der regelmäßig abgehaltenen nachrichtendienstlichen Lagebesprechung mitgeteilt. Per Sonderbericht werden die von den entsprechenden Arbeitsgruppen erlangten Erkenntnisse zu gegenwärtigen Krisen an die passenden Ressorts übermittelt.

Zusammenarbeit mit anderen Behörden

Der Chef des Bundeskanzleramtes, Ronald Pofalla (*1959), steht dem Bundesnachrichtendienst sowie dem Amt für den Militärischen Abschirmdienst (MAD) und dem Bundesamt für Verfassungsschutz (BfV) vor. Er ist für die Koordinierung der Zusammenarbeit zwischen den drei Bundesbehörden verantwortlich. Als Beauftragter für die Nachrichtendienste des Bundes hat er dafür Sorge zu tragen, dass der Austausch mit anderen Dienststellen und Behör-

Zusammenarbeit mit den anderen beiden Geheimdiensten erfolgt vor allem in Hinblick auf die Punkte Terrorismus und organisierte Kriminalität.

AUSBILDUNG

Gefragt beim Bundesnachrichtendienst sind vor allem Fremdsprachenexperten, Informatiker, Juristen und Biologen. Auch Ingenieure und Islamwissenschaftler haben dort gute Chancen. Voraussetzung ist in jedem Fall die deutsche Staatsbürgerschaft. Außerdem dürfen sich die Kandidaten nicht in Staaten aufhalten, die eine Gefahr für Leib und Leben darstellen. Auch Reisen in diese Länder sind untersagt. Nachdem der persönliche Background aufgrund des Sicherheitsüberprüfungsgesetzes (SÜG) im Rahmen einer Sicherheitsprüfung kontrolliert wurde, werden die zukünftigen Agenten an der behördeneigenen Schule unterrichtet. Die Ausbildung beim BND dauert zwei bis drei Jahre, Angestellte im höheren Dienst müssen an einem sechswöchigen Einführungslehrgang teilnehmen. Es wird zwischen Tarifbeschäftigten, Soldaten und Beamten unterschieden. Um zum Beispiel im mittleren Dienst angestellt zu werden, ist ein Realschulabschluss oder Hauptschulabschluss sowie eine abgeschlossene Berufsausbildung Pflicht. Alle weiteren Ausbildungen, die zum Beamtenstatus führen, verlangen mindestens das Abitur, die Fachhochschulreife oder einen ähnlichen Bildungsgrad, der diesen Abschlüssen gleichwertig ist. Auch ein duales Studium ist beim BND möglich.

DIE AFFÄREN DES BND

Der Abhörskandal von Stammheim

Im Laufe der über 50-jährigen Geschichte des BND finden sich einige Aktivitäten, die ein unrühmliches Licht auf die Ermittlungsmethoden der Behörde werfen. So spielte der Nachrichtendienst in der verfassungswidrigen Abhöraffäre von Stammheim eine wichtige Rolle.

1970 hatten Gudrun Ensslin (1940–77), Andreas Baader (1943–77), Ulrike Meinhof (1934–76) und Horst Mahler (*1936) die Rote-Armee-Fraktion (RAF) gegründet, die durch zahlreiche Sprengstoffattentate auf staatliche Einrichtungen jahrelang Angst und Schrecken in Deutschland verbreitete. Auch vor Mord schreckten einige Mitglieder der Gruppierung, die noch eine zweite und dritte Generation nach sich zog und sich 1998 selbst auflöste, nicht zurück. Im Rahmen der sogenannten Mai-Offensive verübte die RAF fünf Attentate auf Einrichtungen der Justiz, des Springer-Konzerns und der US-Armee. Die Anschlagsserie kostete vier Menschen das Leben und 41 weitere erlitten zum Teil schwere Verletzungen. Daraufhin wurde die größte Fahndungsaktion in der Geschichte der Bundesrepublik organisiert. Mit Erfolg: Am 1. Juni 1972 wurden Holger Meins (1941–74), Andreas Baader und Jan-Carl Raspe (1944–77) nach mehreren Schusswechseln in einer von ihnen angemieteten Garage in Frankfurt am Main gestellt, Gudrun Ensslin wenig später in einer Hamburger Boutique. Ulrike Meinhof fand zunächst Unterschlupf bei einem Lehrer in Hannover, der jedoch der Polizei den entscheidenden Tipp zu ihrer Verhaftung gab.

Symbol der RAF – Maschinengewehr auf rotem Stern

Schon gewusst?

Das erste Jahr verbrachten die Anführer der RAF in verschiedenen Gefängnissen des Landes. Baader saß in Schwalmstadt, Ensslin in Essen, Raspe in Köln, Meins in Wittlich und Meinhof in Köln-Ossendorf.

Fahndung nach der Baader-Meinhof-Gruppe

Der Generalbundesanwalt erhob am 2. Oktober 1972 offiziell Anklage gegen Baader, Ensslin, Meinhof, Raspe und Meins. Die Anklageschrift legte den führenden Köpfen der RAF unter anderem Mord, Mordversuch, Raub, Diebstahl und Sprengstoffverbrechen zur Last. Holger Meins sollte den Prozess jedoch nicht mehr miterleben. Er starb am 9. November 1974 in der JVA Wittlich an den Folgen eines Hungerstreiks, den er aus Protest gegen die Haftbedingungen aufgenommen hatte. Die vier anderen RAF-Mitglieder wurden im Vorfeld des Gerichtsverfahrens ins Gefängnis Stammheim verlegt. Für den Prozess, der am 21. Mai 1975 begann, wurde aus Angst vor Befreiungsaktionen eigens ein schuss- und detonationssicheres Gebäude ohne Fester aus Fertigteilen errichtet. Die Verteidigung übernahmen unter anderem der spätere Bundesminister des Inneren, Otto Schily (*1932), sowie Rupert von Plottnitz (*1940) und Klaus Croissant (1931–2002), der ab 1981 als inoffizieller Mitarbeiter für das Ministerium für Staatssicherheit (MfS) der DDR tätig war.

Am zweiten Verhandlungstag erklärte Andreas Baader, dessen Anwälte wegen einer Änderung der Strafprozessordnung kurzzeitig vom Gerichtsverfahren ausgeschlossen worden waren, dass

Eingang der Justizvollzugsanstalt Stammheim

es ihm unmöglich gewesen sei, in der Zwischenzeit einen Verteidiger zu finden, mit dem er unbewachte Gespräche hätte führen können. In diesem Zusammenhang verwies er auf Abhörgeräte, die in den Besuchszellen für Verteidigerbesuche angebracht worden seien. Weiter führte er aus, dass er und seine Mitstreiter seit dem Sommer 1973 von diesen Wanzen gewusst hätten.

Zunächst wurden Baaders Behauptungen von der breiten Öffentlichkeit als unglaubwürdig abgetan. In Wirklichkeit hatte jedoch Dieter Wagner, der damalige Präsident des baden-württembergischen Verfassungsschutzes, den Chef der Spionagebekämpfung gebeten, in Stammheim Wanzen und Abhörmikrofone zu installieren. Der Auftrag wurde ohne Wissen des Präsidenten des Bundesamtes für Verfassungsschutz am 1., 2. und 3. März 1975 sowie erneut am 1. Mai 1975 ausgeführt. Am 9. Mai nahm das Referat Staatsschutz des Landeskriminalamtes Baden-Württemberg zwecks einer technischen Beratung Kontakt mit dem „Verbindungsreferenten" des BND auf. Zunächst sollte die bereits vorhandene Abhöranlage verbessert werden, dies war jedoch unter den gegebenen Umständen nicht möglich. Den Einbau einer neuen Anlage wollte der Vorstand des Bundesnachrichtendienstes erst mit dem Bundeskanzleramt abgesprochen wissen. Ministerialdirektor Kurt Rebmann, der sich im baden-württembergischen Justizministerium um das Thema Stammheim kümmerte, setzte sich mit Franz Schlichter, dem verantwortlichen Gruppenleiter im Kanzleramt, in Verbindung, um die dringende Angelegenheit, die ihm nicht schnell genug geklärt wurde, voranzutreiben. Nachdem Rebmann die Bestätigung gegeben hatte, dass die Abhörmaßnahme rechtlich kein Problem darstellen würde, legte Schlichter seinem Vorgesetzten Manfred Schüler das Problem dar. Der Staatssekretär gab BND-Präsident Gerhard Wessel (1913–2002) für das Projekt seine

Entführungsopfer der RAF – Arbeitgeberpräsident Hanns Martin Schleyer

Rückkehr der befreiten Geiseln nach der Landshut-Entführung

Zustimmung. Die Wanzen wurden schließlich in zwei Zellen installiert, die nicht von Insassen belegt waren. Diese wurden hauptsächlich für die Gespräche zwischen Anwälten und Mandanten genutzt.

Der baden-württembergische Justizminister Traugott Bender (1927–79) sowie Innenminister Karl Schiess (1914–99) gaben später zu, dass Abhörmaßnahmen zwischen dem 24. April und 9. Mai 1975 sowie erneut zwischen dem 6. Dezember 1976 und dem 21. Januar 1977 durchgeführt worden seien. Bis auf eine Tonbandaufnahme zwischen Klaus Croissant und Ulrike Meinhof, von der es nur eine Transkription gibt, seien jedoch alle Aufnahmen gelöscht worden. Die Verteidigung verlangte den Stopp des Prozesses wegen Verletzung der geltenden Rechte und Gesetze. Die Forderung wurde jedoch abgelehnt.

Am Morgen des 9. Mai 1976 wurde Ulrike Meinhof tot in ihrer Zelle gefunden. Die Gerichtsmediziner stellten Suizid durch Strangulierung fest. Sie schlossen Fremdeinwirkung aus. Von vielen Mitgliedern der RAF wurde diese Aussage jedoch bezweifelt. Die von Meinhofs Schwester Wienke Zitzlaff angeordnete zweite Obduktion kam zum selben Ergebnis.

Am 28. April 1977 wurden die drei verbliebenen Angeklagten zu einer lebenslangen Freiheitsstrafe verurteilt. Anschließend entführten Mitglieder der zweiten Generation am 5. September 1977 den Arbeitgeberpräsidenten Hanns Martin Schleyer (1915–77). Für dessen Befreiung sollten elf RAF-Mitglieder aus der Haft entlassen werden. Auch die Entführung der Lufthansa-Maschine Landshut durch palästinensische Terroristen am 13. Oktober verfolgte das gleiche Ziel: Die Entführer drohten, die Passagiere und Besatzungsmitglieder zu töten, wenn die Bundesregierung die elf Gefangenen nicht freiließe. Doch die deutsche Regierung ließ sich nicht auf die Erpressungen der RAF ein. Die GSG 9 konnte am 18. Oktober 1977 in Mogadischu die Geiseln nach einer ausgeklügelten Hinhaltetaktik unversehrt befreien. Als Raspe, Ensslin und Baader von der gescheiterten Geiselnahme erfuhren, begingen sie noch am selben Tag kollektiv Selbstmord („Todesnacht von Stammheim"); einzig Irmgard Möller überlebte. Dies bedeutete gleichzeitig den Tod Schleyers. Ob die Absprache zum Suizid ebenfalls abgehört wurde und bekannt war, ist ungewiss. Vom BND wird diese Vermutung vehement bestritten.

Der Zweite Irakkrieg

Tippgeber in der Irakkrieg-Affäre?

Eine entscheidende Rolle spielte der BND während des Zweiten Irakkrieges, der am 19. März 2003 mit dem Einmarsch der US-Truppen seinen Anfang nahm und bereits am 1. Mai für beendet erklärt wurde. Der damalige US-Verteidigungsminister Colin Powell (*1937) war am 5. Februar 2003 vor den UN-Sicherheitsrat getreten, um Unterstützung für einen Militärschlag gegen den Irak zu gewinnen. Er stützte sich auf die Aussage eines Informanten des Bundesnachrichtendienstes (Rafid Ahmed Alwan al-Janabi; Deckname „Curveball"), der behauptete, dass sich im Irak Massenvernichtungswaffen sowie mobile Biowaffenlabore befänden. Der ehemalige irakische Chemieingenieur war im Jahr 2000 zum ersten Mal mit dem BND in Kontakt getreten. Seine Aussagen stellten sich nach aufwendigen Überprüfungen im Nachhinein als falsch heraus.

Entgegen der ablehnenden Haltung der rot-grünen Regierung hatten Agenten des Geheimdienstes in Bagdad darüber hinaus den US-amerikanischen Truppen entscheidende Informationen zukommen lassen. Sie sollen Angaben über die Position von Verteidigungsstellungen sowie die Truppenbewegung gemacht haben. Die Aussagen der Agenten sollen das US-Militär mehrfach dazu veranlasst haben, ihren Standort sowie ihre Einsatzpläne zu ändern. Außerdem soll der BND Botschaften, Krankenhäuser und ähnliche Ziele genannt haben, die von den amerikanischen Bomben verschont bleiben sollten. Einige Politiker stellten nach der Enthüllung die berechtigte Frage in den Raum, ob der BND überdies auch Ziele übermittelt habe, die später von den USA bombardiert wurden. Dieser Informationsaustausch müsste dann als aktives Eingreifen in den Krieg gewertet werden, was wiederum im Gegensatz zur offiziellen Verlautbarung der Bundesregierung stand. Diese hatte sich vehement gegen den Irakkrieg ausgesprochen.

FRAU MIT SINN UND VERSTAND – ELISABETH SCHRAGMÜLLER

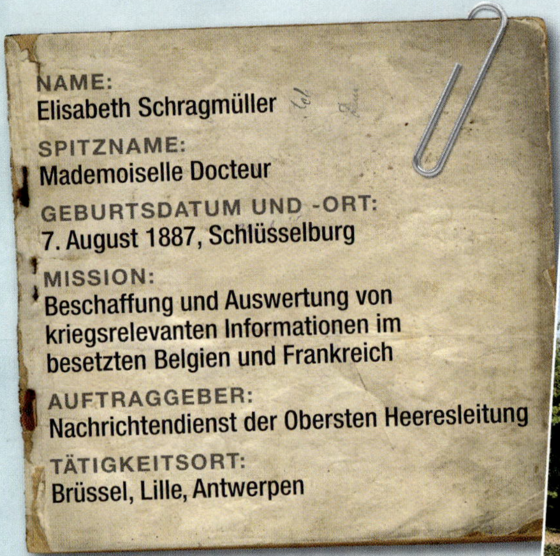

NAME:
Elisabeth Schragmüller

SPITZNAME:
Mademoiselle Docteur

GEBURTSDATUM UND -ORT:
7. August 1887, Schlüsselburg

MISSION:
Beschaffung und Auswertung von kriegsrelevanten Informationen im besetzten Belgien und Frankreich

AUFTRAGGEBER:
Nachrichtendienst der Obersten Heeresleitung

TÄTIGKEITSORT:
Brüssel, Lille, Antwerpen

Burg von Schlüsselburg

Elisabeth Schragmüller (1887–1940), von den Franzosen gern auch als Mademoiselle Docteur betitelt, ist eine der wenigen weiblichen Top-Spione, die die Männerwelt mit ihren analytischen Fähigkeiten und nicht mit ihrem Charme und ihrem guten Aussehen begeisterte. Wohl überlegt und stets Vor- und Nachteile abwägend machte sich die „Königin der Spionage" gewissenhaft an ihre Arbeit.

Geboren wurde die Deutsche am 7. August 1887 als Tochter eines Offiziers und einer Adeligen. Im Kindesalter eignete sie sich hervorragende Französischkenntnisse an. Als eine der ersten Frauen studierte sie in Freiburg, Berlin und Lausanne das Fach Staatswissenschaften. Die Universitätsprüfungen bestand sie mit Bravour: 1913 erlangte die spätere Spionin den Doktortitel. Nach dem Ende ihres Studiums und dem Beginn des Ersten Weltkrieges versuchte Elisabeth Schragmüller in Brüssel eine Anstellung als Zensorin zu erhalten, um bei der Verteidigung des Deutschen Reiches eine aktive Rolle einnehmen zu können. Sie vertraute jedoch

Schon gewusst?

Ihre letzten Lebensjahre verbrachte Schragmüller in mehreren Sanatorien und Krankenhäusern, da bei ihr eine Knochentuberkulose festgestellt wurde.

nicht auf den üblichen Bewerbungsweg. Stattdessen reiste sie ohne eine konkrete Zusage nach Belgien und nahm sich in dem gleichen Hotel ein Zimmer, in dem ihrer Kenntnis nach auch der Generalfeldmarschall Wilhelm Leopold Colmar Freiherr von der Goltz (1843–1916), der damalige Generalgouverneur der okkupierten belgischen Gebiete, wohnte.

Schragmüller nutzte die Gunst der Stunde und passte den Offizier nach seinem Mittagessen auf dem Hotelflur ab. Mit ihrer direkten und intelligenten Art nahm sie den Generalgouverneur schnell für sich ein und unterstützte ihn bereits am nächsten Tag bei seiner Arbeit. Ihr wurde aufgetragen, Briefe, die an belgische Zivilisten gerichtet waren, abzufangen und auf wichtige Informationen zu untersuchen. Ihrer Aufgabe kam Schragmüller mehr als akkurat nach und sie erarbeitete sich schnell eine gewisse Prominenz. Schon früh galt sie unter ihren Kollegen als perfekte Agentin, der die Analyse der Nachrichten scheinbar in Fleisch und Blut übergegangen war.

Freiherr von Goltz

Ihr Fleiß wurde rasch belohnt: Die deutsche Agentin erhielt offiziell eine Anstellung in der Brüsseler Kriegsnachrichtenstelle. Von dort aus reiste sie für den deutschen Geheimdienst anschließend weiter nach Lille, wo sie innerhalb der Einheit eine Führungsrolle übernahm. In ihr Aufgabengebiet fiel unter anderem das Anfertigen von detaillierten Berichten sowie die Überwachung der deutschen Agenten. Ihre Meldungen richteten sich beispielsweise an den Stabschef des deutschen Belagerungskorps, der mit seinen Truppen Antwerpen angriff, das als schwer einnehmbar galt. Schragmüller hatte außerdem dafür zu sorgen, dass das Netz der Meldewege weiterhin problemlos funktionierte. Unter ihren Kollegen galt die Politikwissenschaftlerin als äußerst streng. Mit harter Hand bildete sie neue Agenten aus und rekrutierte mit kennerhaftem Blick neue Geheimdienstmitarbeiter.

Der größte Coup ihrer Karriere gelang der Spionin 1915. Dank ihrer Begabung und ihrem ausgeprägten Instinkt wurde Schragmüller zur Leiterin der Sektion der Kriegsnachrichtenstelle Antwerpen ernannt. Die Behörde beschäftigte sich mit den gegen Frankreich gerichteten Nachrichtendiensten. Während des Ersten Weltkrieges wurde die fleißige Deutsche mit dem Eisernen Kreuz I. ausgezeichnet und zum Oberstleutnant ernannt. Den Alliierten war die Mademoiselle Docteur wohl bekannt, doch ihre Identität blieb ihnen jahrelang verborgen.

Nach dem Ende des Krieges kehrte Schragmüller nach Deutschland zurück und übernahm in Freiburg als erste Frau eine Lehrstuhlassistenz. Danach zog es sie nach München, wo die Informationen über ihren beruflichen Werdegang abreißen. Sie starb am 24. Februar 1940. Bereits zu Lebzeiten wurden über die deutsche Geheimdienstagentin zahlreiche Filme gedreht.

AMT FÜR DEN MILITÄRISCHEN ABSCHIRMDIENST

Die militärische Sicherheit der deutschen Bundeswehr sowie die Extremismus- und Terrorabwehr hat sich das Amt für den Militärischen Abschirmdienst auf die Fahnen geschrieben. Darüber hinaus sammelt es Informationen zur Spionage- und Sabotageabwehr. Viele Politiker halten den MAD inzwischen für entbehrlich und wollen ihn am liebsten in die anderen deutschen Geheimdienste integriert sehen.

NAME:
Amt für den Militärischen Abschirmdienst (seit 1984); zuvor Amt für Sicherheit der Bundeswehr

ABKÜRZUNG:
MAD

GRÜNDUNGSDATUM:
30. Januar 1956

HAUPTSITZ:
Köln

STELLUNG:
Verfassungsschutzbehörde im Auftrag des Geschäftsbereichs des Bundesministeriums der Verteidigung

AUFGABENGEBIET:
Extremismusbekämpfung, Spionageabwehr, Sabotageabwehr, Terrorismusbekämpfung, Unterstützung der Bundeswehr bei ihren Auslandseinsätzen

ZUSTÄNDIGKEIT:
Bundesrepublik Deutschland

Emblem des MAD

GESCHICHTE

Nur wenige Monate vor der offiziellen Gründung des Bundesnachrichtendienstes entstand in Deutschland das Amt für die Sicherheit der Bundeswehr. Die Dienststelle des Bevollmächtigten des Bundeskanzlers für die mit der Vermehrung der alliierten Truppen zusammenhän-

Begrüßung der ersten Wehrpflichtigen in Mittenwald 1957

genden Fragen, im Volksmund auch Amt Blank genannt, unterhielt eine Verbindungsstelle zwischen der Bundesregierung und den alliierten Truppen. Als zudem am 5. Mai 1955 die deutsche Bundeswehr gegründet wurde – der Name geht auf einen Vorschlag des FDP-Politikers Hasso von Manteuffel (1897–1978) zurück –, verstärkte sich der Wunsch nach einem entsprechenden Geheimdienst. So entstand am 30. Januar 1956 aus der Verbindungsstelle die Unterabteilung „Innere Sicherheit der Streitkräfte". Nur knapp eineinhalb Jahre später wurde am 3. Oktober 1957 letztendlich das Amt für die Sicherheit der Bundeswehr ins Leben gerufen. Die 1961 gegründete MAD-Stelle Bonn beziehungsweise die spätere MAD-Sondergruppe übernahm die Abschirmung des Verteidigungsministeriums.

Große Wellen schlug 1983/84 die unehrenhafte Entlassung des Vier-Sterne-Generals Günter Kießling (1925–2009) (s. auch S. 28 ff.). Die Pannen wurden auf Bitten des damaligen Verteidigungsministers Manfred Wörner (1934–94) vom CSU-Politiker Hermann Höcherl (1912–89) untersucht. Der Bericht des Kommissionsvorsitzenden hatte zur Folge, dass der militäreigene Geheimdienst hinsichtlich seiner Aufgabengebiete stark umstrukturiert wurde. Fortan hieß die Behörde Amt für den Militärischen Abschirmdienst. Der Staatssekretär des Bundesministeriums für Verteidigung, der sich den Angelegenheiten der militärischen Sicherheit verpflichtet sieht, wurde fortan dem MAD vorangestellt. Er zeigt sich für die Fach- und Rechtsaufsicht über die Behörde verantwortlich. Sein Pendant im Bereich „Truppendienstlich" wurde der Inspekteur der Streitkräftebasis. Drei Geheimschutzbeauftragte kümmerten sich fortan in der Bundeswehr in Form von Prüfungen um die Empfehlungen des MAD. Die Spitzenpositionen werden seit der Umstrukturierung nicht mehr von Militärs wahrgenommen, sondern hauptsächlich von zivilen Beamten. Außerdem musste der MAD zahlreiche Zuständigkeitsbereiche an den BND abtreten. Dennoch agiert er im Gegensatz zum BND und BfV weiterhin im In- und Ausland.

Am 1. Juli 2012 hat der Jurist und ehemalige Referent im Bundesministerium der Verteidigung, Ulrich Birkenheier (*1949), das Amt des Präsidenten übernommen. Unter seiner Führung agieren derzeit rund 1250 Angestellte beim MAD.

Hasso von Manteuffel – General im Zweiten Weltkrieg

Der Bundeswehreinsatz in Afghanistan

AUFGABENGEBIET

Die Aufgaben des Amtes für den Militärischen Abschirmdienst stimmen mit denen des Bundesamtes für Verfassungsschutz in vielen Punkten überein. Sie fußen auf einer fast einheitlichen gesetzlichen Grundlage. Das MAD ist dafür zuständig, Soldaten und sonstige Militärs der Bundeswehr hinsichtlich ihrer politischen Einstellung und eventueller extremistischer Aktivitäten zu überprüfen. Besonders häufig werden auch Militärs, die mit geheimen Akten oder sensiblen Daten arbeiten, einer Sicherheitsprüfung unterzogen. Finanzielle und persönliche Verhältnisse werden im Fall der Fälle vom MAD gesichtet. Auf diese Weise sollen sogenannte Innentäter ausfindig gemacht werden. Außerdem versucht der Dienst Spionage- und Sabotagetätigkeiten innerhalb der Bundeswehr rechtzeitig aufzudecken und zu unterbinden.

Im Gesetz über den Militärischen Abschirmdienst (MADG) vom 20. Dezember 1990 ist verankert, dass der Geheimdienst die Bundeswehr vor fremden Mächten und ausländischen Nachrichtendiensten schützen soll, die mit ihrer Arbeit die innere Sicherheit der Bundeswehr gefährden. Im Jahr 2004 erhielt der MAD den Zusatzauftrag, die Einsätze im Ausland anhand von militärischer Aufklärungsarbeit abzusichern. So überprüft der Geheimdienst unter anderem ausländische Dienstleister, die im Lager der deutschen Soldaten arbeiten, sowie die technischen Sicherheitsmaßnahmen. Die Nachforschungen sind auf die Dienststellen und Einrichtungen innerhalb der Liegenschaften, in denen sich die Truppen aufhalten, beschränkt. Darüber hinaus berät der MAD die Bundeswehr bei der Aus- und Fortbildung im Bereich der militärischen Sicherheit und schützt die zivilen Angehörigen der Bundeswehr und des Verteidigungsministeriums.

ORGANISATION

Seinen Hauptsitz hat das Amt für den Militärischen Abschirmdienst in der Konrad-Adenauer-Kaserne in Köln. In der 1999 errichteten Schule für Verfassungsschutz in Heimerzheim nahe Bonn finden verschiedene Aus- und Weiter-

Köln – Hauptstadt des MAD

bildungen statt, zum Beispiel die Einführung von neuen Mitarbeitern in ihre Zuständigkeitsbereiche sowie die Ausbildung der Anwärter für den mittleren Dienst. Die Schule wird von Bund und Ländern als gemeinsame Bildungseinrichtung der Verfassungsschutzbehörden sowie des Militärischen Abschirmdienstes unterhalten. Die beiden Geheimdienste hatten zuvor je eine eigene Schule betrieben. Der MAD übernimmt hier vor allem die militärische Schulung. Rund 1200 Mitarbeiter leisten ihren Dienst beim MAD, von denen die meisten, rund zwei Drittel, als Berufssoldaten tätig sind. Durch die Abschaffung der Wehrpflicht am 1. Juli 2011 ist der Arbeitsaufwand des Amtes für den Militärischen Abwehrdienst geringer geworden. Aus diesem Grund strebt der Geheimdienst einen Abbau von rund 100 Planstellen bis zum Jahr 2014 an.

Dem MAD steht der Präsident beziehungsweise der Amtschef vor. Als Präsident wird ein Leiter nur bezeichnet, sofern es sich um eine Zivilperson und nicht um einen Angehörigen des Militärs handelt. Ihm zur Seite steht sein ständiger Vertreter. Die Behörde gliedert sich in fünf Abteilungen: Zentrale Aufgaben; Grundsatz/Recht/Nachrichtendienstliche Mittel; Extremismus-, Terrorismus-, Spionage- und Sabotageabwehr; Einsatzabschirmung sowie Personeller/Materieller Geheim- und Sabotageschutz. Zuvor war der Militärische Abschirmdienst einer dreiteiligen Führungsstruktur gefolgt. Sie setzte sich aus den Ebenen MAD-Amt, MAD-Gruppen und MAD-Stellen zusammen. Diese wurde jedoch im Zuge einer Reorganisation im Jahr 1994 in das Zweistufen-Modell umgewandelt. Die Aufgaben

Schon gewusst?

Der MAD unterhält sieben Außenstellen in den Städten Kiel, Hannover (Nebenstelle Wilhelmshaven), Hilden, Koblenz (Nebenstelle Mainz), Stuttgart, München (Nebenstelle Amberg) und Schwielowsee (Nebenstellen Leipzig und Rostock).

der einzelnen MAD-Gruppen übernahm das MAD-Amt, das sich in sechs Abteilungen aufschlüsselt. Zusätzlich wurde die Anzahl der MAD-Stellen halbiert: Statt 28 Stellen gab es fortan nur noch 14. Infolge der Ummodelung der Bundeswehrstruktur verringerte sich zum 1. Januar 2008 die Abteilungsgröße auf ihre heutige Anzahl. Zwei weitere MAD-Stellen wurden ebenfalls gestrichen. Im April 2012 wurde im MAD-Amt die eigenständige Abteilung „Einsatzabschirmung" errichtet und die Personalstellen wurden in einem erneuten Reduzierungsverfahren auf ihren derzeitigen Stand verringert.

Aufgabe des MAD – Terrorismusabwehr

Der MAD ist Teil der Projektarbeit „Gemeinsames Terrorismusabwehrzentrum" (GTAZ), das seit Dezember 2004 dem islamistischen Terrorismus den Kampf angesagt hat. Die Sicherheitsbehörden der Länder und des Bundes haben in Berlin eine gemeinsame Koordinierungsstelle ins Leben gerufen, um ihre Informationen zu zentralisieren und zu bündeln. Die Früherkennung einer eventuellen Bedrohung soll dank der verkürzten und besser strukturierten Kommunikationswege in Zukunft einfacher gelingen. Insgesamt 40 Behörden beteiligen sich am GTAZ. Die einzelnen Arbeitsgruppen klären unter anderem ab, wie im Falle einer Sprengstoffbeschaffung oder der Entdeckung von gefälschten Ausweispapieren vorgegangen werden soll. In täglich abgehaltenen Lagebesprechungen werden Informationen, die von der Polizei und den Nachrichtendiensten gewonnen werden konnten, untereinander ausgetauscht. Dabei soll auch das Gefahrenpotenzial verdächtiger Terroristen abgewogen und eingeschätzt werden. Der MAD gehört zudem dem ähnlich gelagerten Projekt „Gemeinsames Internetzentrum", das 2007 seine

Der geistige Vater der Bundeswehrreform – Karl-Theodor zu Guttenberg

Arbeit aufnahm, an. Seit 2011 engagieren sich Mitarbeiter des Amtes für den Militärischen Abschirmdienst auch beim Arbeitskreis „Gemeinsames Abwehrzentrum Rechts".

Heimerzheim – Sitz der Schule für Verfassungsschutz

AUSBILDUNG

Für eine Anstellung beim Amt für den Militärischen Abschirmdienst müssen bestimmte Kriterien erfüllt sein. Personen, die sich auf eine der freien Ausbildungsstellen bewerben, sollten auf jeden Fall jünger als 27 Jahre alt sein. Außerdem sollten sie einen Führerschein vorweisen können, denn Mobilität wird bei der Bewerbung vorausgesetzt. Fremdsprachenkenntnisse sind ebenfalls von Vorteil. Englisch ist quasi Pflicht, das Beherrschen weiterer Sprachen ein Pluspunkt. Besonders Interessenten, die eine oder gleich mehrere osteuropäische Sprachen sowie Arabisch sprechen, sind beim Militärischen Abschirmdienst gefragt. Vor jeder Einstellung steht eine Eignungsprüfung an, die sich über mehrere Tage erstreckt. In dieser Zeit werden die geistigen sowie sozialen Kompetenzen der Kandidaten beleuchtet. Außerdem analysieren Spezialisten die charakterlichen Fähigkeiten der Bewerber anhand von mehreren Tests und Gesprächen. Zudem wird mithilfe einer gründlichen ärztlichen Untersuchung überprüft, ob sich der Bewerber für den Dienst beim MAD in einer ausreichenden körperlichen Verfassung befindet. Als Abschluss der Bewerberphase wartet auf die Anwärter eine Sicherheitsprüfung, bei der im Rahmen einer internen Untersuchung ihr persönlicher Hintergrund abgefragt wird. Sollten die Kandidaten all die gewünschten Anforderungen ohne Probleme erfüllen, werden sie zur Ausbildung zugelassen. Auf dem Lehrplan stehen Themenschwerpunkte wie nachrichtendienstliche Technik und personenbezogener Geheimschutz. Hauptsächlich Soldaten, Feldwebel, Stabsoffiziere und Fachoffiziere arbeiten beim Amt für den Militärischen Abschirmdienst, aber auch Beamte und Angestellte der Bundeswehrverwaltung finden sich in den Reihen des Geheimdienstes. Die Beamten des mittleren, gehobenen und höheren Dienstes werden erst nach einer Aufnahmeprüfung von anderen Behörden übernommen.

DIE AFFÄREN DES MILITÄRISCHEN ABSCHIRMDIENSTES

Der Fall Kießling

Zum Stolperstein für das Amt für den Militärischen Abschirmdienst wurde die Affäre um den Vier-Sterne-General Günter Kießling (1925–2009). 1983 wurden Gerüchte laut, dass sich der Weltkriegsleutnant und Bundeswehrgeneral zu Männern hingezogen fühle. Er galt fortan als Sicherheitsrisiko in den eigenen Reihen, da er aufgrund seiner vermeintlichen sexuellen Orientierung erpressbar sei. Ins Rollen gebracht wurde die Lawine durch Werner Karrasch, stellvertretender Vorsitzender des Hauptpersonalrats des Bundesverteidigungsministeriums, und dem Regierungsdirektor des Amtes für die Sicherheit,

General Rogers

Artur Waldmann. Karrasch hatte Waldmann mitgeteilt, dass er vernommen habe, dass Kießling aufgrund seiner angeblichen Homosexualität von General Bernard W. Rogers (1921–2008), dem obersten alliierten Befehlshaber Europas, nicht empfangen werde. Auch dem zu diesem Zeitpunkt amtierenden CDU-Verteidigungsminister Manfred Wörner (1934–94) waren solche Gerüchte zu Ohren gekommen. Seine Informationen über das Verhalten Kießlings hatte Wörner von einem Agenten des MAD erhalten. Dieser hatte dem Verteidigungsminister berichtet, dass sich Kießling in der Vergangenheit mehrfach in der Kölner Kneipe „TomTom", einem beliebten Treff Homosexueller, aufgehalten hätte. Um an diese Information zu gelangen, war Stabsfeldwebel Jürgen Idel, Mitarbeiter der MAD-Gruppe III in Düsseldorf, durch verschiedene Bars in Köln, der ehemaligen Heimat Kießlings, gezogen, und hatte den Gästen ein Bild des Verdächtigen gezeigt. Die Aussagen, die bei der Befragung zustande kamen, waren in vielen Fällen nicht gesichert. Später stellten sie sich als komplett haltlos heraus. Wörner bestellte auf Geheiß des Generalinspekteurs Wolfgang Altenburg (*1928) am 15. September 1983 den General zu einem persönlichen Gespräch und ließ ihn zu den vom MAD aufgestellten Behauptungen Stellung nehmen. Trotz Kießlings mehrfachen Beteuerungen, er sei weder homosexuell noch erpressbar, schenkte Wörner den Ausführungen des Geheimdienstes mehr Glauben. So vereinbarten die beiden Männer, dass Kießling sich am 3. Oktober 1983 krankmelden und sich letztendlich am 31. März 1984 ehrenvoll in den vorzeitigen Ruhestand begeben sollte.

Kurz nach der Unterredung überzeugte jedoch der Staatssekretär im Verteidigungsministerium,

General Kießling (l.) und Bundesverteidigungsminister Wörner beim Großen Zapfenstreich

Die Verabschiedung Kießlings wurde am genannten Termin im Büro des Staatssekretärs in aller Stille vollzogen. Kießling verlangte daraufhin ein Disziplinarverfahren gegen seine eigene Person. Der breiten Öffentlichkeit wurde die Affäre am 5. Januar 1984 bekannt. Die Journalisten bedrängten Wörner, für die Anschuldigungen Beweise vorzulegen. Dieser verwies auf die Informationen des MAD. Aufgrund der Untersuchungen habe ein begründetes

Joachim Hiehle, Wörner, die Sache nicht auf sich beruhen zu lassen, sondern sie im großen Stil zu verfolgen. So wurde schließlich über Kießling und seine angebliche Homosexualität eine Akte angelegt; aus einer zunächst internen Angelegenheit wurde eine öffentliche. Die Untersuchungen im Fall Kießling wurden noch einmal intensiviert. Ein zweiseitiger Bericht, der Wörner im Dezember 1983 erreichte, ließ ihn die Entscheidung fällen, dass Kießling gemäß Paragraf 50 des Soldatengesetzes zum 31. Dezember 1983 hin in den Ruhestand verabschiedet werden sollte.

Schon gewusst?

Dem zweiten Dossier zum Fall Kießling lag ein Brief des Marinearztes Friedrich-Albert Richarz bei, der behauptete, dass der General das Chefarztzimmer im geöffneten Bademantel aufgesucht und sich währenddessen an den Genitalien berührt habe. Laut eigenen Aussagen hat Richarz diesen Brief nie verfasst.

Verdachtsmoment vorgelegen, das ihn zum Handeln gezwungen habe. Unterstützung erhoffte sich der Verteidigungsminister vom ehemaligen Chefredakteur der Homosexuellen-Zeitschrift *Du und ich*. Alexander Zieglers (1944–87) beeidete Aussage über Kießlings Kontakt mit dem Stricherjungen Achim Müller erwies sich jedoch als haltlose Anschuldigung.

Von der Presse und der Bevölkerung wurde Wörner aufgrund seiner haltlosen Behauptungen mit Hohn und Spott bedacht. In der Folge bot er dem damaligen Bundeskanzler Helmut Kohl (*1930) seinen Rücktritt an. Dieser lehnte jedoch ab und legte dem Verteidigungsminister nahe, das Verfahren ruhen zu lassen und Kießling zu rehabilitieren, indem er ihm unter anderem am 1. Februar 1984 persönlich die Wiederernennungsurkunde überreichen sollte. Dem Wunsch Kohls kam er nach. Am 26. März 1984 wurde Kießling nach seiner Rehabilitation schließlich mit dem Großen Zapfenstreich in den ehrenhaften Ruhestand verabschiedet.

Verteidigungsminister
Manfred Wörner

Der Bundestag leitete einen sechs Monate andauernden Untersuchungsausschuss unter Führung des CSU-Politikers Alfred Biehle (*1926) ein. Besonders die Rolle des Amtes für den Militärischen Abschirmdienst stand im Mittelpunkt des allgemeinen Interesses. Im Rahmen der Untersuchungen gaben unter anderem der MAD-Hauptmann Josef Fasoli und Oskar Schröder, Ableitungsleiter beim MAD, zu, im Kießling-Fall vorsätzlich gelogen zu haben. Der Ausschuss kam zu dem Schluss, dass dem MAD ungeheure Fehler unterlaufen seien, die vor allem im personellen Bereich aufgetreten seien. Wörner versprach, den Militärischen Abschirmdienst neu zu organisieren und personelle Konsequenzen zu ziehen. Als Folge wurde Joachim Hiehle in den vorzeitigen Ruhestand versetzt, Brigadegeneral Helmut Behrendt (*1924), seinerseits Leiter des Geheimdienstes, wurde monatelang vom Dienst beurlaubt, bevor er seinen Posten an Hubertus Senff (*1935) abtreten musste. Dieser war zuvor unter anderem von 1977 bis 1980 Dezernent beim Deutschen Militärischen Vertreter im NATO-Hauptquartier gewesen.

Verfehlungen in der NSU-Affäre

Der rechtsextremen terroristischen Vereinigung Nationalsozialistischer Untergrund (NSU) rund um die Anführer Uwe Mundlos (1973–2011), Uwe Böhnhardt (1977–2011) und Beate Zschäpe (*1975) werden zahlreiche Gewaltverbrechen, unter anderem das Nagelbombenattentat 2004 in Köln sowie eine zwischen 2000 und 2006 erfolgte Neonazi-Mordserie, angelastet.

Dem thüringischen Landesamt für Verfassungsschutz sollen während der Wirkungszeit des NSU mehrfach Hinweise zur Zwickauer Terrorzelle und ihren Mitgliedern vorgelegen haben; zeitweilig soll sogar der Aufenthaltsort der Gruppe bekannt gewesen sein. Dennoch gelang es den Ermittlern nicht, das Trio und einige ihrer Helfer vor November 2011 aufzugreifen: Nach einem Banküberfall in Eisenach war die seit 1998 in den Untergrund abgetauchte Bande aufgeflogen. Während sich Mundlos und Böhnhardt das Leben nahmen, konnte Zschäpe von der Polizei aufgegriffen werden. Zahlreiche Landesämter für Verfassungsschutz gerieten aufgrund ihrer gescheiterten Ermittlungsmethoden in die Kritik. Im Januar 2012 wurde deshalb vom Deutschen Bundestag ein Untersuchungsausschuss eingesetzt, der das Versagen der beteiligten Sicherheits- und Landesbehörden verstärkt unter die Lupe nimmt.

Die Ermittlungspannen machten auch vor dem MAD nicht halt. Bereits von 1997 bis 2003 war die Behörde Teil der „Operation Rennsteig“, an der sich auch das thüringische Landesamt für Verfassungsschutz und das Bundesamt beteiligten. Im Rahmen dieser Operation sollten Informationen über die Neonazi-Szene in Thüringen, die die Gruppierung Nationalsozialistischer Untergrund hervorgebracht hatte, gewonnen werden. Der NSU-Ausschuss gab im August 2012 außerdem bekannt, dass der MAD in den 1990er-Jahren, weit vor der Mordanschlagsserie, eine Akte über Uwe Mundlos geführt hatte. Der Soldat war zusammen mit weiteren Kameraden wegen seines rechten Gedankengutes während seiner Zeit bei der Bundeswehr aufgefallen. Die Gruppe hatte unter anderem Lieder rechtsextremistischen Inhalts gesungen und generell ein ausländerfeindliches Verhalten an den Tag gelegt. Der MAD nahm sie daher als Verdachtspersonen genauer in Augenschein. Seinen Grundwehrdienst hatte Mundlos zwischen April 1994 und März 1995 in Bad Frankenhausen (Thüringen) beim Panzergrenadierbataillon abgeleistet.

Über zwölf Jahre verschwieg das Amt für den Militärischen Abschirmdienst aus ungeklärten Gründen die über Uwe Mundlos angelegte Akte. Erst sehr spät, als die Ermittlungen zu den Taten des NSU bereits in vollem Gange waren, erfuhr der Untersuchungsausschuss des Bundestages von den Dokumenten. Die Originalakte über Mundlos ist jedoch gemäß den internen Vorschriften 15 Jahre nach Ende des Grundwehrdienstes vernichtet worden. Es sind dennoch einige Kopien im Umlauf, die damals für das Bundesamt sowie verschiedene Verfassungsschutzbehörden in Ostdeutschland angefertigt worden

Fahndungsplakat des Bundeskriminalamtes

waren. In dem Dossier soll unter anderem aufgeführt sein, dass der MAD Mundlos als Informant anwerben wollte. Das spätere NSU-Mitglied wurde von den Beamten während seiner Bundeswehrzeit zu seinen politischen Ansichten befragt. Mundlos bestätigte während des Gesprächs seine rechtsextreme Gesinnung. Laut den Aktennotizen sei er aber nicht ausländerfeindlich gewesen, sondern habe vielmehr mit seinen Ansichten den Staat provozieren wollen. Mittels Handgreiflichkeiten sowie körperlicher Gewalt gegen Ausländer vorzugehen, habe jedoch nicht seiner Art entsprochen. Zur Zeit der Befragung war Mundlos, so bekannte er es den Agenten, Teil einer namentlich nicht weiter bekannten Skinheadgruppe. Der Frage der MAD-Beamten, ob Mundlos geplante Anschläge auf Asylbewerberheime zukünftig der Justiz vorab melden wolle, gab er einen negativen Bescheid.

Die Vernichtung der Akte verärgerte neben den Ausschussmitgliedern zahlreiche Politiker. Viele von ihnen vertreten die Meinung, dass es unerklärlich sei, wie solch ein wichtiges Dokument dem Ausschuss vorenthalten werden konnte. Der MAD behauptet hingegen, dass die Recherchen zu Mundlos nur per Zufall aufgefallen seien, als die Landesämter für Verfassungsschutz, die wiederum ihre eigenen Vergehen aufarbeiten wollten, um eine Freigabe der Akte im Frühjahr 2012 gebeten hätten. Verteidigungsminister Thomas de Maizière (*1954) erhielt Anfang März ebenfalls Kenntnis von den Dokumenten. Dennoch versäumten er sowie das Amt für den Militärischen Abwehrdienst es, den NSU-Ausschuss

Die zehn Opfer der NSU-Mordserie

Screenshots aus einem NSU-Video

über die brisante Akte zu informieren. Die Vorgehensweise des MAD ließ 2012 in Politikerkreisen den Ruf nach einer Abschaffung des Geheimdienstes laut werden. So sprach sich zum Beispiel Jürgen Trittin (*1954), Fraktionschef von Bündnis 90/Die Grünen, für einen vollständigen Neuanfang und somit für die Auflösung des MAD aus. An seine Seite gesellte sich Justizministerin Sabine Leutheusser-Schnarrenberger (*1951) von der FDP, die die Abschaffung der Behörde als eine wichtige Aufgabe für die Zukunft ansieht. Ihrer Meinung nach sollten kleinere Verfassungsschutzämter zusammengelegt und der MAD aufgelöst werden. Die Aufgaben des Geheimdienstes sollen auf andere Ämter übertragen werden. Der Geheimdienst bedauerte in einem vierseitigen Schreiben, dass er den Ausschuss nicht frühzeitig informiert habe, betonte jedoch, dass er hinsichtlich der Befragung korrekt gehandelt habe. Die Zukunft des MAD bleibt bis auf Weiteres ungewiss.

BUNDESAMT FÜR VERFASSUNGSSCHUTZ

Der Schutz der Einwohner Deutschlands sowie die Aufrechterhaltung der Demokratie innerhalb der Bundesrepublik hat für das Bundesamt für Verfassungsschutz oberste Priorität. Der Geheimdienst bemüht sich um die innere Sicherheit des Landes, indem er versucht extremistische und terroristische Bestrebungen aufzudecken und ihnen Einhalt zu gebieten.

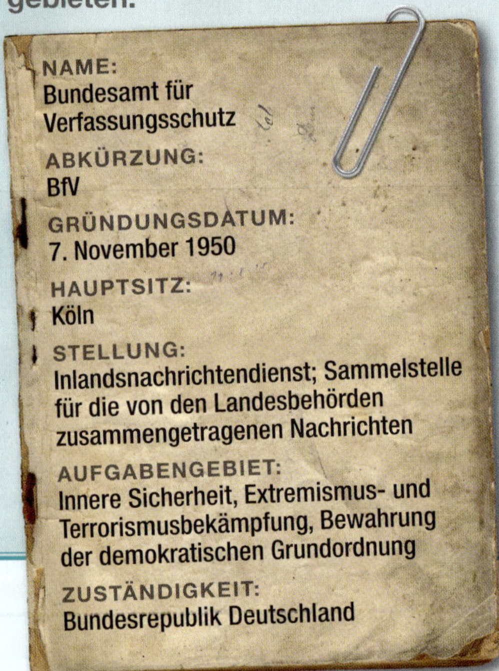

NAME:
Bundesamt für Verfassungsschutz

ABKÜRZUNG:
BfV

GRÜNDUNGSDATUM:
7. November 1950

HAUPTSITZ:
Köln

STELLUNG:
Inlandsnachrichtendienst; Sammelstelle für die von den Landesbehörden zusammengetragenen Nachrichten

AUFGABENGEBIET:
Innere Sicherheit, Extremismus- und Terrorismusbekämpfung, Bewahrung der demokratischen Grundordnung

ZUSTÄNDIGKEIT:
Bundesrepublik Deutschland

Emblem des BfV

GESCHICHTE

Nach dem Ende des Zweiten Weltkrieges wollten die Alliierten eine erneute Gefährdung der demokratischen Verhältnisse in Deutschland vermeiden. Aus diesem Grund erteilten die Militärgouverneure der zukünftigen Bundesregierung am 14. April 1949 in Form eines Polizeibriefes, der an den Parlamentarischen Rat gerichtet war, die Erlaubnis, eine Stelle

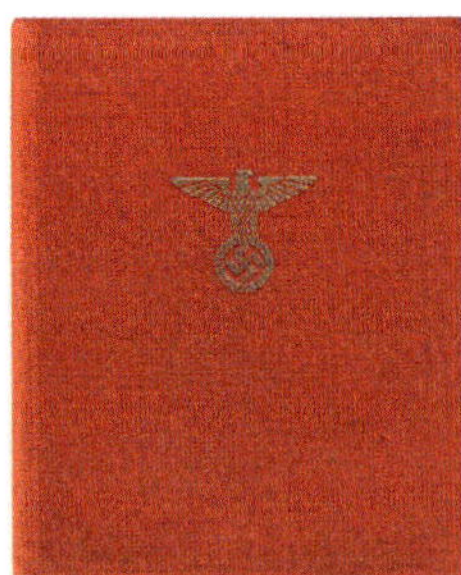

BUNDESAMT FÜR VERFASSUNGSSCHUTZ

Der Schutz der Einwohner Deutschlands sowie die Aufrechterhaltung der Demokratie innerhalb der Bundesrepublik hat für das Bundesamt für Verfassungsschutz oberste Priorität. Der Geheimdienst bemüht sich um die innere Sicherheit des Landes, indem er versucht extremistische und terroristische Bestrebungen aufzudecken und ihnen Einhalt zu gebieten.

NAME:
Bundesamt für Verfassungsschutz

ABKÜRZUNG:
BfV

GRÜNDUNGSDATUM:
7. November 1950

HAUPTSITZ:
Köln

STELLUNG:
Inlandsnachrichtendienst; Sammelstelle für die von den Landesbehörden zusammengetragenen Nachrichten

AUFGABENGEBIET:
Innere Sicherheit, Extremismus- und Terrorismusbekämpfung, Bewahrung der demokratischen Grundordnung

ZUSTÄNDIGKEIT:
Bundesrepublik Deutschland

Bundesamt für Verfassungsschutz
Demokratie schützen!
Federal Office for the Protection of the Constitution

Emblem des BfV

GESCHICHTE

Nach dem Ende des Zweiten Weltkrieges wollten die Alliierten eine erneute Gefährdung der demokratischen Verhältnisse in Deutschland vermeiden. Aus diesem Grund erteilten die Militärgouverneure der zukünftigen Bundesregierung am 14. April 1949 in Form eines Polizeibriefes, der an den Parlamentarischen Rat gerichtet war, die Erlaubnis, eine Stelle

„zur Sammlung und Verbreitung von Auskünften über umstürzlerische, gegen die Bundesregierung gerichtete Tätigkeiten“ ins Leben zu rufen. Einzige Bedingung war jedoch, dass dieser Dienst über keine Polizeibefugnisse verfügen durfte (sogenanntes Trennungsverbot). Das Verhör sowie die Festnahme von Verdächtigen fielen nicht in dessen Kompetenzbereich. Auf diese Weise sollte eine Entwicklung wie bei der Geheimen Staatspolizei (Gestapo) vermieden werden. Einzig das Sammeln und Auswerten von Informationen sollte im Vordergrund stehen.

In Artikel 87 Absatz 1 des Grundgesetzes, das am 23. Mai 1949 in Kraft trat, wurde die Behörde als „Zentralstelle zur Sammlung von Unterlagen für Zwecke des Verfassungsschutzes“ deklariert. Knapp ein Jahr später wurde am 28. September 1950 das Bundesverfassungsschutzgesetz verabschiedet, das schließlich am 7. November 1950 die Gründung des Bundesamtes für Verfassungsschutz nach sich zog. Der Geheimdienst orientierte sich gemäß der Anordnungen an den Aufgaben des britischen Security Service (MI5). Die Oberaufsicht über das BfV übernahmen bis zum Jahr 1955 die Alliierten. Diese entschieden nach einem ausführlichen Überprüfungsverfahren darüber, welcher höhere Beamte oder Angestellte in den Dienst aufgenommen werden durfte.

Schon gewusst?

Die Alliierten sicherten sich anhand der im Berlin Document Center gespeicherten Daten über die politische Einstellung der Bewerber ab. Die deutsche Zentralstelle für die Aufklärung von NS-Verbrechen in Ludwigsburg übernahm später die Tauglichkeitsprüfung.

Lange Zeit sträubte sich der Geheimdienst, seine eigene Organisationsgeschichte zwischen 1950 und 1975 aufzuarbeiten, denn in den Anfangsjahren erhielten viele Personen mit NS-Vergangenheit, wenn zunächst auch nur inoffiziell als freie Mitarbeiter, eine Anstellung beim BfV. Nachdem die Alliierten die Aufsicht über die Behörde abgegeben hatten, wurden viele dieser Mitarbeiter offiziell in die Reihen des Bundesamtes aufgenommen. Auch den ehemaligen BfV-Präsidenten Hubert Schrübbers (1907–79) und Günther Nollau (1911–91) sowie dem BfV-Vizepräsidenten Ernst Brückner wurde eine Verbindung zum nationalsozialistischen Apparat nachgewiesen. Schrübbers Tätigkeit als Oberstaatsanwalt beim Oberlandesgericht Hamm, wo er in den 1940er-Jahren zahlreiche Gerichtsverfahren gegen Männer und Frauen geführt hatte, die wegen ihrer Abstammung oder ihrer politischen Haltung verfolgt wurden, sorgte dafür, dass er am 20. April 1972 vorzeitig in den Ruhestand versetzt wurde.

Bisher konnten jedoch nicht alle Personalien im BfV eindeutig geklärt werden. Aus diesem Grunde rief das Bundesinnenministerium, dem das Bundesamt für Verfassungsschutz unterstellt ist, 2010 öffentlich das Forschungsvorhaben „Organisationsgeschichte des Bundesamtes für Verfassungsschutz 1950–1975 unter besonderer Berücksichtigung der NS-Bezüge früherer Mitarbeiter in der Gründungsphase“ ins Leben. Seitdem beschäftigen sich zwei Professoren des Historischen Instituts der Ruhr-Universität Bochum mit dieser Aufgabe. Die belastbaren Ergebnisse sollen im Rahmen einer Buchpublikation der Öffentlichkeit zugänglich gemacht werden. Die Arbeit könnte sich allerdings als äußerst schwierig erweisen, da die Behörde per Gesetz gezwungen ist, nach

Bericht über den Vorläufer des BfV, das Amt für Verfassungsschutz

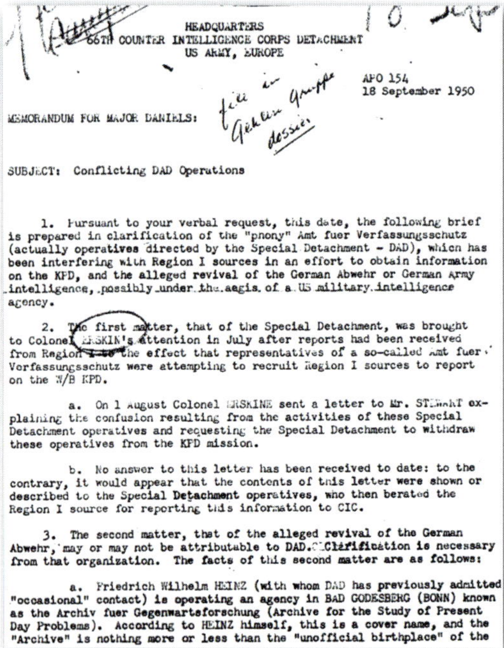

HEADQUARTERS
66TH COUNTER INTELLIGENCE CORPS DETACHMENT
US ARMY, EUROPE

APO 154
18 September 1950

MEMORANDUM FOR MAJOR DANIELS:

SUBJECT: Conflicting DAD Operations

1. Pursuant to your verbal request, this date, the following brief is prepared in clarification of the "phony" Amt fuer Verfassungsschutz (actually operatives directed by the Special Detachment - DAD), which has been interfering with Region I sources in an effort to obtain information on the KPD, and the alleged revival of the German Abwehr or German Army intelligence, possibly under the aegis of a US military intelligence agency.

2. The first matter, that of the Special Detachment, was brought to Colonel ERSKIN's attention in July after reports had been received from Region I to the effect that representatives of a so-called Amt fuer Verfassungsschutz were attempting to recruit Region I sources to report on the W/B KPD.

a. On 1 August Colonel ERSKINE sent a letter to Mr. STEWART explaining the confusion resulting from the activities of these Special Detachment operatives and requesting the Special Detachment to withdraw these operatives from the KPD mission.

b. No answer to this letter has been received to date: to the contrary, it would appear that the contents of this letter were shown or described to the Special Detachment operatives, who then berated the Region I source for reporting this information to CIC.

3. The second matter, that of the alleged revival of the German Abwehr, may or may not be attributable to DAD. Clarification is necessary from that organization. The facts of this second matter are as follows:

a. Friedrich Wilhelm HEINZ (with whom DAD has previously admitted "occasional" contact) is operating an agency in BAD GODESBERG (BONN) known as the Archiv fuer Gegenwartsforschung (Archive for the Study of Present Day Problems). According to HEINZ himself, this is a cover name, and the "Archive" is nothing more or less than the "unofficial birthplace" of the

einer bestimmten Zeitspanne Akten zu vernichten, um die einzelnen Personen in ihren Rechten zu schützen. Mit Erreichen des Ruhestands sind zudem einige Personalakten an verschiedene Renten- und Pensionsbehörden übergeben worden. Um die Namen ehemaliger Angestellter in Erfahrung bringen zu können, baut das Bundesamt für Verfassungsschutz auf Dokumente des Bundesarchivs, in denen die Verteilung der Akten aufgelistet ist. Seit Ende 2007 wird in Koblenz der Aktenbestand des Geheimdienstes systematisch geordnet und gesichtet.

2012 geriet der BfV in die Kritik, als Akten zur Terrorgruppe Nationalsozialistischer Untergrund kurz nach Bekanntwerden der Neonazi-Morde geschreddert wurden. Dies sei angeblich aus datenschutzrechtlichen Gründen geschehen. Die vorgeschriebene Löschfrist wäre sonst überschritten worden. Der damalige Präsident Heinz Fromm übernahm die Verantwortung und trat zurück.

AUFGABENGEBIET

Das Bundesamt für Verfassungsschutz sammelt gemeinsam mit den Landesbehörden für Verfassungsschutz Daten über Gruppierungen, Einzelpersonen oder Parteien, die der freiheitlichen demokratischen Grundordnung auf irgendeine Weise schaden wollen. Diese Informationen wertet es unter bestimmten Gesichtspunkten aus und leitet sie gegebenenfalls an die Bundesregierung weiter. Das friedliche Miteinander der verschiedenen Kulturen in der Bundesrepublik soll mithilfe des BfV ebenfalls erhalten bleiben. Einen intensiven Blick richtet der Geheimdienst ferner auf Bestrebungen, die die Sicherheit des Bundes oder des Landes gefährden. Unter Beobachtung stehen beispielsweise Verbindungen, die dem Rechts-, Links- oder Ausländerextremismus nahestehen oder dem Islamismus sowie islamistischen Terrorismus zugeordnet werden können. Zu den weiteren Aufgabengebieten der Behörde zählen die Spionagebekämpfung sowie der Geheim- und Sabotageschutz.

Die Agenten des Bundesamtes für Verfassungsschutz bedienen sich bei ihren Ermittlungen hauptsächlich solcher Quellen, die öffentlich und für jeden zugäng-

Parteibuch der NSDAP – Vergangenheit im BfV?

Bundesministerium des Innern, Berlin

lich sind. Darunter fallen zum Beispiel Flugblätter, Flyer, Angaben im Internet, Informationsveranstaltungen sowie Zeitschriften und Zeitungen. Darüber hinaus befragt der Geheimdienst Personen, von denen er annimmt, dass sie wichtige Auskünfte geben können. Sämtliche Unterredungen finden auf freiwilliger Basis statt; die Agenten geben sich als Mitarbeiter des BfV zu erkennen. Zeitweise stehen auch getarnte Observationen auf der Tagesordnung. Falls der BfV bei verdächtigen Personen eine Brief- und Telefonüberwachung durchführen möchte, muss dies zuvor von einem parlamentarischen Gremium bewilligt werden.

Schon gewusst?

Innenminister Hans-Peter Friedrich (*1957) plant, dass der Fraktionsvorsitzende des Bundestages mindestens einmal im Halbjahr über die Aktivitäten der Landesämter unterrichtet werden soll.

Das Gremium nimmt gleichzeitig die Aufgabe eines Kontrollorgans wahr.

ORGANISATION

Dem Präsidenten und dem Vizepräsidenten des Bundesamtes für Verfassungsschutz sind acht Abteilungen unterstellt, die verschiedene Aufgaben wahrnehmen: Abteilung 1 kümmert sich um das Thema Grundsatz, Abteilung 2 beschäftigt sich mit dem Bereich Rechtsextremismus/-terrorismus. Die Zentrale Fachunterstützung steht für die Abteilung 3 auf dem Programm. Der Spionageabwehr sowie dem Geheim- und Sabotageschutz widmet sich die Abteilung 4. Abteilung 5 richtet ihr Augenmerk auf den Ausländer- und Linksextremismus, Abteilung 6 sammelt Informationen zum Islamismus und islamistischen Terror. Letztere wurde erst vor einigen Jahren eingerichtet, nachdem Terrorakte dieser Art zugenommen hatten.

Beheimatet ist das BfV in Köln, in Berlin steht auf dem Kasernengelände Am Treptower Park das Terrorabwehrzentrum. Zudem verfügt jedes Bundesland zusätzlich über jeweils eine Landesbehörde für Verfassungsschutz. Im August 2012 stellte die Regierung die Überlegung an, die Kompetenzen der Behörde zu erweitern. Fortan sollen die Landesbehörden nach Möglichkeit ihre Hinweise weitergeben.

Überwacht und kontrolliert wird der Geheimdienst durch den Bundes- bzw. Landesbeauftragten für den Datenschutz, die Parlamente

Aktuelle politische und gesellschaftliche Entwicklungen im Fokus

des Bundes und der Länder sowie durch den parlamentarisch verantwortlichen Innenminister. Der Verfassungsschutz muss zudem dem Innen- und Haushaltsausschuss in regelmäßigen Abständen Berichte zu seiner Arbeit vorlegen. Auch der gemeine Bürger kann eine gerichtliche Nachprüfung anfordern, sofern er der Meinung ist, dass der BfV gegen das Gesetz verstoßen hat.

AUSBILDUNG

Gemäß dem Beamtenrecht können im Bundesamt für Verfassungsschutz Ausbildungen im Bereich mittlerer Dienst, gehobener Dienst sowie höherer Dienst absolviert werden. Die Lehre im ersten Bereich dauert zwei Jahre, für den gehobenen Dienst sind hingegen drei Jahre angesetzt. Beide Ausbildungen, die mindestens die allgemeine Hochschulreife oder eine andere Schulbildung, die ein Hochschulstudium erlaubt, erfordern, sind nichttechnischer Art. Technische Ausbildungen werden vom Geheimdienst nicht angeboten. Voraussetzung für die Ausbildung im höheren Dienst ist ein abgeschlossenes Hochschulstudium. Beamte im gehobenen Dienst widmen sich unter anderem der Sachbearbeitung. Die im Haus gesammelten Informationen werden analysiert und in Form von Berichten und Stellungnahmen zusammengefasst. Diese nutzen die Verantwortlichen häufig als Basis für ihre weiteren dienstlichen Anweisungen. Teilweise gehört es auch zu den Aufgaben des Mitarbeiters, Informanten anzuwerben und zu betreuen.

Die Bewerber durchlaufen in Brühl oder Köln ein mehrstufiges Auswahlverfahren. Begonnen wird mit einem schriftlichen Teil, für den unterschiedliche Fragen beantwortet werden sollen. Außerdem müssen die Kandidaten auf der Grundlage von vorgegebenen Informationen einen Aufsatz verfassen. Wer in diesem Bereich die Anforderungen erfüllt, auf den wartet im Anschluss eine mündliche Prüfung. Neben einem Auswahlgespräch muss sich der Bewerber in einer Diskussionsrunde beweisen, die zu einem aktuellen Thema geführt wird. Zusätzlich zu den schriftlichen und mündlichen Tests erfolgt ein Gesundheitscheck. Gemäß dem Sicherheitsüberprüfungsgesetz wird der persönliche Background des Kandidaten einer Sicherheitsüberprüfung unterzogen. Eine Anstellung bei der Bundesbehörde nach Ende der Ausbildung erfolgt entweder aufgrund von Personalbedarf oder aber als Übernahme von einer anderen Behörde.

DER BUNDESVERFASSUNGSSCHUTZ UND DAS NPD-VERBOTSVERFAHREN

Als zu Beginn des neuen Jahrtausends die Übergriffe auf ausländische Mitbürger sowie Übersiedler mit jüdischem Hintergrund ein neues Höchstmaß erreicht hatten, forderten viele Bundesbürger ein härteres Vorgehen gegen rechtsextreme Gruppierungen. Als der aus Mosambik stammende Alberto Adriano (1960–2000) aufgrund von rechtsextremer Gewalt sein Leben verlor, ging ein Aufschrei durch die Republik. Der damalige Innenminister von Bayern, Günther Beckstein (*1943), entsprach den Forderungen und drängte am 1. August 2000 die Bundesregierung dazu, einen Verbotsantrag gegen die Nationaldemokratische Partei Deutschlands (NPD) zu stellen. Unterstützung fand er beim damaligen Kanzler Gerhard Schröder (*1944). Es dauerte jedoch bis zum 8. November, bis sich die Grünen, die SPD und die PDS auf den geforderten Antrag einigen konnten. Die Bundesregierung stellte schließlich am 30. Januar 2001 beim Bundesverfassungsgericht den Verbotsantrag, mit dem die NDP hinsichtlich ihrer Verfassungswidrigkeit überprüft werden sollte. Nur

Wahlplakat der NPD – unverhohlener Rechtsextremismus

Erneutes Verbotsverfahren gegen die NPD?

Statistik der extremistisch motivierten Straftaten (2008)

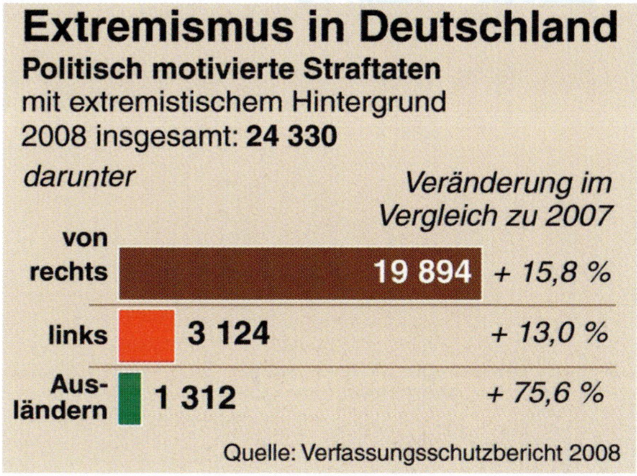

zwei Monate später reichten der Bundesrat und der Bundestag am 30. März ebenfalls solch einen Antrag ein. Alle drei Anträge wurden vom Verfassungsrichter Hans-Joachim Jentsch (*1937) genehmigt. Für den Februar 2002 wurden fünf Verhandlungstermine angesetzt, zu denen 14 sogenannte Auskunftspersonen erscheinen sollten. Doch dazu kam es nicht mehr. Am 16. Januar hatte Jentsch telefonisch von Klaus-Dieter Schnapauff, dem Leiter der Abteilung Verfassung im Bundesinnenministerium, erfahren, dass der NPD-Funktionär Wolfgang Frenz (*1936), der bei der mündlichen Verhandlung aussagen sollte, von Beginn der 1960er-Jahre bis 1995 als V-Mann beim nordrhein-westfälischen Verfassungsschutz gearbeitet hatte. Diese Aussage wollte Jentsch schriftlich haben und forderte dies am 17. Januar an. Auf einer nur kurzzeitig später abgehaltenen Konferenz der Vertreter von Bund und Ländern soll laut der bayrischen Vertreter diese Bitte vom Bundesinnenministerium verschwiegen worden sein. Auch der erneuten Forderung vom 21. Januar kam das Innenministerium unter der Führung von Otto Schily (*1932) nicht nach. Dieses wollte, statt eine schriftliche Bestätigung anzufertigen, den Sachverhalt im Rahmen des Eingangsplädoyers in der Verhandlung erwähnen.

Drei der sieben zuständigen Richter sahen ein rechtmäßiges Verfahren gefährdet, da nicht mehr differenziert werden könne, welchen Anteil der Staat an den verfassungswidrigen Tätigkeiten der Anhänger der NPD gehabt habe. Das Bundesamt für Verfassungsschutz schwieg sich darüber aus, welche Aktionen auf den eigenständigen Ideen der Partei fußten und welche erst aufgrund der Initiative von BfV-Spitzeln und damit wiederum indirekt auf Veranlassung des Verfassungsschutzes beziehungsweise des Staates begangen worden waren. Daraufhin sagte das Verfassungsgericht, das seine Urteilsfähigkeit stark eingeschränkt sah, alle für den Februar festgesetzten Termine wieder ab. Im Anschluss wurden durch die Presse immer mehr V-Männer in den Reihen der NPD und ähnlicher Gruppierungen enttarnt, obwohl der Geheimdienst vergeblich versucht hatte die Namen und Personen zu schützen.

Für besonderen Unmut innerhalb der Bevölkerung sorgte die Tatsache, dass die Spitzel für ihre Tätigkeiten Geld vom Staat bekommen hatten. Zudem wurden mehrere Fälle bekannt, in denen sich einzelne V-Männer, entgegen der Dienstvorschrift des Bundesamtes für Verfassungsschutz, an Straftaten beteiligt hatten. Dies geschah vermutlich mehrfach unter den Augen des Verfassungsschutzes. Außerdem wurde wiederholt gegen das Verbot verstoßen, dass V-Männer keine Führungsposition innerhalb der beobachteten Parteien und Gruppierungen einnehmen dürfen.

ÜBERLÄUFER IN DIE DDR – HANSJOACHIM TIEDGE

NAME:
Hansjoachim Tiedge
GEBURTSDATUM UND -ORT:
24. Juni 1937, Berlin
MISSION:
Abwehr der DDR-Spionage
AUFTRAGGEBER:
Bundesamt für Verfassungsschutz
TÄTIGKEITSORT:
BRD
BESONDERHEITEN:
Überläufer in die DDR

Hansjoachim Tiedge

Als am 23. August 1985 die Ost-Berliner Nachrichtenagentur ADN vermeldete, dass Hansjoachim Tiedge (1937–2011) die Deutsche Demokratische Republik um Asyl gebeten habe, stand im Westen für einen Augenblick die Welt still. Niemand hätte es für möglich gehalten, dass der Geheimdienstler nach 19-jähriger Tätigkeit beim Bundesamt für Verfassungsschutz die Seiten wechseln würde. Der ehemalige Mitarbeiter in der Abteilung Spionageabwehr war bereits am 19. August per Zug in die DDR gereist und hatte sich am Grenzübergang Helmstedt-Marienborn bei den Grenztruppen gemeldet. Beim BfV hatte er zuletzt als Regierungsdirektor das Referat Nachrichtendienste der DDR geleitet. In einer handschriftlichen Erklärung ließ Tiedge verlauten, dass er die BRD aus freien Stücken verlassen habe. Seine persönliche Situation sei ausweglos gewesen, daher habe er in die DDR auswandern müssen. Gegenüber offiziellen Vertretern der Bundesrepublik oder der Medien wollte er keine Stellungnahme zu seinen Beweggründen abgeben. Dem Verfassungsschutzmitarbeiter waren unter anderem der Hang zum übermäßigen Alkoholkonsum sowie Geldschulden zum Verhängnis geworden. Seine unstete Lebensführung war der Führungsriege des Verfassungsschutzes nicht verborgen geblieben. Tiedges ehemaliger Vorgesetzter Heribert Hellenbroich (*1937), von 1983 bis 1985 Präsident des Bundesamtes für Verfassungsschutz, hatte über dessen bedenklichen Lebenswandel Bescheid gewusst, ihn aber nicht vom Dienst ausgeschlossen.

Die SPD beantragte im Bundestag einen Untersuchungsausschuss, der sich mit dem Fall beschäftigen sollte. Im September 1985 nahm dieser seine Arbeit auf und befragte unter anderem Hellenbroich, der nur einen Monat zuvor den Posten des Präsidenten beim Bundesnachrichtendienst übernommen hatte. Die Flucht Tiedges sowie die Aussagen des Leiters der Spionageabwehr, Engelbert Rombach, sorgten dafür, dass Hellenbroich in den vorzeitigen Ruhestand versetzt wurde. Rombach hatte ihm zusätzlich vorgeworfen, dass er im Fall der vermutlich für den KGB spionierenden Präsidialamtssekretärin Margarete Höke eine fehlerhafte Telefonüberwachung habe durchführen lassen.

In der DDR angekommen, gab Tiedge in zahlreichen Verhören sämtliche Informationen preis, die er über all die Jahre als Mitarbeiter des Bundesamtes für Verfassungsschutz und im Rahmen seiner Nachforschungen in Erfahrung gebracht hatte. Viele seiner Angaben deckten sich mit den Aussagen seines Untergebenen Klaus Kurons (*1936), der seit 1962 beim BfV im Bereich Spionageabwehr tätig war und ab 1981 als Agent der Hauptverwaltung Aufklärung des Ministeriums für Staatssicherheit spionierte. Tiedge nannte sich nach seiner Flucht aus der BRD Helmut Fischer. Drei Jahre später promovierte er an der Humboldt-Universität. Zum Thema seiner Dissertation hatte er die Abwehrarbeit der Ämter für Verfassungsschutz in der Bundesrepublik Deutschland gemacht.

Nachdem der frühere Geheimdienstler kurz nach dem Mauerfall in der ehemaligen DDR aufgespürt worden war, flog ihn der KGB am 23. August 1990 in die Sowjetunion aus. Seine letzten Lebensjahre verbrachte er in der Nähe von Moskau. Obwohl im Jahr 2005 in Deutschland der Tatbestand des Landesverrats verjährt war und ihm keine Strafverfolgung drohte, kehrte Tiedge aus Angst, dass ihm der Kontakt zum KGB als neue Tathandlung ausgelegt werden könnte, nicht wieder in seine Heimat zurück. Vielleicht auch weil er sich selbst unverhohlen als Verräter bezeichnet hatte, befürchtete er, dass die Verjährungsfrist doch noch verlängert werden könnte.

Bereits Jahre zuvor hatte er seine Autobiografie *Der Überläufer* verfasst, die 1998 im Verlag „Das Neue Berlin“ erscheinen sollte. Das BfV verhinderte jedoch die Veröffentlichung und ließ das Manuskript sowie die Druckunterlagen beschlagnahmen. Das Buch wurde schließlich im Internet auf einem australischen Server der Öffentlichkeit zugänglich gemacht und daraufhin vom Verlag auch in Buchform herausgegeben. Das Bundesamt für Verfassungsschutz klagte zunächst gegen die Veröffentlichung der skandalösen Inhalte, scheiterte jedoch.

In der Nähe von Moskau tauchte Tiedge nach der Wende unter.

MINISTERIUM FÜR STAATSSICHERHEIT

Den Inlandsgeheimdienst sowie den angegliederten Auslandsgeheimdienst Hauptverwaltung Aufklärung nutzte die Sozialistische Einheitspartei Deutschlands als zwei ihrer wichtigsten Machtinstrumente. Die als „Schild und Schwert" der Partei deklarierte Behörde diente der Parteispitze als perfektes Überwachungsinstrument der DDR-Bevölkerung.

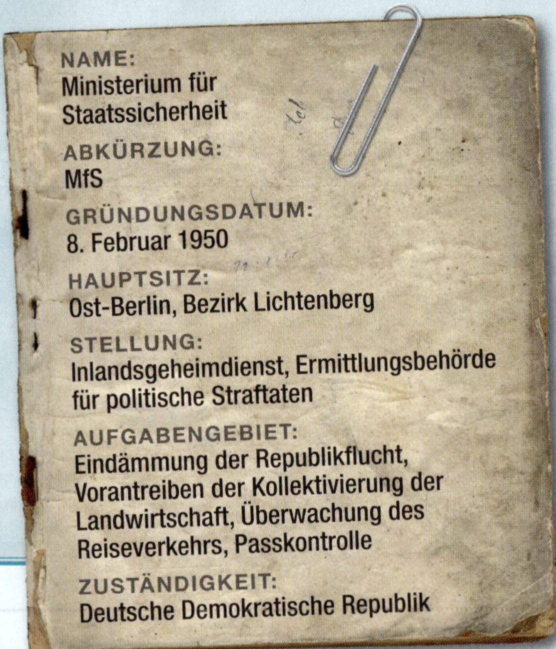

Emblem des Ministeriums für Staatssicherheit

GESCHICHTE

Errichtung nach sowjetischem Vorbild
Das Politbüro der SED verkündete am 24. Januar 1950, einen Geheimdienst gründen zu wollen, und fand mit diesem Vorschlag die Unterstützung der Regierung. Am 8. Februar 1950 wurde schließlich von der Volkskammer das „Gesetz über die Bildung eines Ministeriums für Staatssicherheit" verabschiedet, in dem sich aber

lediglich zwei Paragrafen über die Behörde selbst befanden. Wilhelm Zaisser (1893–1958) übernahm als Erster das Amt des Leiters – laut eigenen Aussagen aber gegen seinen Willen. Die Errichtung des Geheimdienstes erfolgte nach dem Vorbild der sowjetischen Geheimdienste, dem Volkskommissariat für innere Angelegenheiten (NKWD), das später in Ministerium für Staatssicherheit (MGB) umbenannt wurde, und der Nachfolgeorganisation KGB. Diese behielt bis zur Auflösung des Ministeriums für Staatssicherheit in fast allen Angelegenheiten das Sagen. So betitelte der erste Stellvertreter der Behörde sowie spätere Präsident, Erich Mielke (1907–2000), 1981 das MfS als eine Kampfabteilung der sowjetischen Tscheka, der bolschewistischen Geheimpolizei, die von 1917 bis 1922 bestanden hatte.

Am 17. Juni 1953 kulminierte die Unzufriedenheit der DDR-Bevölkerung mit dem sozialistischen System in einem großen Aufstand. Zunächst richtete sich der Unmut der Arbeiterschaft gegen ein Gesetz zur Erhöhung der Arbeitsnorm. Die Protestwelle nahm jedoch binnen zwei Tagen gewaltige Ausmaße an und verband sich mit politischen Forderungen; aufseiten der Polizei und der Demonstranten gab es zahlreiche Verletzte zu verzeichnen.

17. Juni 1953 – sowjetischer Panzer rollt durch Leipzig

Die sowjetischen Behörden riefen das Kriegsrecht aus und demonstrierten mithilfe ihrer Panzer in den ostdeutschen Städten ihre Stärke. Das Politbüro war über den Aufstand erzürnt. Es machte das Ministerium für Staatssicherheit, das als „Schild und Schwert" der Partei galt, dafür verantwortlich, den Aufstand nicht rechtzeitig erkannt und unterdrückt zu haben. Als unmittelbare Folge wurde das MfS aufgelöst und durch das Staatssekretariat für Staatssicherheit ersetzt. Dieses unterstand dem Ministerium des Inneren. Zaisser musste seinen Posten räumen und wurde von Ernst Wollweber (1898–1967) ersetzt. Bereits im November 1954 erhielt das MfS jedoch seinen alten Status zurück. Ihm wurde die Hauptverwaltung Aufklärung, der Auslandsnachrichtendienst der DDR, zur Seite gestellt.

Erich Mielke

Auflösung und Aufarbeitung

Zu weiteren Demonstrationen gegen die Behörde kam es 1989, als die Auflösung des Ministeriums gefordert wurde. Die Pläne von Egon Krenz (*1937), der in diesem Jahr den Posten des Staatsratsvorsitzenden der DDR angetreten hatte, ein Gesetz auf den Weg zu bringen, das die Befugnisse des MfS regeln sollte, wurden nicht mehr umgesetzt. Stattdessen ersetzte am 17. November Ministerpräsident Hans Modrow

Stürmung der Stasizentrale in Berlin

(*1928) das Ministerium für Staatssicherheit durch das Amt für Nationale Sicherheit. Doch dieses hatte nur kurze Zeit Bestand: Aufgrund eines Beschlusses des Ministerrates wurde es rund einen Monat später aufgelöst. Dies hinderte jedoch einige Abteilungen nicht daran, ihrer Pflicht weiter nachzukommen und zahlreiche Stasiakten zu vernichten. Verschiedene Bürgerbewegungen und -komitees versuchten dem Einhalt zu gebieten und besetzten unter anderem am 15. Januar 1990 die Zentrale des Ministeriums für Staatssicherheit in der Normannenstraße in Berlin-Lichtenberg. So zwangen sie das MfS endgültig zur Beendigung seiner Tätigkeiten. Der Zentrale Runde Tisch verkündete nach der Stürmung der Zentrale, dass im Haus 1 eine Gedenk- und Forschungsstelle zum DDR-Stalinismus eröffnet werden sollte. Dies wurde jedoch aufgrund des Zusammenschlusses der Bundesrepublik Deutschland und der Deutschen Demokratischen Republik und der damit einhergehenden Auflösung der zuständigen Ministerien nicht mehr umgesetzt.

Der Bürgerverein Antistalinistische Aktion Berlin-Normannenstraße e. V. begann im Sommer 1990 mit der Einrichtung der Forschungs- und Gedenkstätte Normannenstraße. Die Behörde des Bundesbeauftragten für die Unterlagen des Staatssicherheitsdienstes der ehemaligen Deutschen Demokratischen Republik versucht die vom Ministerium für Staatssicherheit angelegten Dokumente und Akten zu sichten, aufzuarbeiten und zu archivieren. Erster Bundesbeauftragter der Stasiunterlagen wurde am 3. Oktober 1990 der heutige Bundespräsident Joachim Gauck (*1940). Lange Zeit hieß das Amt daher auch Gauck-Behörde. Zu berücksichtigen sind rund vier Millionen Akten über ehemalige DDR-Bürger sowie etwa zwei Millionen Exemplare über BRD-Bürger. Allen Bundesbürgern ist es aufgrund des Stasiunterlagen-Gesetzes, das 1991 verabschiedet wurde, erlaubt, Auskunft zu verlangen, die Akten einzusehen sowie Kopien anzufordern. Ein Großteil der von der Hauptverwaltung Aufklärung angefertigten Dokumente sind jedoch vernichtet worden.

AUFGABENGEBIET

Die Zuständigkeiten des Ministeriums für Staatssicherheit waren in keinem Gesetz oder einem ähnlichen Dokument geregelt. Der Geheimdienst stellte quasi seine eigenen Regeln und Richtlinien auf. Die Behörde war vor allem für die Bespitzelung und flächendeckende Überwachung von DDR-Kritikern und BRD-Sympathisanten zuständig. Mithilfe des MfS sollte jeglicher Widerstand gegen das sozialistische Regime unterdrückt werden. Die Stasi war immer und überall präsent. Fast alle Personen des gesellschaftlichen Lebens standen unter Beobachtung. Briefe und Pakete Verdächtiger wurden geöffnet, verdeckte und teilweise auch recht offene Observierungen durch Agenten waren gang und gäbe, Telefonate wurden abgehört, Videokameras an öffentlichen Plätzen installiert. Dies brachte dem Ministerium in der Bevölkerung auch den Spitznamen „Horch und Guck" ein. Die Wohnungen der Regimekritiker wurden heimlich auf belastendes Material durchsucht. Mit drastischen Maßnahmen wurden zuweilen auch die Verdächtigen eingeschüchtert. Das MfS sollte zudem dafür Sorge tragen, dass die heimischen Betriebe sowie sämtliche Güter aus der Landwirtschaft vor feindlichen Agenten, Spionen, aber auch Saboteuren geschützt wurden.

Lauschposten der Stasi

Im Gegensatz zu den Geheimdiensten in der Bundesrepublik besaß das MfS exekutive Befugnisse. Ihm war es erlaubt, analog zu den Rechten der Polizei und der Staatsanwaltschaft, Verdächtige zu verhaften und Ermittlungsverfahren ins Rollen zu bringen. Außerdem wurde das Ministerium nicht wie seine westdeutschen Gegenstücke von einem parlamentarischen Gremium kontrolliert oder von einem Verwaltungsgericht gegebenenfalls in seiner Arbeit gestoppt. Die Hauptverwaltung Aufklärung beschäftigte sich hauptsächlich damit, Informationen über geheimdienstlich relevante Tätigkeiten der Bundesrepublik zu sammeln.

ORGANISATION

In Berlin-Lichtenberg stand die Zentrale des Ministeriums für Staatssicherheit. Diese gliederte sich in die Hauptverwaltungen sowie die Abteilungen des Abwehrsektors. Hinzu kamen noch zwei weitere Hauptabteilungen, die sich um die Aufklärung und die Bewirtschaftung kümmerten. Der Zentrale waren überdies insgesamt 14 Bezirksverwaltungen sowie die Objektverwaltung Wismut unterstellt. Bis zur einschneidenden Verwaltungsreform im Jahr 1952 hatten neben der 1951 errichteten Objektverwaltung anstelle der Bezirksverwaltungen fünf Länderverwaltungen bestanden. Mehr als einhundert Objekt- und

Zelle und Zellengang im Gefängnis Berlin-Hohenschönhausen

Kreisdienststellen ergänzten das groß angelegte Projekt. Diese waren wiederum den Bezirksverwaltungen untergeordnet. Von etwa 4500 Mitarbeitern Ende 1951 – ein Jahr später waren bereits ca. 8800 Angestellte beim Mfs beschäftigt – vergrößerte sich die Zahl bis 1989 auf rund 91.000 hauptamtliche Mitarbeiter. Hinzu kamen zeitweise weit über 180.000 Inoffizielle Mitarbeiter. Verdächtige Personen wurden in den gefürchteten Untersuchungsgefängnissen in Berlin-Lichtenberg sowie Berlin-Hohenschönhausen oder in einer der Haftanstalten in den Bezirksstädten festgehalten.

AUSBILDUNG

Anstellung bei der Stasi fanden neben gewöhnlichen Zivilisten aus sämtlichen Bereichen auch viele Personen, die einen militärischen Dienstgrad aufweisen konnten. Nicht immer geschah die Arbeit für das MfS auf freiwilliger Basis: Einige Inoffizielle Mitarbeiter nötigte das MfS durch Erpressung zur Zusammenarbeit. Andere wurden für ihren Dienst fürstlich bezahlt oder mit der Aussicht auf beruflichen Aufstieg gelockt. Viele IMs gingen ihrer Arbeit auch aus politischer Überzeugung nach. In der Juristischen Hochschule Potsdam konnten sich die Mitarbeiter im Direkt- oder Fernstudium zum Diplom-Juristen ausbilden lassen.

DER UNFALLTOD DES FUSSBALLERS LUTZ EIGENDORF

Als Werkzeug der Partei scheute das Ministerium für Staatssicherheit auch nicht vor drastischen Maßnahmen zurück, um die DDR-Bürger davon abzuhalten, in den Westen zu fliehen oder anderen dabei zu helfen. Auch vor Entführungen und Mord schreckte der Geheimdienst nicht zurück.

Aus diesem Grund kam in den vergangenen Jahren immer wieder die Vermutung auf, dass das MfS für den Unfalltod des Fußballers Lutz Eigendorf (1956–83) verantwortlich sein könnte.

Nachdem der am 16. Juli 1956 in Brandenburg geborene Sportler als Jugendlicher 1970 zum Berliner FC Dynamo gewechselt war, wurde er ab 1974 in 100 Oberligaspielen eingesetzt. Zwischen 1978 und 1979 lief er bei sechs Länderspielen für die DDR-Nationalmannschaft auf. Als er mit seinem Verein am 20. März 1979 nach einem Freundschaftsspiel beim 1. FC Kaiserslautern auf der Rückfahrt einen Zwischenstopp in Gießen einlegte, setzte er sich von seinen Teamkollegen ab und flüchtete per Taxi nach Kaiserslautern. Dort wollte Eigendorf eine neue sportliche Karriere starten. Fortan geriet er ins Visier des MfS und wurde von zahlreichen Agenten beschattet. Zwei von ihnen wurden eigens in den Westen übergesiedelt, um ihn besser überwachen zu können. So befasste sich beispielsweise der Abteilungsleiter für Sonderaufgaben in der Berliner Stasizentrale, Heinz Heß, persönlich mit der Observation Eigendorfs im Westen. Die Bekämpfung der Republikflucht fiel in seinen Aufgabenbereich und brachte ihm ausgerechnet am Todestag des Fußballers eine Sonderprämie von 1000 Mark ein. Auch Lutz' in der DDR verbliebene Ehefrau Gabriele sowie die zweijährige Tochter wurden von den MfS-Agenten verhört. Der Geheimdienst verhinderte zudem den Kontakt zwischen den Eheleuten – Eigendorf hatte geplant, seine Familie nachzuholen – und trieb im Eilverfahren die Scheidung der beiden voran.

Lutz Eigendorf (l.) im Zweikampf

Lutz Eigendorf drei Tage nach der Republikflucht als Zuschauer des 1. FC Kaiserslautern

Schon gewusst?

Gabriele Eigendorf heiratete nach der Trennung unwissentlich einen Agenten des Geheimdienstes, einen sogenannten Romeo, der regelmäßig dem Ministerium Bericht erstattete.

Lutz Eigendorf als Spieler der DDR-Nationalmannschaft

In Ungnade soll Eigendorf unter anderem auch deshalb gefallen sein, weil er sich in einem Interview kritisch über den DDR-Fußball geäußert hatte und sich mehrfach als „freier Mann" im West-Fernsehen zeigte. Als Fußballer des 1. FC Kaiserslautern und später von Eintracht Braunschweig drohte Lutz Eigendorf zum Vorbild für junge sportbegeisterte DDR-Bürger zu werden und zum Nacheifern anzuregen.

Doch Eigendorfs Fußballerkarriere fand am 5. März 1983 ein jähes Ende: Zwischen 22 und 23 Uhr befand er sich mit seinem schwarzen Alfa Romeo auf der Braunschweiger Forststraße, die von Querum in Richtung Bienrode führt. Mit überhöhter Geschwindigkeit raste er die schlecht beleuchtete Straße entlang, bis er in der Nähe des alten Bahnhofs Querum von einem auf der anderen Straßenseite parkenden Auto wohl so stark geblendet wurde, dass er in der Rechtskurve die Kontrolle über seinen Wagen verlor und ihn gegen einen Baum lenkte. Eigendorf wurde sofort ins Krankenhaus eingeliefert, die Ärzte konnten jedoch nicht mehr viel für ihn tun. Rund eineinhalb Tage später starb er an einem schweren Schädelhirntrauma sowie Brustverletzungen. Eine Blutprobe des Fußballprofis ergab einen Blutalkoholwert von 2,20 Promille. Außerdem soll Eigendorf nicht angeschnallt gewesen sein. Der herangezogene Sachverständige schloss in seinem Bericht ein Fremdverschulden aus.

Zu einem völlig anderen Ergebnis kam der WDR-Journalist Heribert Schwan (*1944), der in seiner Dokumentation *Tod dem Verräter – Der Fall Lutz Eigendorf* aus dem Jahr 2000 behauptet, dass Eigendorf vom Ministerium für Staatssicherheit ermordet worden sei. Schwan gelangte in den Besitz eines angeblichen Schreibens aus der Hauptabteilung XXII, in dem auf 32 Seiten handschriftlich die Wirkung von chemischen Substanzen auf den Menschen erörtert wird. Das Schreiben enthält angeblich auch einen Vermerk zu Eigendorf sowie Ideen, wie solch ein Mord vertuscht werden kann. Schwan stellte in seinem Film die Behauptung auf, dass der Fußballprofi in seinem eigenen Wagen entführt und mit Alkohol sowie giftigen Substanzen vollgepumpt worden sei. Als er anschließend dazu gedrängt wurde, das Weite zu suchen, sei er in der besagten Kurve geblendet worden. Andere Theorien behaupten, ein Agent des MfS habe ihm in den Vorderreifen geschossen oder die Bremsanlage sei manipuliert gewesen. Das Wiesbadener Kriminalamt konnte in dieser Hinsicht nichts feststellen.

Auch der ehemalige Trainer Jörg Berger (1944–2010), der 1979 ebenfalls aus der DDR geflohen war und später durch seine Stasiakte von Mordanschlägen gegen seine Person erfuhr, glaubte mit einer 95-prozentigen Wahrscheinlichkeit daran, dass Eigendorf ermordet wurde. Seiner Meinung nach habe Eigendorf dem Stasichef Mielke mit seiner Flucht eine persönliche Niederlage zugefügt. Der BFC Dynamo gehörte der Sportvereinigung Dynamo an, die die Sportvereinigung der Volkspolizei, der Zollverwaltung sowie des Ministeriums für Staatssicherheit war. Mielke war erster Vorsitzender des BFC. Der Stasichef habe sich laut Berger an dem „Beckenbauer der DDR", der als eines der größten Talente des Staates gegolten habe, rächen sowie verhindern wollen, dass andere bedeutende Spieler ihm nacheifern. Kurz vor seinem Tod hatte der DDR-Flüchtling für die ARD vor der Berliner Mauer ein Interview gegeben, in dem er seine ehemalige Heimat in mehrfacher Hinsicht kritisierte. Gestützt wird die Mordtheorie dadurch, dass am 9. Februar 2010 Karl-Heinz Felgner, der jahrelang als Inoffizieller Mitarbeiter „Klaus Schlosser" für die Stasi gearbeitet hatte und ein enger Vertrauter Eigendorfs war, vor dem Düsseldorfer Landgericht zugab, dass er damals den Auftrag bekommen habe, Eigendorf zu töten. Diesem Befehl will er aber nicht nachgekommen sein. Überprüfbar sind diese Angaben nicht mehr, da seine Stasiunterlagen aus den Jahren 1980 bis 1983 bis heute verschollen sind. Die Glaubwürdigkeit von Felgners Aussage wird von einigen jedoch stark angezweifelt, da er in der Vergangenheit bereits wegen mehrerer Straftaten verurteilt worden war.

Das Unfallfahrzeug

SPION IM KANZLERAMT – GÜNTER GUILLAUME

NAME:
Günter Guillaume

GEBURTSDATUM UND -ORT:
1. Februar 1927, Berlin

MISSION:
DDR-Agent im Bundeskanzleramt

AUFTRAGGEBER:
Ministerium für Staatssicherheit

TARNUNG:
Parteifunktionär der SPD

TÄTIGKEITSORT:
Bonn

Nachdem Günter Guillaume (1927–95) im Jahre 1956 im Auftrag des Ministeriums für Staatssicherheit in die BRD übergesiedelt war, hatte er sich in den 1960er-Jahren als SPD-Mitglied in Frankfurt am Main zum Fraktionsgeschäftsführer im Stadtrat hochgearbeitet. Wenig später bewarb er sich um eine Stelle im Bundeskanzleramt. Routinemäßig wurde er einer Sicherheitsüberprüfung unterzogen, die einige Unregelmäßigkeiten in seiner Vergangenheit offenlegte. In seiner Akte waren beispielsweise nachrichtendienstliche Meldungen über seinen vom Ministerium für Staatssicherheit vorangetriebenen Umzug nach Frankfurt am Main vermerkt. Auch der Bundesnachrichtendienst hatte einige Informationen über ihn zusammengetragen, die jedoch nicht sinnvoll verknüpft werden konnten.

Der damalige Staatssekretär im Kanzleramt, Egon Bahr (*1922), empfahl Horst Ehmke (*1927), dem Chef des Kanzleramtes, Guillaume nicht einzustellen. Doch Georg Leber (1920–2012), damaliger Bundesminister für Verkehr sowie ein Parteikollege in Frankfurt, und der Ministerialdirektor Herbert Ehrenberg (*1926) verbürgten sich für den DDR-Spitzel. Ehmke lud Guillaume zu einem persönlichen Gespräch und konfrontierte ihn mit dem Verdacht, dass er ein Agent der DDR sei. Guillaume widersprach diesem Vorwurf heftig, sodass sich der Argwohn ihm gegenüber legte. Unterstützung erhielt er durch einen Brief Lebers vom 22. Januar 1970, den dieser persönlich an Ehmke adressiert hatte. In dem Brief lobte Leber die Zuverlässigkeit Guillaumes und dessen Festhalten an der freiheitlichen Demokratie.

Dank der Unterstützung der „Parteikollegen" wurde der Stasispitzel als Hilfsreferent in der Abteilung Wirtschaft und Soziales unter Ministerialdirektor Herbert Ehrenberg eingestellt. Während seiner Tätigkeit übernahm der Spion unter anderem die Aufgabe, die Glaubwürdigkeit der Politik des Bundeskanzlers Willy Brandt (1913–92) zu prüfen. Häufig hielt er sich dafür im Vorzimmer Bahrs auf und suchte die Nähe zu Kollegen, die ihm dank ihrer Redseligkeit unwissentlich einige Informationen zukommen ließen. Der von Brandt geförderten Annäherung zwischen der Bundesrepublik und der Sowjetunion, dem „Großen Bruder" der DDR, sahen die führenden Köpfe im Osten mit ablehnenden Gefühlen zu. Guillaume sollte hierauf sein besonderes Augenmerk legen.

1972 wurde der DDR-Agent zum persönlichen Referenten Brandts ernannt. In der Folgezeit begleitete er den Kanzler sowie die ebenfalls anwesende Politprominenz auf der Wahlkampfreise im Sommer und Herbst 1972 per Sonderzug. Diese hatte Guillaume persönlich organisiert. Hier nahm er auch an den verschiedenen Gesprächsrunden von Brandt teil.

Schon gewusst?

Die während der Reise anfallende Regierungsarbeit übernahm der MfS-Agent, der auf diesem Wege Zugang zu zahlreichen Dokumenten erhielt. Fast sämtliche Schriftstücke für Brandt wurden über Guillaume geleitet.

Während sich der Kanzler seiner Wählerschaft widmete, nutzte der Spion die unbeobachteten Augenblicke, um sich mit seinem Kontaktmann „Arno" in Restaurants und Kneipen zu treffen und sich über die neuesten Entwicklungen auszutauschen. Auch nach der Wiederwahl verblieb Guillaume, der von Brandt für sein Organisationstalent und seine Ordnungsliebe geschätzt wurde,

Brandt und Guillaume auf Wahlkampfreise

auf seinem Posten. Er besaß unter anderem den Schlüssel zu den Akten mit dem Vermerk „Geheim", der ihm die Möglichkeit gab, die Schriftstücke zu Hause abzufilmen und an das MfS weiterzuleiten.

Doch die Tarnung des angeblich treuen SPD-Anhängers konnte nicht ewig aufrechterhalten werden: Am 29. Mai 1973 verabredete sich der Verfassungsschutzpräsident Günther Nollau (1911–91) mit dem damaligen Innenminister Hans-Dietrich Genscher (*1927), um ihm ein Dossier über Günter Guillaume zu überreichen. Einem seiner Mitarbeiter war aufgefallen, dass dessen Name häufig in Zusammenhang mit anderen Spionagefällen genannt worden war. Genscher teilte den Verdacht Brandt in einem Gespräch beiläufig mit. Brandt berichtete später, dass er von den Verantwortlichen gebeten worden sei, Guillaume im Amt zu halten, damit sich dieser sicher fühle und keinen Verdacht schöpfe. Der Kanzler sei nach eigenen Aussagen dem Wunsch nachgekommen, da er davon ausging, dass der Spion von den Geheimdiensten observiert werde.

Brandt irrte in seiner Annahme. Die Fassade wurde dennoch aufrechterhalten: So begleitete Guillaume kurze Zeit später den Kanzler und dessen Familie auf einer Reise nach Norwegen. Guillaume hielt sich während Brandts Urlaub regelmäßig in der in einer Jugendherberge eingerichteten Fernschreibzentrale auf, wo die verschlüsselten Nachrichten für den Kanzler decodiert wurden. Guillaume bekam unter anderem einen Brief des US-amerikanischen Präsidenten Richard Nixon (1913–94) in die Hände, der über Meinungsverschiedenheiten im westlichen Bündnis berichtete. Vor der Abreise verstaute er die Berichte in Brandts Aktenkoffer und füllte einen identisch aussehenden zweiten Koffer mit den Souvenirs des Kanzleramtes, den er dem Sicherheitsbeamten Bauhaus anstatt des echten anvertraute.

Die ehemalige Zentrale des MfS in Berlin

Auf dem Rückweg machte der MfS-Agent in Schweden mit den Dokumenten im Hotel Hallandia Station, wo er an der Bar mit seinem Kontaktmann „Peter" zusammentraf. Seinen Auftraggeber hatte er durch eine auf der Hinreise in Schweden aufgegebene und verschlüsselte Postkarte über den Tag informiert, an dem er das Hotel aufsuchen werde. Guillaume ließ ihm unbemerkt den Schlüssel zu seinem Zimmer zukommen, zu dem jener sich nach wenigen Minuten aufmachte und dort die ausgebreiteten Unterlagen auf dem Bett vorfand. Unbemerkt von anderen Gästen fotografierte „Peter" die Schriftstücke ab und verließ im Anschluss unbeobachtet das Hotel.

Nachdem zunächst Guillaumes Ehefrau eine Zeit lang observiert worden war – Guillaume glaubte zu dem Zeitpunkt, dass ihre Bewerbung im Verteidigungsministerium den Ausschlag dafür gegeben hätte –, konzentrierte sich kurz darauf die Überwachung auf den Spion selbst. Agenten des Bundesverfassungsschutzes beobachteten seine Aktivitäten im In- und Ausland. Obwohl Guillaume die Observation bemerkte, verließ er die Bundesrepublik nicht, da nach eigener Aussage der Befehl aus Ost-Berlin ausblieb. Der Spitze des Ministeriums für Staatssicherheit soll die Beschattung ihres Agenten jedoch nicht bekannt gewesen sein. Am 24. April 1974 machten sich früh morgens Beamte des Bundeskriminalamtes mit einem Haftbefehl des Generalbundesanwaltes auf zu Guillaumes Wohnung in Bad Godesberg. Ohne lange zu zögern, bestätigte dieser bereits in seinem Appartement seine Tätigkeit als Mitarbeiter des Ministeriums für Staatssicherheit. Noch am selben Abend informierte Innenminister Genscher den Bundeskanzler, dass sein persönlicher Referent verhaftet worden war.

Die Entdeckung des Spions weitete sich in der Öffentlichkeit zu einem Skandal aus, Brandt geriet in die Kritik. Es tauchte unter anderem ein Dokument auf, in dem berichtet wurde, dass Guillaume dem Kanzler Frauen zugeführt habe. Angeregt durch Herbert Wehner (1906–90), den Fraktionsvorsitzenden der SPD, entbrannte die Diskussion, ob Brandt hinsichtlich dieser Anschuldigungen nun erpressbar sei. Bei einem Treffen in Münstereifel kam am 5. Mai 1974 die

Bundeskanzler Willy Brandt

Fraktionsspitze zusammen, um die weiteren Schritte zu erörtern. Am 6. Mai trat Brandt als Kanzler zurück und übernahm folglich die politische Verantwortung für die Nachlässigkeiten der Bundesregierung während der Guillaume-Affäre.

Im Jahr 1975 wurden Christel und Günter Guillaume wegen Landesverrats zu acht beziehungsweise 13 Jahren Haft verurteilt. Im Rahmen eines Agentenaustausches 1981 verließ das Ehepaar vorzeitig die Bundesrepublik und reiste in die DDR zurück, wo Guillaume unter anderem mit dem Karl-Marx-Orden ausgezeichnet und zum Oberst im Ministerium für Staatssicherheit befördert wurde. In seiner Heimat genoss der Spitzel nach seiner Freilassung hohes Ansehen und wurde von den Genossen gefeiert. Von seiner Ehefrau ließ Guillaume sich 1981 scheiden. Unter dem Titel *Die Aussage* erschien 1986 sowie 1988 seine Autobiografie.

MI5 (SECURITY SERVICE)

Bereits seit über 100 Jahren bekämpft der Security Service, im Volksmund auch schlicht MI5 genannt, Spionage und Terrorismus im eigenen Land. An der Täuschung deutscher Truppen während des Zweiten Weltkrieges hatte der Geheimdienst erheblichen Anteil, das gefährliche Potenzial der IRA dagegen unterschätzte der MI5 jedoch lange Zeit.

NAME:
Security Service

ABKÜRZUNG:
MI5

GRÜNDUNGSJAHR:
1909

HAUPTSITZ:
London

STELLUNG:
Inlandsgeheimdienst

AUFGABENGEBIET:
Spionageabwehr, Terrorismusbekämpfung, Ausspionieren von ausländischen Geheimdiensten, Schutz der nationalen Sicherheit

ZUSTÄNDIGKEIT:
Großbritannien

Eingang der MI5-Zentrale in London

GESCHICHTE

Die Anfänge des Inlandgeheimdienstes

Der Inlandsgeheimdienst Security Service sowie der Auslandsgeheimdienst Secret Intelligence Service (SIS) haben eine gemeinsame Geschichte: Im Oktober 1909 gründeten der Royal Navy Kommandeur Mansfield Cumming (1859–1923) und der Armeekapitän Vernon Kell (1873–1942) das Secret Service Bureau, das sich bereits ungefähr zwei Jahre später in die beiden Geheimdienste aufspaltete. Das Secret Service Bureau

Spionageopfer Harry Pollitt

war aus der Befürchtung heraus gegründet worden, dass die Deutschen das Land unterwandern und so geheime militärische Informationen in Erfahrung bringen könnten. Kell übernahm die Leitung des Security Service, für den er anfänglich nur sehr wenige Mittel zur Verfügung hatte. Als 1914 der Erste Weltkrieg ausbrach, beschäftigte die Behörde lediglich sechs Mitarbeiter, einer davon war der Hausmeister. Der Geheimdienst wurde ab der Gründung der Abteilung für militärische Operationen dem Kriegsministerium unterstellt, dem Vorläufer des heutigen Verteidigungsministeriums. Im Laufe des Ersten Weltkrieges wurde der Security Service Teil der Section 5, der Abteilung für militärische Operationen, und erhielt die Bezeichnung MO5(g). Seit dem Umzug in die Zentrale des Kriegsministeriums im Jahr 1916 wurde die Behörde als MI5 betitelt, 1929 folgte die Umbenennung in Defence Security Service. Seinen endgültigen Namen erhielt der Geheimdienst im Jahr 1931. Im Ersten Weltkrieg erfüllte der MI5 die Aufgabe, den deutschen Marinenachrichtendienst zu überwachen.

Der Erste Weltkrieg aus englischer Sicht

Die rote Gefahr

Nach dem Ende des Ersten Weltkrieges drohte der Geheimdienst aufgrund von allgemeinen Einsparungen aufgelöst zu werden. Konkurrenz machten ihm auch die Fachabteilung der Londoner Polizeibehörde Metropolitan Police Service und der Secret Intelligence Service. Mit dem Aufkommen des Kommunismus und Faschismus in den 1930er-Jahren war der MI5 jedoch wieder gefragt. So gelang es beispielsweise der Agentin Olga Gray als Sekretärin beim Generalsekretär der Kommunistischen Partei, Harry Pollitt (1890–1960), in Großbritannien angestellt zu werden. In diesem Zuge ließ sie einen sowjetischen Spionagering rund um den Bahnhof Woolwich Arsenal auffliegen. Jedoch war es dem Security Service lange Zeit versagt zu erkennen, dass sich der sowjetische Geheimdienst einer

Kim Philby auf einer sowjetischen Briefmarke

originellen Strategie bemächtigt hatte, um neue Rekruten anzuwerben: Viele der angehenden Agenten waren junge Studenten, die mit dem Kommunismus sympathisierten.

Besonders erfolgreich war der Spionagering „Cambridge Five", der erst in den 1950er-Jahren vom britischen Geheimdienst gesprengt wurde. Dem KGB war es in den 1930er-Jahren gelungen Donald Maclean (1913–83), Guy Burgess (1911–63), Kim Philby (1912–88), Anthony Blunt (1907–83) sowie John Cairncross (1913–95), die gemeinsam am Trinity College in Cambridge studierten, als Doppelspione zu gewinnen. Aufsehen in Großbritannien erregte der Umstand, dass Philby es geschafft hatte, unbemerkt den Posten des Chefs der britischen Gegenspionage beim MI6 zu besteigen. Auch als er in Verdacht geriet und mehrfach verhört wurde, konnte ihm nichts nachgewiesen werden. 1952 wurde er daher in den vorzeitigen Ruhestand versetzt. Erst 1963 flog seine Identität endgültig auf. Dass es das Quintett „Cambridge Five" jahrelang geschafft hatte, die Geheimdienste zu narren, schadete dem Image des Security Service ungemein.

Täuschung der deutschen Truppen

Besonders stolz ist der Security Service auf seine Rolle während des Zweiten Weltkrieges. Er war einer der wenigen Geheimdienste, dem es gelang, die deutschen Truppen mit Falschmeldungen zu täuschen. Zudem führte der britische Geheimdienst erfolgreich das sogenannte Double-Cross-System ein, das feindliche Agenten, die enttarnt worden waren, für die eigenen Zwecke nutzte.

Guy Burgess

Donald Maclean

Trinity College in Cambridge

Kurz bevor die Alliierten 1944 in die Normandie einfielen, glaubten die Deutschen beispielsweise dank der Arbeit des MI5, dass sich in Großbritannien eine komplette US-Armee aufhalten würde. Außerdem täuschten sie dem deutschen Oberkommando glaubhaft vor, dass die Alliierten eine Invasion auf Sardinien und im Balkan planen würden. Tatsächliches Ziel war jedoch Sizilien. Das Täuschungsmanöver lief unter dem streng gehüteten Codenamen „Operation Mincemeat" (dt. Operation Hackfleisch). Um ihr Ziel zu erreichen, griffen die Mitarbeiter auf eine Leiche zurück, die die Merkmale eines Ertrunkenen aufwies. Die Agenten statteten den Verstorbenen mit einer neuen Identität aus: Die Deutschen sollten ihn für Capitain/Acting Major William Martin halten, einen Mitarbeiter der Royal Marines. Um die Tarnung glaubwürdig zu gestalten, wurde die Leiche zusätzlich mit einer Uniform der Royal Marines und mit verschiedenen Ausweisdokumenten und ähnlichen Schriftstücken versehen. Darüber hinaus ketteten die MI5-Agenten ihm einen Aktenkoffer an den Trenchcoat, der mit fingierten Dokumenten, die auf die Invasion hinwiesen, bestückt war. Diese suggerierten, dass die Alliierten zunächst Sardinien angreifen wollten, um anschließend die Invasion auf Südfrankreich zu starten. Eine zweite Operation sah einen vermeintlichen Angriff auf Griechenland vor, der vom Balkan aus stattfinden sollte. Per U-Boot wurde „William Martin", der auf Trockeneis in einem Stahlzylinder konserviert wurde,

Schon gewusst?

Der MI5 hatte für die Täuschungsmanöver extra ein spezielles Gremium zusammengestellt, das die Fehlinformationen mithilfe von Doppelagenten an den Mann brachte.

Die Vorbereitungen zur Operation Husky in Tunesien

am 30. April 1943 in die Nähe der andalusischen Stadt Huelva transportiert und an der spanischen Küste über Bord geworfen. Nach dem Fund der Leiche gelang es deutschen Agenten der Abwehr, die von den brisanten Schriftstücken erfahren hatten, die Dokumente „heimlich" abzufotografieren, bevor sie den britischen Behörden zurückgegeben wurden. Diese hatten aus reinem Kalkül die Rückgabe der vermeintlich wichtigen Dokumente angefordert. Als Folge schickte Adolf Hitler (1889–1945) seinen Generalfeldmarschall Erwin Rommel (1891–1944) nach Athen und stockte die deutschen Truppen auf Sardinien und Korsika auf. Die am 10. Juli 1943 gestartete Invasion Siziliens, die sogenannte Operation Husky, stieß daher auf wenig Gegenwehr und konnte am 9. August für die Alliierten erfolgreich abgeschlossen werden.

Neue Herausforderungen

Einen zweiten Dämpfer erhielt die Arbeit des MI5 1969, als die Behörde dem aufkommenden Nordirlandkonflikt zu wenig Beachtung schenkte. Nur ein Bruchteil der finanziellen Mittel wurde nach Beginn der Auseinandersetzungen in die Terrorbekämpfung investiert, die sowohl gegen nationale als auch internationale Gruppierungen gerichtet war. Erst im Jahr 1992 übernahm der Geheimdienst die führende Rolle bei der nachrichtendienstlichen Überwachung der Terrorgruppen. Dies hatte zuvor dem Special Branch der Metropolitan Police oblegen.

Die Existenz des MI5 ist offiziell erst seit 1989 bekannt. So wurden auch erst vor einigen Jahren die Namen der Generaldirektoren bekannt gegeben. Mit der Öffnung nach außen will der Security Service einen Schritt auf die britische Gesellschaft zugehen und auf diesem Wege eine intensivere Verbindung zur britischen Bevölke-

Die Invasion der alliierten Truppen auf Sizilien

Durchhalteparolen in Belfast während des Nordirlandkonflikts

AUFGABENGEBIET

Zentrale Aufgabe des Security Service ist es, Großbritannien vor feindlichen Bedrohungen wie Spionage, Terrorismus und Sabotageakten zu schützen. Im Bereich Gegenspionage werfen die Mitarbeiter ein besonderes Auge auf die Aktivitäten der russischen und chinesischen Geheimdienste. In den Anfängen des Geheimdienstes lag der Arbeitsschwerpunkt auf der generellen Verteidigung des Königreichs vor feindlichen Mächten. Inzwischen obliegt ihm auch der Auftrag, sämtliche politische, unternehmerische oder gewaltbereite Bestrebungen aufzudecken, die der demokratischen Staatsform des Landes widerstreben. Der MI5 versucht darüber hinaus die Verbreitung von Massenvernichtungswaffen zu unterbinden. Ebenso hat der Geheimdienst den britischen Vollzugsbehörden bereits mehrfach dabei geholfen, die Schwerstkriminalität im Land einzudämmen. Zeitweilig klärt er auch verschiedene Organisationen im öffentlichen und privaten Bereich über Sicherheitsmaßnahmen auf. Ein kleiner Teil des MI5 hat sich darauf spezialisiert, neue Bedrohungen im technischen Bereich aufzudecken. Im Security Service Act aus dem Jahr 1989, der die Zuständigkeiten der Behörde reguliert, ist außerdem festgelegt, dass der MI5 sensible Informationen des Gouvernements zu schützen hat. Ergänzt wurde das Gesetz in der Vergangenheit situationsbedingt durch den

rung aufbauen, um das verlorene Vertrauen in die staatliche Institution zurückzugewinnen.

Seine eigene Geschichte ließ der Security Service anlässlich seines 100-jährigen Bestehens im Jahr 2009 durch den Historiker Christopher Andrew erforschen und aufarbeiten, der in der Vergangenheit bereits zahlreiche Werke über Geheimdienste wie den KGB verfasst hat. Mehrere Hunderttausend Akten bekam Andrew zur Einsicht, jedoch nicht alle Informationen, besonders die jüngere Geschichte betreffend, wurden freigegeben. Laut eigener Aussage wolle das MI5 mit der Zurückhaltung der Dokumente die nationale Sicherheit gewährleisten.

Tipp

Literatur:

Christopher Andrew:
MI5 – Die wahre Geschichte des britischen Geheimdienstes, 2010

Straßensperre in London nach den Anschlägen vom 7. Juli 2005

Terrorism Act (2000), den Anti-Terrorism, Crime and Security Act (2001), den Prevention of Terrorism Act (2005) sowie den Terrorism Act (2006). Sie gestehen dem MI5 zu, die Telefon- und Internetdaten Verdächtiger zu überwachen und für eigene Zwecke zu nutzen.

ORGANISATION

Der Security Service untersteht dem Innenministerium. An oberster Stelle der Organisation rangiert der Director General, der neben der Leitung der Institution auch die Haftung für sämtliche Aktivitäten übernimmt. Seit 2007 leitet Jonathan Evans (*1958) den britischen Security Service.

Der Geheimdienst ist insgesamt in sieben Fachgebiete unterteilt, die jeweils von einem eigenen Geschäftsführer geleitet werden. Der Director General verantwortet zwei dieser Fachgebiete. Sein Stellvertreter, der Deputy Director General, ist unter anderem für die Bereiche Terrorismusabwehr, Sicherheitsanweisungen, Spionageabwehr sowie Proliferationsabwehr verantwortlich. Unterstützung erhalten beide durch den juristischen Berater. Die Zentrale des MI5 hat ihren Sitz im Thames House in London. Hier ist auch das Joint Terrorism Analysis Centre unter-

Stella Rimington – die Vorlage für die Bond-Figur „M“?

London – Hauptsitz des MI5

gebracht, in dem Terrorismusexperten der Polizei, verschiedener Behörden sowie des Gouvernements seit 2003 gemeinsam versuchen terroristische Akte aufzudecken. Zusätzlich verrichten acht weitere Regionalbüros in Großbritannien sowie eins in Nordirland ihre Arbeit. Die verschiedenen Aktionen des Security Service werden durch den parlamentarischen Ausschuss, das Intelligence and Security Commitee, bewacht.

Schon früh beschäftigte der Security Service Frauen: Jane Sissmore beispielsweise begann 1916 als Sekretärin beim MI5 und übernahm nach ihrer Ausbildung zur Rechtsanwältin im Jahr 1924 den Chefposten für den Bereich sowjetische Angelegenheiten. 1992 trat mit Stella Rimington (*1935) zum ersten Mal eine Frau die Leitung des Inlandsgeheimdienstes an. Sie soll die Vorlage für die Filmfigur „M" in den nach 1995 gedrehten James-Bond-Filmen sein.

AUSBILDUNG

Seit 1997 schreibt der MI5 seine freien Posten (z. B. IT-Sicherheitsexperten, Fremdsprachenkorrespondenten) öffentlich aus. Von den Bewerbern werden analytisches Denken, Kommunikationsfähigkeit und Computerkenntnisse erwartet. Auch Verschwiegenheit gegenüber anderen Personen sowie in gefährlichen Situationen sollten die Kandidaten vorweisen. Außerdem sollten sie je nach Stellenausschreibung mindestens über einen mit gut benoteten Universitätsabschluss verfügen beziehungsweise älter als 18 Jahre alt sein. Einige Positionen erfordern eine ärztliche Voruntersuchung. Jeder Kandidat wird einer Sicherheitsüberprüfung unterzogen, die sich mit seiner Vergangenheit sowie seiner aktuellen finanziellen Situation auseinandersetzt, um das Risiko der Erpressbarkeit zu minimieren. Nur britische Staatsangehörige, von denen mindestens ein Elternteil ebenfalls einen britischen Pass besitzt oder

Staatsbürger eines Landes ist, das dem Commonwealth angehört, können sich auf eine Stellenausschreibung bewerben. Die Kandidaten müssen darüber hinaus nachweisen können, dass sie sich in den letzten zehn Jahren im Königreich aufgehalten haben. Ausnahmen bilden studienbedingte Aufhalte im Ausland.

Emblem des KGB

DIE AFFÄREN DES MI5

Premierminister Harold Wilson

Viele Jahre lang hielten sich die Gerüchte, dass Harold Wilson (1916–95), der von 1964 bis 1970 sowie von 1974 bis 1976 das Amt des britischen Premierministers übernommen hatte, vom MI5 während seiner Amtszeit abgehört worden sein soll. Wilson selbst hatte geglaubt, dass der Geheimdienst Informationen über ihn sammeln wollte, um ihn zu stürzen. Es wurde vom Geheimdienst zwar eine Akte über den Politiker angelegt, dies geschah jedoch vor allem aufgrund seiner Freundschaft zu Geschäftsmännern aus Osteuropa sowie seiner angeblichen Kontakte zum KGB. Laut dem Security Service sei dies ein normaler Vorgang gewesen, der Premierminister hätte nicht unter besonderem Verdacht gestanden. Die Informationen hätten die führenden Köpfe der Behörde – entgegen der Befürchtung von Wilson – auch nie dazu nutzen wollen, den Politiker zu stürzen. In den Dokumenten wurde Wilson unter dem Pseudonym „Norman John Worthington" geführt.

Harold Wilson auf Staatsbesuch bei Ludwig Erhard

Der Fall Roger Hollis

Fast in die gleiche Zeit fällt auch der Vorfall mit dem führenden Kopf des Secret Service, Roger Hollis (1905–73). Der Chef des MI5 (1956–65) soll jahrelang für den KGB spioniert haben. Die Gerüchte waren aufgekommen, als in den 1950er- sowie 1960er-Jahren zahlreiche Operationen des Security Service fehlgeschlagen sowie die Tätigkeiten der „Cambridge Five" bekannt geworden waren. Es wurde vermutet, dass Hollis der Sowjetunion mehrfach Tipps hatte zukommen lassen. Unter Verdacht stand ebenfalls Hollis' Stellvertreter Graham Mitchell. Bereits zu Lebzeiten des Geheimdienstlers wurde zwischen 1964 und 1971 eine Untersuchung in Auftrag gegeben, die die Gerüchte jedoch nicht bestätigen konnte. Im Verhör bestritt Wilson vehement die Anschuldigungen. 1987 veröffentlichte Peter Wright, ehemals tätig im Bereich Spionageabwehr beim Security Service, über Wilson das Buch *Spycatcher*, das eine erneute Diskussionswelle lostrat.

HELD DER WÜSTE – LAWRENCE VON ARABIEN

NAME:
Thomas Edward Lawrence

BEKANNT ALS:
Lawrence von Arabien

GEBURTSDATUM UND -ORT:
16. August 1888, Tremadoc (Wales)

MISSION:
Unterstützung des Aufstandes der Araber gegen das Osmanische Reich

AUFTRAGGEBER:
Britischer Nachrichtendienst

TÄTIGKEITSORT:
Arabische Halbinsel

Thomas Edward Lawrence

Er war Geheimagent und Abenteurer in einem: Lawrence von Arabien (1888–1935). Geboren wurde der Held des Ersten Weltkrieges unter dem Namen Thomas Edward Lawrence in Tremadoc (Wales). Schon früh interessierte sich Lawrence, der an der renommierten Oxford-Universität Archäologie studierte, für die Länder des Ostens. 1909 bereiste er Syrien, zwischen 1911 und 1914 wohnte er Ausgrabungen am Strom Euphrat bei. Dort entdeckte er auch sein Interesse an den Beduinenvölkern Arabiens.

1914 machte sich Lawrence erneut auf die Reise. Im Nahen Osten sollte er im Auftrag des Palestine Exploration Fund offiziell das Gebiet zwischen Akaba, Berseba und Gaza vermessen und kartieren. Vordergründig erschien es, als hätte sich der Sohn eines Adeligen ganz der Wissenschaft verschrieben, doch stattdessen agierte Lawrence als Handlanger des britischen Oberkommissars, der in Ägypten stationiert war. Für ihn sollte er die zu vermessenden Gebiete militärisch auskundschaften. Lawrence machte seine

Sache so gut, dass er bereits kurz darauf vom militärischen Geheimdienst Großbritanniens angeworben wurde. Dort übertrug man ihm die Aufsicht über die arabischen Regionen, die unter der Herrschaft der Osmanen standen.

Um mit den Einheimischen von Angesicht zu Angesicht sprechen zu können, kleidete sich Lawrence häufig als Scheich. Bei den Einheimischen war der Oberst äußerst beliebt. Er trug die gleichen Gewänder wie sie, er sprach ihre Dialekte und hielt sich bei Gesprächen an die Regeln des Korans. 1915 gelang es ihm ganz im Sinne der Großmacht Großbritannien, die Beduinen in Arabien zum gemeinsamen Unabhängigkeitskampf zu bewegen. Unter der Führung des Großscheichs von Mekka, Hussein ibn Ali (um 1853–1931), traten die Beduinen im Juni 1916 zur Schlacht gegen ihre Unterdrücker an. Hilfe erhielten sie durch britische Truppen. Doch der Kampf war mit der Vertreibung der Türken unter anderem aus Mekka für die Araber noch nicht zu Ende. Lawrence konnte Hussein und seinen Sohn Faisal, dessen Verbindungsoffizier der Brite im Dezember 1916 geworden war, davon überzeugen, dass sie auch die deutsch-türkischen Truppen vertreiben müssten, um ein geeinigtes arabisches Reich zu formen. Das Ziel eines befreiten Arabiens vor Augen zog der Oberst durch die ganze Region und sprach mit den verschiedenen Führern der Nomadenstämme. Ihm gelang das Außergewöhnliche: Er konnte die untereinander verfeindeten Stämme zu einem Bündnis vereinen. Trainiert wurden die im Kampf unerfahrenen Beduinen von Agenten des britischen Geheimdienstes. Mit ihrer Hilfe formierten sich die Einzelkämpfer zu einer einheitlichen Streitmacht. Doch damit nicht genug: Geschickt ließ Lawrence die Pläne der feindlichen Truppen im Juni 1917 durch Geheimdienstagenten aus Amman, Deraat und Damaskus ausspionieren. Die durch die Agenten gesammelten Informationen nutzte er, um seine Angriffspläne zu koordinieren und in die Tat umzusetzen.

Mit dem vorläufigen Ende der Fremdbestimmung im Jahr 1918 endete auch der Einsatz von Lawrence in Arabien. Er quittierte seinen Dienst und kehrte nach Großbritannien zurück, wo er seine Erfahrungen in dem Buch *Die sieben Säulen der Weisheit* niederschrieb und so indirekt den Mythos um seine Person begründete. Das Manuskript wurde ihm unter mysteriösen Umständen auf einer Zugreise entwendet. Angeblich hatte der Secret Service beim Diebstahl des Schriftstücks seine Finger im Spiel. Parallel nahm Lawrence an der Pariser Friedenskonferenz teil und versuchte, die Forderungen der Araber nach einem selbstbestimmten Staat zu unterstützen. Jedoch konnte er nicht verhindern, dass weite arabische Gebiete unter französischen beziehungsweise englischen Einfluss gerieten. Nach erfolglosen Versuchen, unter falschem Namen unterzutauchen, starb Lawrence am 19. Mai 1935 an den Folgen eines Motorradunfalls.

Lawrence von Arabien im traditionellen arabischen Gewand

MI6 (SECRET INTELLIGENCE SERVICE)

Der wohl berühmteste Agent des MI6 ist zweifelsohne James Bond – auch wenn er nur auf der Leinwand und in zahlreichen Romanen existiert. Dem Secret Intelligence Service hat der agile Frauenheld zu einiger Berühmtheit verholfen. In der Realität bemüht sich der Auslandsgeheimdienst, die Sicherheit der Regierung zu wahren, indem er unter anderem Aktivitäten fremder Geheimdienste überwacht.

NAME:
Secret Intelligence Service

ABKÜRZUNG:
MI6, SIS

GRÜNDUNGSJAHR:
1909

HAUPTSITZ:
London

STELLUNG:
Auslandsgeheimdienst

AUFGABENGEBIET:
Innere Sicherheit, Schutz der Regierung, Überwachung fremder Geheimdienste

ZUSTÄNDIGKEIT:
Großbritannien

Der Hauptsitz des MI6 in London

GESCHICHTE

Kampf der politischen Systeme
Der Secret Intelligence Service entwickelte sich wie der Security Service aus dem 1909 errichteten Secret Service Bureau. Während sich die Home Section darum kümmerte, die Spionage im eigenen Land einzudämmen, erhielt die Foreign Section, der spätere MI6, den Auftrag, international Informationen über die einzelnen Geheimdienste zu sammeln. Unter der Führung von Mansfield Cumming

Auftrag des MI6 – Bekämpfung von Nationalsozialismus und Kommunismus

(1859–1923) operierten die Agenten des Auslandsgeheimdienstes während des Ersten Weltkrieges erfolgreich in Belgien und Frankreich. Zur Hauptaufgabe in den Jahren zwischen den Weltkriegen wurde für die Behörde die Bekämpfung des aufkommenden Kommunismus.

Zudem versuchten die Agenten die potenzielle Gefahr, die von den Nationalsozialisten ausging, die in Deutschland nach und nach die Macht übernahmen, richtig einzuschätzen. Sie legten deshalb ihr Hauptaugenmerk auf die politischen Umbrüche in der Bundesrepublik.

Zu einem bedauerlichen Zwischenfall aus Sicht des britischen Geheimdienstes kam es 1939, als die Agenten Major Richard Henry Stevens (1893–1967) und Captain Sigismund Payne Best (1885–1978) nach Venlo in den Niederlanden reisten, in dem Glauben, dort mit vermeintlichen Gegnern Hitlers zusammenzutreffen. Diese entpuppten sich jedoch als Agenten des deutschen Geheimdienstes. Kurz hinter der Grenze wurden die beiden britischen Agenten am 9. November im Café Backus von Männern der Schutzstaffel (SS) entführt. Dirk Klop (1906–39), Offizier des niederländischen Geheimdienstes GS III, der die beiden Briten begleitet hatte, wurde beim Schusswechsel an der Grenze tödlich getroffen. Best und Stevens wurden vom Propagandasystem der Nationalsozialisten anschließend als angebliche Drahtzieher des gescheiterten Attentats von Georg Elser (1903–45) auf Adolf Hitler im Bürgerbräukeller prä-

Georg Elser

sentiert. Der Venlo-Zwischenfall fügte dem Ansehen sowie der verdeckten Arbeit des britischen Geheimdienstes großen Schaden zu, der Präsident des GS III nahm seinen Hut. Kurz darauf marschierte Hitler mit der deutschen Armee in die Niederlande ein.

Schon gewusst?

Vermutlich sind während des Zweiten Weltkrieges zwischen 100.000 und 200.000 Exemplare der Rotor-Chiffriermaschine Enigma auf den Markt gebracht worden.

Enigma-Maschine

Mit Beginn des Zweiten Weltkrieges konzentrierte sich der Secret Intelligence Service darauf, die Arbeit der Codeknacker der Government Code and Cypher School in Bletchley Park zu überwachen und zu steuern. Hier wurden unter anderem die Signale und Codes, die von der berühmten Enigma-Maschine aus gesendet wurden, entziffert. Ebenso war der MI6 für die Abteilung Hut 3 verantwortlich, die die Enigma-Funksprüche der Wehrmacht und der Luftwaffe auswertete. Diese wurden im Anschluss an die Abteilung Hut 6, die sich um die Entzifferung kümmerte, sowie an das Entzifferungssystem Fish weitergegeben. Während des Kalten Krieges gelang es dem Secret Intelligence Service mehrfach, sowjetische Offiziere und KGB-Mitglieder davon zu überzeugen, für die Briten zu spionieren und ihnen wichtige Informationen zukommen zu lassen.

Die Absetzung Mohammad Mossadeghs

Gleich mehrfach beteiligte sich der MI6 in seiner über 100-jährigen Gesichte an politischen Umstürzen im Ausland. Gemeinsam mit dem CIA enthoben sie beispielsweise 1953 den iranischen Premier Mohammad Mossadegh (1882–1967) seines Amtes. Koordiniert hatte die sogenannte Operation Ajax, die am 1. Juli 1953 von Winston Churchill (1874–1965) und Dwight D. Eisenhower (1890–1969) abgesegnet worden war, der US-amerikanische Agent Kermit Roosevelt (1916–2000). In den zwei vorausgegangenen Jahren hatte es mehrfach im Iran gekriselt. Im Mittelpunkt der Auseinandersetzungen stand das Ringen um die reichen Erdölvorkommnisse im Land. Die britische Regierung kämpfte lange Zeit darum, die Verstaatlichung der Anglo-Iranian-Oil-Company (AIOC), deren Gewinne zuvor zu einem Großteil Großbritannien zugutegekommen waren, rückgängig zu machen. Zunächst hatte die

Der spätere iranische Premierminister Mohammad Mossadegh

amerikanische Regierung der Nationalisierung der Ölindustrie, die vom iranischen Parlament am 15. März 1951 verabschiedet worden war, noch positiv gegenübergestanden. Jedoch konnte Churchill Eisenhower von seiner Vermutung überzeugen, dass sich dank Mossadeghs Politik in den kommenden Jahren im Iran der Kommunismus verbreiten würde.

Mithilfe von Kriegsschiffen errichteten die Briten 1952 im Persischen Golf eine Seeblockade, die verhinderte, dass der Iran Erdöl exportieren konnte. Die fehlenden Einnahmen zogen eine Wirtschaftskrise im Land nach sich. Nach Streitereien mit dem Schah Mohammad Reza Pahlavi (1919–80) trat Mossadegh Mitte Juli als Premierminister zurück, wurde jedoch bereits am 27. Juli 1952 wieder eingesetzt. Daraufhin formierten

Sir Winston Churchill

sich Anhänger und Gegner des Staatsmannes, die sich zeitweilig blutige Straßenschlachten lieferten. Dank der von Mossadegh vorangetriebenen Auflösung des Parlaments am 3. August besaß der Schah nun die Möglichkeit, per Dekret Fazlollah Zahedi (1897–1963) als neuen Premierminister des Landes einzusetzen. Dies erfolgte aber erst nach langem Zureden der CIA. Die CIA und der MI6 hatten im Rahmen der „Operation Ajax" zuvor die politische Opposition in Stellung gebracht und zudem Militärs gewonnen, die dem Schah treu ergeben waren. Sie organisierten außerdem am 19. August eine Demonstration gegen Mossadegh, der sich das Militär, Polizisten und zahlreiche Personen aus der iranischen Bevölkerung anschlossen. Am nächsten Tag stellte sich Mossadegh und wurde im Dezember 1953 zu drei Jahren Haft verurteilt. Die Briten erhielten nach dem Regierungswechsel 40 Prozent an der AIOC, den gleichen Anteil teilten sich fünf amerikanischen Ölkonzerne.

AUFGABENGEBIET

An erster Stelle steht das Sammeln und Zusammentragen von Informationen über Gruppierungen und Einzelpersonen im Ausland, die der nationalen Sicherheit sowie der Sicherheit des Gouvernements schaden könnten. Dem Secret Intelligence Service obliegt die Aufgabe, Staaten, deren regionale Krisen und Konflikte eine mögliche Gefahr für das Königreich darstellen könnten, zu beobachten. Auch der Schutz der ökonomischen Stabilität Großbritanniens nimmt beim Secret Intelligence Service einen hohen Stellenwert ein. Der Geheimdienst unterstützt andere Behörden dabei, die Schwerstkriminalität im Land einzuschränken. Außerdem arbeitet er unter anderem mit dem Security Service, dem Verteidigungsministerium, dem Government Communications Headquarters (Arbeitsschwerpunkt Kryptografie) sowie dem Home Office (Innenministerium) zusammen.

Die Zuständigkeiten der Behörde sind im Intelligence Services Act von 1994 geregelt. Bis zu diesem Zeitpunkt hatte der Geheimdienst keine gesetzliche Basis. Erst zwei Jahre zuvor war zudem die Existenz des MI6 zum ersten Mal in der Öffentlichkeit bestätigt worden. Der Auslandsgeheimdienst war lange Zeit ein gut gehütetes Geheimnis, obwohl in der Bevölkerung und in den Medien mehrfach über seine Existenz spekuliert worden war. Ergänzt wird das Gesetz aus dem Jahr 1994 durch den Regulation of Investigatory Power Act 2000, der dem Secret Intelligence Service unter anderem erlaubt, die Internetaktivitäten sowie die Telefongespräche von Verdächtigen zu überwachen. Außerdem darf er laut des Gesetzes vor Gericht die Existenz von Überwachungsmaßnahmen verschweigen und die Herausgabe von elektronischen Schlüsseln, die im Computerbereich bei Verschlüsselungsverfahren verwendet werden, von bestimmten Personen verlangen. Bei Ablehnungen drohen Haftstrafen.

Aufgabe des MI6 – Schutz der ökonomischen Stabilität

Aufgabe des MI6 – Abwehr von Cyberattacken

Schon gewusst?

Die Einhaltung der gesetzlichen Bestimmungen beim Secret Intelligence Service wird durch zwei unabhängige Kommissare überprüft.

Im Rahmen der 2010 vom britischen Gouvernment entworfenen National Security Strategy (NSS) wurden die vier aktuell wichtigsten Aufgabengebiete zusammengefasst, gegen die der MI6 ankämpfen soll: internationaler Terrorismus, Cyberattacken, internationale militärische Krisen inklusive der Ausbreitung nuklearer, chemischer, biologisch und radiologisch verseuchter Waffen sowie groß angelegte zivile Notfälle. 2011 wurde von der Regierung ein öffentliches Diskussionspapier, ein sogenanntes Green Paper, herausgegeben, in dem Vorschläge aufgelistet sind, wie in zivilen Gerichtsverfahren mit sensiblen Informationen von einzelnen Personen umgegangen werden soll.

ORGANISATION

Am 1. November 2009 hat Sir John Sawers (*1955) den Posten des Leiters des Secret Intelligence Service übernommen. Von vielen wird er nur als „C" bezeichnet – in Anlehnung an den ehemaligen Chef Mansfield Cumming, der seine Dokumente häufig nur mit dem Buchstaben „C" unterzeichnete. Er ist als einzige Person des Secret Intelligence Service der breiten Öffentlichkeit mit seinem Namen bekannt, alle anderen Mitarbeiter bleiben anonym. Er wird vom Außenminister berufen, dem gegenüber er Rechenschaft ablegen muss. Der Chief übernimmt die Verantwortung für die einzelnen Operationen des MI6 und überwacht, dass sämtliche Aktivitäten mit den gesetzlichen Vorschriften in Einklang stehen. Einmal im Jahr stellt er die Arbeit des Geheimdienstes dem Premierminister und dem Außenminister vor.

Die Zentrale der Behörde war in ihren Anfängen gemeinsam mit dem MI5 in der 64 Victoria Street untergebracht. Für zwei Jahre siedelte sie in die Ashley Mansions in der Vauxhall Bridge Road in Westminster über. Anschließend zog die Zentrale nach White Court in Westminster in die Nähe des Kriegsministeriums. Nach dem Ende des Ersten Weltkriegs zwang die schlechte finanzielle Situation den Geheimdienst, nach West Kensington in die Melbury Road umzuziehen. Zwei weitere Umzüge in verschiedene Stadtteile und Gebäude folgten, bis der MI6 im Jahr 1994 seine endgültige Heimat in Vauxhall Cross an der Themse fand.

AUSBILDUNG

Generell müssen Bewerber, die beim SIS arbeiten möchten, britische Staatsbürger sein, die letzten zehn Jahre im Königreich verbracht haben, eine Sicherheitsüberprüfung bestehen, älter als 21 Jahre sein und sich einem medizinischen Check sowie einem Drogentest unterziehen. Insolvente Kandidaten werden direkt aussortiert. Außerdem sollte wie beim MI5 mindestens ein Elternteil britischer Staatsbürger oder Mitglied des Commonwealth sein. Besitzt ein Kandidat eine doppelte Staatsbürgerschaft, so wird er in den meisten Fällen darum gebeten, den nicht-britischen Pass abzulegen. Die Ausbildung zum Nachrichtenoffizier steht vielen Menschen offen. Militärs können sich

Das britische Außenministerium in London

genauso bewerben wie Universitätsabsolventen oder Lehrer. Im Rahmen des Fast Track Programmes werden die Bewerber innerhalb von fünf Jahren zu vollqualifizierten Mitarbeitern ausgebildet. Die Stärken eines jeden werden mithilfe von Mentoren herausgearbeitet.

DER TOD PRINZESSIN DIANAS – EIN KÖNIGLICHER AUFTRAG FÜR DEN MI6?

Der 3. August 1997 wird den Briten noch lange in Erinnerung bleiben. An diesem Tag mussten sie von ihrer hoch geschätzten und geliebten Prinzessin Diana (1961–97), der Ex-Frau des britischen Thronfolgers Prinz Charles (*1948), Abschied nehmen. Verfolgt von zahlreichen Paparazzi raste der Wagen, in dem sie gemeinsam mit ihrem Freund, dem Millionärssohn Dodi Al-Fayed (1955–97), sowie ihrem Leibwächter Trevor Rees-Jones (*1968) und dem Fahrer Henri Paul (1956–97) saß, mit hoher Geschwindigkeit gegen einen Betonpfeiler in einem Pariser Tunnel. Diana konnte noch lebend geborgen werden, starb aber wenige Stunden später an ihren inneren Verletzungen.

Im Blut von Henri Paul konnte nach der Autopsie ein Alkoholwert von 1,74 Promille nachgewiesen

Lady Di tanzt mit John Travolta im Weißen Haus.

Lady Diana

werden. Außerdem belegte eine Untersuchung Spuren des Beruhigungsmittels Tiapridal sowie des Antidepressivums Prozac. Jedoch heizte Dodis Vater Mohammed Al-Fayed (*1929), Besitzer des Luxuskaufhauses Harrods, die Gerüchte an, dass Diana vor dem Unfall schwanger gewesen sei. Um diesen Umstand zu vertuschen, hätte Prinz Philip (*1921), der Ehemann von Queen Elisabeth II. (*1926), dem MI6 den Auftrag gegeben, Diana zu beseitigen. Laut Al-Fayed soll es für den britischen Hof ein Graus gewesen sein, dass die Mutter des zukünftigen Königs des Landes von einem Muslim, der nach einer Hochzeit Stiefvater der Prinzensöhne geworden wäre, ein Kind erwarten sollte. Die angebliche Schwangerschaft soll auch dadurch vertuscht worden sein, dass Diana nur wenige Augenblicke nach ihrem Ableben einbalsamiert wurde. Viele vermuten, dass dies auf Befehl des MI6 geschehen sei, um weitere Untersuchungen hinsichtlich der Schwangerschaftstheorie zu verhindern.

Zur Mordtheorie passen auch die Andeutungen einiger Briten, dass die Blutproben von Henri Paul mit denen eines betrunkenen Fahrers vertauscht worden seien. So sollte im Nachhinein der Eindruck erweckt werden, dass Paul wegen Trunkenheit den Unfall verursacht habe und niemand anderes – sei es der nationale Geheimdienst oder die Arabische Liga – am Unfall Schuld gewesen sei. Außerdem äußerte der ehemalige MI6-Offizier Richard Tomlinson (*1963) die Vermutung, dass der Fahrer des Wagens mithilfe einer Stroboskop-Lichtkanone so stark geblendet worden sei, dass er die Kontrolle über den Wagen verloren habe.

Laut den Aussagen ihres Butlers soll sich Lady Di über die Gefahren bewusst gewesen sein: So habe sie ihm ungefähr ein Jahr vor ihrem tragischen Unfalltod ein versiegeltes Schreiben überreicht, in dem sie die Vermutung äußerte, dass geplant werde, die Bremsen ihres Wagens zu manipulieren und so einen Unfall zu verursachen. Auf diese Weise habe sie die Bahn freimachen sollen für eine erneute Hochzeit Prinz Charles.

Sowohl die französischen als auch die britischen Ermittler, die sich mit dem Unfall von Lady Di beschäftigt hatten, kamen zu dem Ergebnis, dass die Prinzessin nicht schwanger war und es sich um einen gewöhnlichen Autounfall gehandelt hat. Dafür hatte die britische Untersuchungskommission 400 Zeugen befragt, 20.000 Dokumente untersucht sowie mehrfach Laboranalysen vorgenommen. Sir Richard Dearlove (*1945), Präsident des MI6 zwischen 1999 und 2004, leugnete 2008 jede Beteiligung am Tode Lady Dianas.

Traumhochzeit am 29. Juli 1981

SCHRIFTSTELLER MIT VERGANGENHEIT

Ian Fleming, Graham Greene, John le Carré und Roald Dahl – sie alle haben eins gemeinsam: Sie waren vor ihrer Schriftstellerkarriere Mitarbeiter des britischen Geheimdienstes.

NAME:
Ian Fleming

GEBURTSDATUM UND -ORT:
28. Mai 1908, London

MISSION:
Verbindungsmann zum US-Geheimdienst

AUFTRAGGEBER:
Marine-Nachrichtendienst

BESONDERHEIT:
Leidenschaftlicher Schriftsteller und Schöpfer der weltberühmten Figur des MI6-Agenten James Bond

Ian Fleming

Ian Fleming (1908–64) schuf mit dem britischen Geheimagenten Bond, James Bond, den smarten Titelhelden seiner 14 Romane und Kurzgeschichten, der zur Vorlage einer der berühmtesten Figuren der Filmgeschichte werden sollte. Bei der Entwicklung und Umsetzung der Figur konnte Fleming aus seinem eigenen reichen Erfahrungsschatz schöpfen: Die Idee für seinen allseits beliebten Protagonisten soll Ian Fleming gekommen sein, als er glaubte, im Kasino von Estoril zwei Agenten eines feindlichen Geheimdienstes ausfindig gemacht zu haben. Zu diesem Zeitpunkt war Fleming selbst Mitarbeiter des britischen Geheimdienstes und fasste den Plan, die beiden Feinde auszuschalten, indem er ihnen spielerisch ihr Bargeld abnahm. Sein Vorhaben scheiterte jedoch kläglich. Die Geschichte griff er in seinem ersten Roman

Schon gewusst?

Ian Flemings Romandebüt *Casino Royale* wurde bereits 1954 von dem amerikanischen Fernsehsender CBS verfilmt. Den ersten Bond der Weltgeschichte spielte dementsprechend nicht Sean Connery, sondern Berry Nelson. Jedoch zeigte sich dem Publikum damals ein amerikanisierter Titelheld: Er hieß Jimmy Bond und war Agent des CIA.

Casino Royale (1953) schließlich wieder auf – dieses Mal jedoch mit einem glücklichen Ausgang für James Bond.

Flemings Karriere beim Geheimdienst begann Anfang des Zweiten Weltkrieges, als der Freiwillige in der Reserve der britischen Marine diente. Der Geheimdienstchef der Marine, John H. Godfrey (1888–1970), ernannte ihn bereits nach kurzer Zeit zu seinem persönlichen Assistenten und bildete angeblich Jahre später die Vorlage für James Bonds Vorgesetzten „M“. Nach dem Ende des Zweiten Weltkrieges kehrte Fleming in seinen ursprünglichen Beruf als Journalist zurück und begann seine Erfahrungen literarisch zu verarbeiten, ohne dass ihm anfangs großer Erfolg beschieden war. Erst mit dem 1959 erschienenen Titel *From Russia with Love* gelang es Fleming, ein größeres Publikum für seinen britischen Agenten zu gewinnen und den Durchbruch zu schaffen. Später soll der amerikanische Präsident John F. Kennedy (1917–63) den Titel zu seinen Lieblingsbüchern gezählt haben.

Unter dem Namen David John Moore Cornwell (*1931) wurde am 19. Oktober 1931 John le

Die Werke Ian Flemings

Der erste Kinofilm – *James Bond jagt Dr. No*

Schon gewusst?

John le Carré lässt seine Romane *Eine kleine Stadt in Deutschland* (1968) und *Marionetten* (2008) in Bonn und Hamburg spielen. Ersterer verarbeitet zusätzlich seine Erfahrungen im diplomatischen Dienst.

Carré in Poole (Dorset) geboren. Nach seinem einjährigen Studium an der Universität Bern, wo er das Fach deutsche Literatur belegt hatte, und dem Studium der modernen Sprachen am Lincoln College in Oxford, das er mit Auszeichnung abschloss, unterrichtete er zwischen

John le Carré

1956 und 1958 am Eton College Französisch und Deutsch. Bereits während seiner Zeit am Lincoln College spionierte le Carré für den MI5. Unter seinen Kommilitonen, die der linken Szene zuzurechnen waren, sollte er nach möglichen sowjetischen Agenten Ausschau halten. 1958 stieg er innerhalb des Security Service zur Führungskraft auf. Drei Jahre später verfasste der Brite mit *Schatten von Gestern* seinen ersten Roman. Hauptfigur ist George Smiley, ein Topspion, der noch in sieben weiteren Werken die Titelrolle spielt. Das bekannteste Buch innerhalb der Reihe ist wohl *Der Spion, der aus der Kälte kam* (1963), in dem die Spionagetätigkeit während des Kalten Krieges thematisiert wird. Von 1959 bis 1964 arbeitete le Carré im Auftrag des diplomatischen Dienstes Großbritanniens in der britischen Botschaft in Bonn und darauf am Britischen Generalkonsulat in Hamburg. Die Tätigkeit dort diente als Deckmantel für seine eigentliche Spionagearbeit im Auftrag des MI6, für den er seit 1960 tätig war. Um sich ganz der Schriftstellerei widmen zu können, quittierte le Carré 1964 seinen Dienst.

Seine Erlebnisse beim britischen Geheimdienst verarbeitete Graham Greene (1904–91) ebenfalls in seinen Romanen, zum Beispiel in *Unser Mann in Havanna* (1958). Der Schriftsteller war von 1942 bis 1943 Teil einer Sondermission des Secret Intelligence Service, die in Sierra Leone, Westafrika, eingesetzt wurde. Die Gruppe arbeitete im Auftrag des Außenministeriums. Durch seine Schwester, die beim Auslandsgeheimdienst angestellt war, war Greene in Kontakt mit der Behörde gekommen. Während seiner Zeit beim MI6 war der Brite Kim Philby (1912–88) unterstellt, der später als sowjetischer Agent enttarnt wurde.

Mit Kinder- statt Spionagegeschichten ist dagegen Roald Dahl (1916–90) bekannt geworden. Er verfasste Werke wie *James und der Riesenpfirsich* (1961), *Charlie und die Schokoladenfabrik* (1964) sowie *Hexen hexen* (1983). Dahls Tätigkeiten beim britischen Geheimdienst fanden hauptsächlich während des Zweiten Weltkrieges statt. Da Dahl sich beruflich seit 1936 in Tansania aufhielt, trat er nach dem Kriegsausbruch zunächst in Nairobi bei der Royal Air Force eine Flugausbildung an. Im Verlauf des Zweiten Weltkrieges war er schließlich sowohl für den militärischen Geheimdienst als auch für den Auslandsgeheimdienst – hier wirkte er vor allem als Spitzel in Washington – aktiv. Gemeinsam mit zwei anderen Agenten schrieb er nach seiner Tätigkeit seine Erfahrungen nieder. In diesem Bericht führten sie detailliert auf, wie sie die Medien der USA problemlos nach ihren Wünschen manipulieren konnten.

Schon gewusst?

Roald Dahl schrieb in den 1960er-Jahren das Drehbuch für den Film *You Only Live Twice*, der auf dem gleichnamigen Roman des Bond-Erfinders Ian Fleming beruhte.

Graham Greene

Roald Dahl

DIRECTION GÉNÉRALE DE LA SÉCURITÉ EXTÉRIEURE

Der französische Auslandsgeheimdienst hilft mit seiner Arbeit der Regierung und anderen Entscheidungsträgern bei ihrem Versuch, Frankreich zu einem sicheren Ort für seine Bürger zu machen. Er sammelt und analysiert geheime Informationen aus dem Ausland, um die Interessen des Staates, die durch Terrorismus oder Krisen bedroht sind, zu wahren.

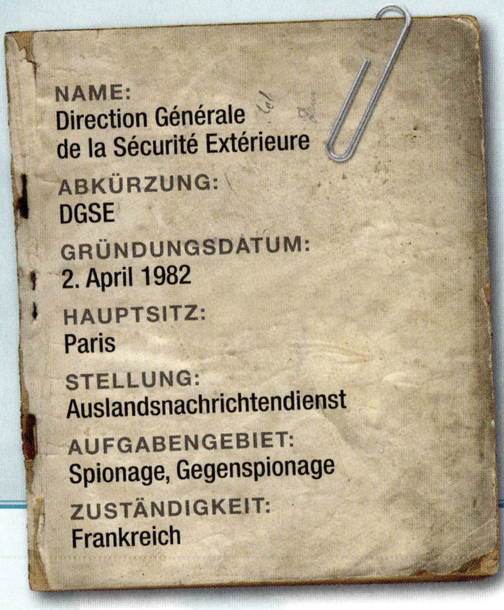

Paris – Heimat des DGSE

GESCHICHTE

Formierung des Geheimdienstes

Die rechtliche Basis zur Gründung der Direction Générale de la Sécurité Extérieure ist im Erlass 82-306, der am 2. April 1982 in Kraft trat, formuliert. Ähnlich wie bei vielen anderen Geheimdiensten der Welt beginnt die Geschichte des französischen Geheimdienstes während des Zweiten Weltkrieges. Im Exil formierte der spätere Ministerpräsident Charles de Gaulle (1890–1970) im Jahr 1940 den Geheimdienst

France Libre, der 1942 nach und nach erst zum Bureau Central de Renseignements et d'Action (BCRA) und später zur Direction Générale des Études et Recherches (DGER) wurde. Ersterer beschäftigte sich primär mit Sonderaufgaben, letzterer mit Studien und Forschungen.

Angesichts der immer stärker werdenden Spannungen zwischen Ost und West wurde der DGER am 28. Dezember 1945 durch den Ministerrat aufgelöst und durch den Service de Documentation Extérieure et de Contre-Espionnage (SDECE) ersetzt, der dem Ministerpräsidenten unterstand. Der SDECE setzte seinen Aufgabenschwerpunkt auf die ausländische Berichtserstattung und die Gegenspionage. In den 1960er-Jahren wurde der SDECE dem Verteidigungsminister unterstellt. Die Auflösung des Geheimdienstes erfolgte 37 Jahre nach seiner Gründung. Die Behörde bekam zwar einen neuen Namen, die Zuständigkeiten, Aufgabengebiete und Fachbereiche haben sich jedoch nicht wesentlich verändert.

Elisabeth II. und Charles de Gaulle

Algier – Hauptstadt der ehemaligen französischen Kolonie Algerien

Auch an der Spitze des DGSE gab es keine Erneuerungen; Pierre Marion (1921–2010) behielt übergangsweise den Posten des Directeur Généraux.

Wahrung der außenpolitischen Interessen

Seit seiner Gründung durch Charles de Gaulle soll der Geheimdienst als verlängerter Arm der ehemaligen Kolonialmacht mehrfach Einfluss auf die Politik zahlreicher afrikanischer Staaten ausgeübt haben. Mit seinen früheren Mandatsgebieten unterhält Frankreich auch heute noch lukrative Wirtschaftsbeziehungen und ist daher bemüht, die Stabilität im jeweiligen Land zu gewährleisten. Besonders beunruhigt zeigte sich der französische Staat Ende der 1980er-Jahre, als der Fundamentalismus in Algerien zunahm. 1992 wurde er von algerischen Fraktionen beschuldigt, die Ermordung des Präsidenten Muhammad Boudiaf (1919–92) in Auftrag gegeben zu haben.

Mit verschiedenen Ländern unterhält der Staat militärische Schutzabkommen. Bevor die Militärs zum Einsatz kommen, kundschaftet der DGSE die Lage im jeweiligen Land aus. So unterstützte Frankreich beispielsweise von 1967 bis 1970 den Aufstand der erdölreichen Republik Biafra in Nigeria, indem es den Aufständischen Waffen zukommen ließ. Die Unabhängigkeit des südöstlichen Teils von Nigeria war jedoch nur von kurzer Dauer, da er nach dem Ende des Biafra-Krieges 1970 wieder in das Staatsgebiet des Mutterlandes eingegliedert wurde. Somit entzog Nigeria seine reichen Erdölvorkommen einem möglichen französischen Einfluss.

Währung der Republik Biafra

2012 soll der DGSE dem syrischen General Manaf Tlass (*1964), der von den Ansichten des Präsidenten Baschar al-Assad (*1965) abgerückt war, bei seiner Flucht aus dem krisengeschüttelten Land geholfen haben. Tlass war früher einer der engsten Vertrauten des Machthabers.

Im Kampf gegen Greenpeace

Frankreich war und ist eine Atommacht. Es hat den Anschein, als versuche das Land, seine Vorrangstellung mit allen erdenklichen Mitteln zu verteidigen. 1985 kam es zu einem tragischen Zwischenfall. Die französische Regierung testete zu diesem Zeitpunkt im Pazifikatoll seine Atomwaffen. Die Friedensorganisation Greenpeace

Französischer Atomtest auf dem Mururoa-Atoll (1971)

brach mit ihrem Flaggschiff Rainbow Warrior zum Mururoa-Atoll auf, dem neuen Kernwaffentestgelände der Franzosen, um dort gegen die Tests zu protestieren. Das Schiff legte im Hafen von Auckland (Neuseeland) einen Zwischenstopp ein, wo es sich drei Tage aufhielt. Diesen Umstand machte sich der Geheimdienst zunutze: Agenten befestigten am 10. Juli 1985 an der Rainbow Warrior zwei Sprengsätze, die bei der Detonation die Außenwand des Schiffes zerrissen. Ein metergroßes Loch klaffte in der Wand. Fernando Pereira (1950–85), der das Greenpeace-Schiff als Fotograf begleitet hatte, konnte vor der zweiten Explosion das Schiff nicht mehr rechtzeitig verlassen. Er war nach der ersten Detonation noch einmal unter Deck zurückgekehrt, um seine Fotoausrüstung zu retten. In seiner Kabine wurde der freischaffende Fotograf vermutlich von den Wassermassen eingeschlossen, hatte somit keine Chance sich zu befreien und ertrank.

Die gesamte Aktion soll vom damaligen französischen Präsidenten François Mitterrand (1916–96) genehmigt worden sein. Auch der damalige Verteidigungsminister, Charles Hernu (1923–90), soll von den Plänen gewusst haben. Dies geht aus einem Bericht des ehemaligen Direktors des französischen Geheimdienstes, Pierre Lacoste (*1924), hervor. Laut seiner Aussage hätte es für die Spionageabwehr keinen anderen Weg gegeben, um die Greenpeace-Aktivisten an ihrem Protest zu hindern. Sehr schnell kam die neuseeländische Polizei dem französischen Geheimdienst auf die Schliche. Die Beamten konnten mehrere Telefonverbindungen mit direkten Durchwahlnummern zum DGSE nachweisen. Außerdem machten sie die französische Jacht ausfindig, auf der sich die Attentäter während der sogenannten Operation Satanique aufgehalten hatten. Auf ihr war zwischenzeitlich auch der Sprengstoff gelagert worden.

Das Wrack der Rainbow Warrior

Mindestens neun Geheimdienstagenten waren für die Durchführung der verdeckten Aktion nach Neuseeland gereist, sieben von ihnen gelang die Flucht. Alain Mafart (*1951) und Dominique Prieur (*1949) konnten von der Polizei aufgegriffen werden, nachdem sie ihren Mietwagen zurückgebracht hatten und noch auf die Aushändigung der Kaution warteten. Sie gerieten in das Visier der neuseeländischen Fahnder, da sie es versäumt hatten, Dokumente, die auf ihre Identität hinwiesen, zu vernichten. Die neuseeländische Justiz verurteilte beide Agenten wegen Totschlags zu jeweils zehn Jahren Haft. Die Verurteilten wurden jedoch bereits nach zwei Jahren wieder aus dem Gefängnis entlassen, da Frankreich mit Sanktionen gedroht hatte. Als Folge des Bombenanschlags trat Hernu zurück. Außerdem wurde Lacoste aus seinem Amt entlassen. Neuseeland wurde für den Terrorakt mit einer Zahlung in Millionenhöhe entschädigt.

AUFGABENGEBIET

An oberster Stelle steht der Schutz Frankreichs und seiner Bürger. Auch die Sicherheit französischer Staatsbürger im Ausland hat für den Geheimdienst oberste Priorität. Dafür sammelt er im Ausland Informationen, die zur nationalen

Sorgenkinder – destabilisierte ehemalige französische Kolonien

Sicherheit beitragen können. Er agiert erst dann, wenn diplomatische Mittel keine Wirkung zeigen. Da die Ziele, die überwacht werden, in der Regel geheim bleiben, garantiert der DGSE so seinen Mitarbeitern Schutz vor feindlichen Mächten.

Der Verteidigungsminister hat in der Verordnung Nummer 285, die am 7. Dezember 2002 in Kraft trat, präzise die Aufgaben des Direktors und seiner Fachbereiche festgelegt. Diese sieht besonders zwei Hauptaufgaben vor: Terrorismusabwehr sowie Bekämpfung der Proliferation von Massenvernichtungswaffen. Auf diesem Wege will der DGSE nicht nur die nationale Sicherheit schützen, sondern auch internationale Krisen verhindern. Besonders die Krisen in den afrikanischen Ländern, vor allem in den ehemaligen Mandatsgebieten, hat die Behörde auf dem Radar und unterstützt die jeweilige politische Gruppierung, die ihren Interessen am nächsten steht. Kritiker werfen dem Geheimdienst und somit indirekt der Regierung vor, auf diesem Wege einige Staaten in Afrika destabilisieren zu wollen und somit indirekt Einfluss auf die Regierungsbildung zu nehmen.

Der DGSE sieht sich in der Pflicht, stets auf dem aktuellsten Stand zu sein, was die vielfältigen

Operationen von terroristischen Gruppierungen betrifft. Er versucht den Dschihad, den Heiligen Krieg der Muslime zur Verteidigung ihres Glaubens, im eigenen Land unter Kontrolle zu bringen. Dafür nimmt er die Strukturen der terroristischen Gruppierungen genauer unter die Lupe und unterzieht sie einer ausführlichen Analyse. Darüber hinaus versucht der Geheimdienst deren Strategien zu durchschauen und mögliche Anschlagziele herauszufiltern. Unter der Führung des Innenministers kooperiert der DGSE im Bereich Terrorismusbekämpfung mit den anderen nationalen Behörden. Außerdem tauscht er sich vor allem mit europäischen Partnern aus.

Um die Eindämmung der Proliferation voranzutreiben, beobachtet der Geheimdienst besonders Staaten, die Massenvernichtungswaffen herstellen und vertreiben. Er hat aber auch ein Auge auf die Länder, die mit ihrer finanziellen Unterstützung, ihrem wissenschaftlichen Know-how oder ihrer technischen Ausrüstung die Produktion vorantreiben. Die Behörde möchte verhindern, dass ein Dominoeffekt entsteht: Sobald ein Staat sich mit chemischen, biologischen oder nuklearen Waffen oder einer ballistischen Rakete, die sich nach Belieben lenken lässt, aufrüstet, fühlen sich benachbarte oder rivalisierende Staaten gezwungen, ebenfalls aufzurüsten. Mit den ihm zur Verfügung stehenden Mitteln versucht der Geheimdienst die Balance zwischen den Staaten aufrechtzuerhalten und so im Endeffekt Frankreichs Interessen zu schützen.

Taliban in Afghanistan

ORGANISATION

Als staatliche Behörde untersteht der DGSE der Exekutivgewalt. Seine Aufgaben werden von den politischen Landesbehörden bestimmt. Der DGSE arbeitet mit den weiteren Schutzbehörden des Landes sowie mit ausländischen Geheimdiensten zusammen. Die Behörde bedient sich für ihre geheimdienstlerischen Aktivitäten vor allem menschlicher Quellen sowie technischer Hilfsmittel. Geleitet wird der französische Auslandsgeheimdienst seit 2008 von dem in Tübingen geborenen Erard Corbin de Mangoux (*1953). Ihm unterstehen die fünf Fachbereiche Operation, Administration, Nachrichtendienst, Strategie und Technik. Der erste Fachbereich plant die Aktivitäten, die von den militärischen Spezialkräften umgesetzt werden. Die zweite Einheit ist für die Personalpolitik und ähnliche verwalterische Aufgaben verantwortlich. Der Bereich Nachrichtendienst setzt sich mit Kontaktmännern in Verbindung und beschafft wichtige Informationen. Diese werden von der Strategie analysiert und ausgewertet. Das technische

Equipment wird vom fünften Fachbereich gestellt. Das Dekret Nummer 1657 vom 24. Dezember 2009 sieht vor, dass der französische Präsident als Einziger die Autorität besitzt, die Spezialoperationen der Direction Générale de la Sécurité Extérieure zu bewilligen. Die Mitarbeiter des DGSE setzen sich aus Zivilpersonen und Militärs zusammen. Seit dem 3. April 2003 ist es per Gesetz verboten, dass Söldner für die Aktionen des DGSE herangezogen werden. Seinen Sitz hat der Geheimdienst in der französischen Hauptstadt.

AUSBILDUNG

Der DGSE hält besonders Ausschau nach Kryptografen, Mathematikgenies, Ingenieuren, Biologen, Chemikern, Geografen und Fremdsprachenexperten. Auch Piloten, Telekommunikationsexperten, Informatiker und Programmierer werden von der Behörde gesucht. Das französische Verteidigungsministerium entscheidet über die Einstellung.

DIE ENTFÜHRUNG VON BEN BARKA

Für Aufsehen sorgte die Entführung des marokkanischen Oppositionsführers Ben Barka (1920–65), der in Paris im Exil lebte. Er verschwand am 29. Oktober 1965 gegen 12.30 Uhr am Boulevard Saint-Germain. Der ehemalige Lehrer von Mohammed V. (1909–61), dem König von Marokko, war Mitglied der Istiqlal-Partei, die 1956 für die Unabhängigkeit des Landes gestritten hatte. Sein Leben im Exil war seiner früheren Tätigkeit in seinem Heimatland geschuldet. Abdallah Ibrahim (1918–2005), der zwischen 1958 und 1960 das Amt des Premier- und Außenministers übernahm, bemühte sich während seiner Amtszeit darum, Marokko zwei Jahre nach der Unabhängigkeit von Frankreich von seinem ehemaligen Kolonialherrn zu lösen. Er setzte sich unter anderem dafür ein, die französischen Militärstützpunkte endgültig aus Marokko zu entfernen. Seine Pläne stießen innerhalb der Istiqlal-Partei auf Zustimmung, aber auch auf Ablehnung. Letztendlich enthob ihn Mohammed V. aus seinem Amt. Barka war mit diesem Schritt nicht einverstanden und übte reichlich Kritik am König. Die Regierung sah dies als Hochverrat an und wollte ihm den Prozess machen. Vorsorglich floh Barka nach Frankreich.

Bis heute ist seine Entführung nicht vollständig aufgeklärt. Zuletzt wurde 2007 eine neue Untersuchung zum Verschwinden Barkas angesetzt. Bei den Entführern soll es sich um zwei Agenten des Auslandsgeheimdienstes gehandelt haben. In Auftrag gegeben wurde die Entführung, an der sich verschiedene internationale Behörden beteiligt haben sollen, vermutlich vom marokkanischen Geheimdienst. Der Innenminister von Marokko, General Mohammed Oufkir (1920–72), soll Barka mutmaßlich zwei Tage nach der Entführung am 31. Oktober erstochen haben. Den französischen Behörden gelang es jedoch nicht, ihn aufzugreifen. Angeblich soll er noch

Boulevard Saint-Germain

Mohammed V.

wenige Tage nach dem Verschwinden des marokkanischen Oppositionsführers erneut nach Frankreich eingereist sein. Er wurde später in Abwesenheit zu lebenslänglicher Haft verurteilt. Nach monatelangen Untersuchungen in dem Fall wurde in Frankreich unter anderem dem SDECE-Agenten Antoine Lopez sowie dem Major Marcel Le Roy, ehemaliger Offizier des Geheimdienstes und Lopez' Vorgesetzter, der Prozess gemacht. Sie hatten dabei geholfen, die Entführung Barkas vorzubereiten. Mitangeklagt waren auch zwei Polizeibeamte vom französischen Sittendezernat, Louis Souchon und Roger Voitot.

Als einer der wichtigsten Zeugen und Beteiligten des Falles erwies sich Georges Figon, ein Kleinkrimineller und Journalist, der das Treffen mit Barka in der Brasserie eingefädelt hatte. Er beschuldigte in einem ersten Prozess unter anderem Oufkir und die verschiedenen Geheimdienste, an der Entführung und Ermordung schuld zu sein. Er wollte Oufkir bei der Folterung Barkas beobachtet haben. Bevor er in einem zweiten Prozess aussagen konnte, wurde Figon am 17. Januar 1966 tot in seinem Appartement aufgefunden. Die Behörden gingen von Suizid aus.

Mit Frankreich war Barkas früherer Gegner, Mohammed V., Zeit seines Lebens eng verbunden. Die Franzosen hatten ihn als Jugendlichen zum Sultan ernannt. Mit der Entführung Barkas, der sich für die Ideen Ibrahims eingesetzt hatte, wollte der Geheimdienst im Namen der Regierung vermutlich seine Macht gegenüber dem ehemaligen Mandatsgebiet demonstrieren und die Lossagung Marokkos vom ehemaligen Kolonialherrn verhindern.

Schon gewusst?

In seiner Abwesenheit wurde Barka, Leiter der Volksunion UNFP, die 1963 verboten wurde, in seinem Heimatland zum Tode verurteilt.

Mohammed Oufkir

CENTRO NACIONAL DE INTELIGENCIA

Ähnlich wie der Bundesnachrichtendienst in Deutschland arbeitet das Centro Nacional de Inteligencia in Spanien dem Premierminister und der Regierung zu. Seine Informationen, Analysen, Berichte und Studien sollen dazu beitragen, die Sicherheit im Land zu gewährleisten und die demokratische Grundordnung gegen alle Anfeindungen aufrechtzuerhalten.

NAME:
Centro Nacional de Inteligencia

ABKÜRZUNG:
CNI

GRÜNDUNGSDATUM:
6. Mai 2002

HAUPTSITZ:
Madrid

STELLUNG:
In- und Auslandsgeheimdienst

AUFGABENGEBIET:
Berater des Premierministers und der Regierung

ZUSTÄNDIGKEIT:
Spanien

Madrid – Sitz des CNI

GESCHICHTE

Entstehung und Entwicklung

Auf den ersten Blick ist der CNI ein recht junger Geheimdienst. Er wurde per Gesetz erst im November 2002 gegründet. Auf den zweiten Blick wird jedoch deutlich, dass er strukturell dem ehemaligen Geheimdienst Centro Superior de Información de la Defensa (CESID) nachfolgt. Dieser war am 4. Juli 1977 als Oberste Zentrale für Verteidigungsinformationen ins Leben gerufen worden und ersetzte wiederum die Behörde Servicio Central de Documentación (SECED), die während des Franco-Regimes existiert hatte und konterrevolutionäre Kräfte aufspüren sollte. Der CESID wurde durch ein königliches Dekret im Januar 1984 offiziell dem Premierminister unterstellt. Ein Großteil der Behörde, die besonders den Aufgaben Spionage und Gegenspionage nachging, setzte sich aus Militärs zusammen. Den restlichen Mitarbeiterpool stellten hauptsächlich Zivilpersonen. 2002 beschloss die spanische Regierung, den Geheimdienst neu zu strukturieren und zu vereinheitlichen. Daher wurde das Gesetz 11/2002 auf den Weg gebracht.

Nachforschungen im Rahmen der Madrider Terroranschläge

Die Behörde befasste sich mit internen Ermittlungen zu den Madrider Zuganschlägen vom 11. März 2004. An diesem Tag explodierten am frühen Morgen exakt zehn Sprengsätze in mehreren Zügen, die einzelne Madrider Vororte anfuhren. 191 Menschen verschiedener Nationalitäten kamen bei den Bombenanschlägen ums Leben, über 2000 Personen wurden verletzt. Von der Regierung, der rechtskonservativen Volkspartei PP, wurde bereits wenige Augenblicke nach dem Anschlag die Untergrundorganisation ETA als potenzieller Täter ins Spiel gebracht. An dieser Theorie hielt sie bis einen Tag vor den Parlamentswahlen am 14. März fest. Die ETA wiederum verwies auf islamistische Gruppen. Auch der CNI spekulierte – entgegen erster Berichte, die auf die ETA hindeuteten – laut einer internen Quelle eher auf Anhänger von al-Qaida oder einer ähnlichen Vereinigung. Ihrer Meinung nach sollten zwischen 10 und 15 muslimische Extremisten an der Tat beteiligt gewesen sein. Nach langwierigen Ermittlungen der Polizei wurden rund 20 Marokkaner als mögliche Täter ausgemacht, die vermutlich der Gruppierung Islamische Kampfgruppe Marokkos angehörten. Diese soll von der al-Qaida finanziell unterstützt worden sein. Eine direkte Beteiligung des Terrornetzwerkes konnte jedoch nicht nachgewiesen werden.

Franco – Begründer des ersten spanischen Geheimdienstes

Schon gewusst?

Vermutlich wäre die Katastrophe noch größer ausgefallen, wenn es der Polizei nicht gelungen wäre, weitere Bomben zu entschärfen sowie einen Lieferwagen vor dem Madrider Hauptbahnhof Atocha zu sprengen. Die Bomben sollten nach der ersten Anschlagswelle detonieren.

Madrider Hauptbahnhof Atocha

Bei einer Razzia in Leganés am 4. April 2004 sprengten sich sieben Verdächtige in die Luft. 28 Hauptverdächtigen wurde am 15. Februar 2007 der Prozess gemacht, 21 von ihnen wurden verurteilt. 2010 wurde durch einen Bericht des Geheimdienstes bekannt, dass, obwohl vermutlich einigen Behörden der islamistische Hintergrund bereits bekannt war, trotzdem die These von der Täterschaft der ETA in der Öffentlichkeit aufrechterhalten wurde. Die spanische Polizei hingegen behauptete, dass wichtige Beweisstücke, die auf einen Anschlag mit islamistischem Hintergrund hinwiesen, zum Beispiel eine Kassette mit Koranversen, bei der ersten Untersuchung des Tatortes noch nicht entdeckt worden seien. Bereits ein Jahr vor dem Anschlag auf die spanischen Züge soll der CNI die Regierung gleich sechsmal vor einen Terrorakt der al-Qaida gewarnt haben.

AUFGABENGEBIET

Die Aufgaben des CNI sind klar geregelt: Er soll Informationen im In- und Ausland sammeln und analysieren, die dabei helfen, Gefahren oder Bedrohungen gegenüber der Freiheit oder der Integrität Spaniens abzuwenden. Mit seiner Hilfe sollen die nationalen Interessen sowie die Sicherheit des Landes gewährleistet werden. Er berichtet dem Premierminister und der Regierung, die häufig auf Basis dieser Informationen ihre Entscheidungen treffen. Seine Befugnisse sind im Gesetz 11/2002 geregelt. Um sämtliche Aufgabenfelder abzudecken, arbeitet das Centro Nacional de Inteligencia mit verschiedenen anderen Behörden zusammen. Die Kooperation

Zerstörter Waggon am Bahnhof Atocha in Madrid

Sprengstoffanschlag der ETA auf den Flughafen in Madrid

Ministerpräsident Mariano Rajoy

wird durch die Comisión Delegada del Gobierno para Asuntos de Inteligencia überwacht, die vom Vizepremierminister geleitet wird. Sie behält die Zusammenarbeit der verschiedenen staatlichen Nachrichtendienste im Auge. Jahr für Jahr werden entsprechend der aktuellen Entwicklungen die Ziele neu definiert. Der Ministerrat gibt hierfür seine Zustimmung. Auch die Entwicklungen bei der ETA hat der CNI im Blick, da potenzielle Terroranschläge im Keim erstickt werden sollen.

ORGANISATION

Der Direktor des CNI steht im Rang eines Staatssekretärs. Ihm untersteht der Generalsekretär. Beide werden durch einen königlichen Erlass berufen und durch drei Direktionen unterstützt, die ihnen Bericht erstatten. Der spanische Geheimdienst ist eine öffentliche Staatsbehörde, die über eine eigene Rechtspersönlichkeit verfügt. Die Behörde kann jährlich aus einem speziellen Etat schöpfen, der auch vom Innenministerium, dem Verteidigungsministerium und dem Außenministerium genutzt werden kann. Das Geld soll vorrangig dafür eingesetzt werden, Informanten oder Institutionen zu schützen, die für die Arbeit des Geheimdienstes von großer Bedeutung sind. Der Direktor, der dem CNI vorsteht, muss einmal jährlich der entsprechenden Kommission über die Ausgaben der Behörde Bericht erstatten. Der Präsident des Verfassungsgerichts bestimmt zudem einen Richter, der kontrolliert, ob die geheimdienstlichen Aktivitäten Gesetze verletzen. Agenten des CNI sind in der Zentrale in Madrid sowie im benachbarten Ausland beschäftigt. Das Centro Criptológico Nacional, zuständig für Kryptografie, arbeitet dem Geheimdienst zu.

AUSBILDUNG

Daten zur Ausbildung sowie zur personellen Struktur hält der CNI aus Sicherheitsgründen seit jeher unter Verschluss.

DIE SKANDALE DES CNI

Der Abhörskandal

Der Vorgänger des CNI, der CESID, geriet 1995 in die Schlagzeilen, als bekannt wurde, dass er zwischen 1984 und 1991 prominente Persönlichkeiten des Landes abgehört hatte. Die Lauschangriffe waren ohne richterliche Erlaubnis erfolgt und betrafen bekannte Persönlichkeiten aus den Medien, der Wirtschaft und der Politik. Angeblich sollen auch Telefongespräche des spanischen Königs Juan Carlos I. (*1938) aufgezeichnet worden sein. Für den Abhörskandal machte Ministerprasident Felipe Gonzàlez (*1942), Generalsekretär der Sozialistischen Arbeiterpartei (PSOE), Narcís Serra (*1943), den damaligen Vize-Ministerpräsidenten, sowie Juliàn García Vargas (*1945), Verteidigungsminister und zeitgleich oberster Dienstherr des Geheimdienstes, verantwortlich. Beide mussten aufgrund der Vorwürfe wenig später ihr Amt niederlegen. Gonzàlez behauptete stets, dass die Regierung in die Abhörpläne des CESID nicht eingeweiht gewesen sei und die Spionagetätigkeit auch nicht in Auftrag gegeben hätte.

Juan Carlos I. – Opfer des Abhörskandals?

Ans Licht kam der Abhörskandal nur, weil ein Agent des Geheimdienstes bei seinem Ausscheiden aus dem Dienst 1992 die brisanten Mitschnitte an sich genommen hatte. Der ehemalige CESID-Leiter Emilio Alonso Manglano beteuerte darauf, dass ein Funkscanner die Daten nur zufällig aufgeschnappt hätte. Mangalo bestritt zudem, dass die Aufzeichnungen, die eigentlich schon längst hätten vernichtet werden müssen, inhaltlich eine Bedeutung für die innere Sicherheit Spaniens gehabt hätten. Die Frage nach dem Grund für die illegalen Abhöraktionen blieb somit offen. Im Zuge der negativen Berichterstattungen trat auch Mangalo von seinem Posten zurück. Dies nahm Gonzàlez zum Ansporn, den Geheimdienst strukturell zu reformieren. Seine Aufgaben sollten fortan klar definiert werden. Den neuen Leiter des CESID, Félix Miranda, bestimmte er zusammen mit Politikern der Opposition.

Demokratie in Gefahr

Angst und Schrecken verbreiteten Putschisten am 23. Februar 1981, als sie das spanische Parlament stürmten und Politiker als Geiseln nahmen. An diesem Tag sollte Leopoldo Calvo-Sotelo (1926–2008) vom Parlament zum neuen Regierungschef gewählt werden. Doch bevor es zur Abstimmung kam, stürmten Offiziere der Guardia Civil unter der Führung des Oberstleutnant Antonio Tejero (*1932) den Saal. Die Anhänger der ehemaligen Franco-Diktatur konnten sich mit der noch jungen und viele Veränderungen mit sich bringenden Demokratie nicht anfreunden. Bereits Monate vor dem Putschversuch waren immer wieder Rufe hochrangiger Militärs laut geworden, die sich gegen die Regierung gerichtet hatten. Rund 200 Männer hielten den Plenarsaal besetzt und zwangen die Anwesenden, sich auf den Boden zu legen. Zwischenzeitlich erklärte Milans del Bosch (1915–97), Generalleutnant des Heeres, in Valencia den Ausnahmezustand. In der Hafenstadt ließ er mehrere Panzer auffahren, um seiner Aussage Nachdruck zu verleihen.

Sechs Politiker, unter anderem Ministerpräsident Adolfo Suárez (*1932) und Verteidigungsminister

Leopoldo Calvo-Sotelo

Agustín Rodríguez Sahagún (1932–91), wurden wenig später von den anderen Abgeordneten getrennt, indem sie in einen separaten Raum geführt wurden.

Um der „längsten Nacht" Spaniens ein Ende zu bereiten, griff König Juan Carlos – die ganze Zeit über unterstützt vom Oberkommando der Streitkräfte – mehrfach zum Telefon und diskutierte mit verschiedenen Geiselnehmern. In einer Fernsehansprache versicherte er seinem Volk, dass er für die Demokratie einstehe und sie verteidigen werde. Auf Drängen Juan Carlos zog del Bosch seine Truppen aus Valencia zurück und hob den Ausnahmezustand auf. Am 24. Februar endete die Geiselnahme, ein Großteil der Verantwortlichen wurde verhaftet und später zu Gefängnisstrafen verurteilt.

Als eigentlicher Drahtzieher des Putschversuches wird in einigen Kreisen auch immer wieder der CESID genannt. Dieser habe einem Staatsstreich radikaler, militärischer Kräfte zuvorkommen wollen und deshalb den unblutigen Putschversuch initiiert. Angeblich sei der CIA in die Pläne des Geheimdienstes eingeweiht gewesen. Mit ihm sollen die Vorbereitung und auch der Ablauf des Putschversuches abgesprochen worden sein. Die Überlegungen der Behörde sahen vor, dass der aktuelle Premierminister gestürzt und durch einen Offizier, in diesem Fall General Alfonso Armada (*1920), ersetzt werden sollte.

Demonstration für Freiheit und Demokratie nach dem Putschversuch im Februar 1981

AGENZIA INFORMAZIONI E SICUREZZA ESTERNA

Der Auslandsgeheimdienst AISE versucht all die Verfehlungen, die sein Vorgänger in den vergangenen Jahren begangen hat, mühevoll zu korrigieren und sich keiner Vergehen und unerlaubter Aktionen schuldig zu machen. Dies gelingt ihm jedoch nur sehr langsam. Die Befugnisse der Agenzia informazioni e sicurezza esterna sind streng reguliert und auf das Ausland beschränkt.

NAME:
Agenzia informazioni e sicurezza esterna

ABKÜRZUNG:
AISE

GRÜNDUNGSDATUM:
3. August 2007

HAUPTSITZ:
Rom

STELLUNG:
Auslandsnachrichtendienst

AUFGABENGEBIET:
Spionage-, Terroismusabwehr

ZUSTÄNDIGKEIT:
Italien

Rom – Sitz der AISE

GESCHICHTE

Die Geschichte der Agenzia informazioni e sicurezza esterna lässt sich nicht aufarbeiten, ohne einen Blick auf ihren Vorgänger, den Servizio per le informazioni e la sicurezza militare (SISMI), zu werfen. Schließlich ist die 2007 neu gegründete Behörde strukturell fast identisch mit dem ehemaligen militärischen Nachrichtendienst. Der SISMI war nicht der erste Geheimdienst in Italien. Eine erste Behörde dieser Art wurde zu Beginn des 20. Jahrhunderts unter dem Namen Divisione affari generali e riservati (DAGR) geformt. Während des Ersten Weltkrieges spürte sie Deserteure und Unterstützer der feindlichen Armeen auf. Die DAGR spaltete sich danach in zwei

Benito Mussolini mit italienischen Soldaten

Ministerrat übernahm durch die Koordinationsstelle Comitato esecutivo per i servizi di informazione e sicurezza (CESIS) die Oberaufsicht über die beiden Geheimdienste. Während der SISDE vor allem im Inland tätig wurde, ging der SISMI besonders im Ausland seiner Arbeit nach, zu der unter anderem die Spionageabwehr und die Bekämpfung der organisierten Kriminalität gehörten. Sofern es für die Erledigung ihrer Arbeiten nötig war, konnte es vorkommen, dass die beiden Behörden im jeweils anderen Territorium operierten. Später gesellten sich auch die Aufgabengebiete Proliferation, Terrorismusabwehr sowie die Betreuung der militärischen Einsätze im Ausland hinzu.

Abteilungen auf: Die erste kümmerte sich um die Sicherheit des Staates und ging gegen subversive Elemente vor – später wurde diese Aufgabe von einer dritten Einheit übernommen. Die andere sammelte Informationen über Ausländer.

1927 wurde vom faschistischen Regime unter Benito Mussolini (1883–1945) zusätzlich der militärische Nachrichtendienst Servizio informazioni militare (SIM) geschaffen, der die Gegenspionage zu seiner Hauptaufgabe machte. Das Ufficio affari riservati übernahm 1948 nach einer Reform die Aufgaben der DAGR, der Servizio informazioni operative e situazione die des SIM. Die italienischen Geheimdienste durchliefen noch einige strukturelle Umformungen, bis 1977 mit dem Gesetz Nr. 801 der SISMI sowie der Servizio per le informazioni e la sicurezza democratica (SISDE; zuständig für die Sicherung der Demokratie) geformt wurden. Die Behörden wurden dem Verteidigungsminister unterstellt und operierten zunächst nur im Inland. Der

Zu Beginn war der SISMI noch von zahlreichen faschistischen Kräften unterwandert, die für einige Skandale innerhalb der Behörde sorgten. Mitte der 1990er-Jahre wurden in Italien Rufe laut, dass die Geheimdienste gemäß der aktuellen

Romano Prodi

internationalen Entwicklungen reformiert werden sollten, doch dauerte es bis zum Jahr 2007, bis der Wunsch vieler Politiker in die Tat umgesetzt wurde. Unter der Leitung des damaligen Ministerpräsidenten Romano Prodi (*1939) arbeitete die Regierungskoalition in Zusammenarbeit mit der Opposition das Gesetz Nr. 124 aus. Dies sah vor, dass der SISDE durch die Agenzia informazioni e sicurezza interna ersetzt wird, der SISMI durch die AISE.

AUFGABENGEBIET

Die Agenzia informazioni e sicurezza esterna ist dafür zuständig, Informationen im Ausland zu beschaffen, die darauf hinweisen, dass die Unabhängigkeit, Unversehrtheit sowie Sicherheit Italiens in Gefahr ist. Durch ihre Mithilfe sollen die wirtschaftlichen, politischen, militärischen, industriellen sowie wissenschaftlichen Interessen des Landes gewahrt bleiben. Die Berichte der Agenten und Mitarbeiter werden auf direktem Wege dem Verteidigungsminister, dem Außenminister sowie dem Innenminister zugeführt. Der Auslandsgeheimdienst hat außerdem die Aufgabe übernommen, Spionageangriffe anderer Geheimdienste oder Gruppierungen aufzudecken und gegen diese vorzugehen. Auf diesem Wege soll verhindert werden, dass die nationalen Belange erheblichen Schaden erleiden. Per Gesetz ist festgelegt, dass die Eindämmung der Proliferation von Massenvernichtungswaffen ebenfalls in das Aufgabengebiet der Behörde fällt. Den Agenten ist es erlaubt, für die Informationsgewinnung Einsicht in die Computerarchive von öffentlichen Verwaltungen und Einrichtungen zu nehmen.

Aufgabe der AISE – Schutz der italienischen Interessen

Aufgabe der AISE – Schutz der italienischen Industrie

ORGANISATION

Der Geheimdienst steht gegenüber dem Ministerrat in der Verantwortung. Dieser überträgt seine Verantwortung teils an einen von ihm bevollmächtigten Vertreter. Dies kann zum Beispiel ein Untersekretär oder ein Minister ohne bestimmtes Ressort sein. Dem Ministerrat muss dieser als Mittelsmann regelmäßig Bericht erstatten. Der bevollmächtigte Vertreter ist Teil des Comitato interministeriale per la sicurezza della

Schon gewusst?

Der Vertreter bildet mit den Direktoren des AISE, des Inlandsgeheimdienstes AISI sowie des Dipartimento delle informazioni per la sicurezza (DIS) einen Hauptausschuss.

Palazzo Chigi – Sitz des italienischen Ministerpräsidenten

Repubblica (CISR), das unter anderem über die finanziellen Mittel der italienischen Geheimdienste entscheidet.

Der DIS koordiniert die Arbeit der Geheimdienste. Der Direktor des AISE wird durch den Ministerrat bestimmt, der sich vorab mit dem CISR über die Nominierung berät. Er setzt sich regelmäßig mit dem Ministerrat zusammen. Einen Bericht reicht er durch den Direktor der DIS an die CISR weiter. Die Amtszeit ist auf vier Jahre beschränkt, sie kann nur einmal verlängert werden.

AUSBILDUNG

Die Mitarbeiter des DIS, des AISE und des AISI werden in der Scuola di formazione trainiert. Dort werden sie fortlaufend in bestimmten Bereichen aus- und weitergebildet. Hier findet für alle neuen Agenten auch die Grundausbildung statt. Die Schule bietet eine Promotion im Bereich Sicherheitskultur an. Die Scuola di formazione unterhält Partnerschaften mit verschiedenen Universitäten, Forschungseinrichtungen sowie Regierungsverwaltungen. Die Inhalte des Unterrichts werden einmal im Jahr vom Geheimdiensthauptausschuss an die aktuellen Entwicklungen im In- und Ausland sowie an die strategischen Bedürfnisse angepasst. Unterstützung bei der Ausbildung ihrer Mitarbeiter erhält die Schule von Experten verschiedener Universitäten sowie von staatlichen Behörden.

DIE MANIPULATIONEN DER ITALIENISCHEN GEHEIMDIENSTE WÄHREND DER „BLEIERNEN JAHRE“

Die Entführung des Aldo Moro

1955 begann Aldo Moro (1916–78), ehemaliger Professor für Strafrecht, seine politische Karriere. Zwischen 1963 und 1968 sowie zwischen 1974 und 1976 bekleidete er das Amt des Minister-

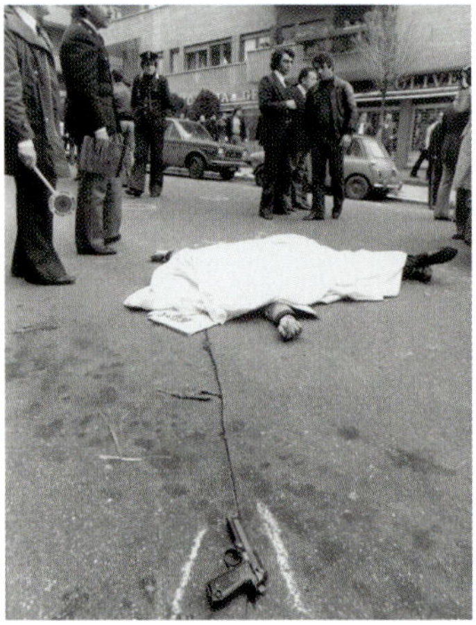
Opfer der Entführung

Aldo Moro in den Händen der Roten Brigaden

präsidenten. Als er sich am 16. März 1978 in einer Wagenkolonne auf den Weg zum Parlament machte, wurde Moro von Mitgliedern der Roten Brigaden entführt. Die linksextremistische Untergrundorganisation hatte sich 1970 in Mailand formiert und kämpfte mit allen Mitteln dafür, als bewaffnete Oppositionskraft das politische System zu revolutionieren. Bei der Entführungsaktion kamen die Leibwächter des christdemokratischen Politikers ums Leben.

Insgesamt 55 Tage wurde Moro als Geisel festgehalten. Die Roten Brigaden wollten einer Freilassung nur zustimmen, wenn dafür im Gegenzug inhaftierte Anhänger der radikalen Gruppierung aus der Haft entlassen werden. Die italienische Regierung ging jedoch nicht auf den Erpressungsversuch ein. Die Weigerung kostete Moro das Leben; die Entführer erschossen ihre Geisel und legten die Leiche in den Kofferraum eines Renault R4. Den Wagen parkten sie auffällig in der Innenstadt von Rom, um bei der Entdeckung der Leiche möglichst großes Aufsehen zu erregen.

Für die Entführung des Aldo Moro und seine Ermordung scheinen auf den ersten Blick eindeutig die linksextremistischen Roten Brigaden verantwortlich zu zeichnen, doch auch über 30 Jahre nach der Tat sind die genauen Umstände der Entführung nicht geklärt. Mehrere größere Untersuchungen konnten die Hintergründe bis heute nicht vollständig aufdecken. So kam zum Beispiel die Untersuchungskommission „Terrorismus und Massaker“ unter der Führung von Giovanni Pellegrino zu dem Schluss, dass sich vermutlich auch der Geheimdienst SISMI an der Verschleppung des Christdemokraten beteiligt hatte. Die Kommission hatte zwischen 1994 und 2000 sämtliche bisher zusammengetragene Fakten ausgewertet. Durch die Ermordung Moros, der einen Solidaritätspakt zwischen der Kommunistischen Partei Italiens und der christdemokratischen Demo-

Fahne der Roten Brigaden

crazia Cristiana befürwortet hatte, sollte verhindert werden, dass der Einfluss des potenziell gefährlichen Kommunismus im Land wächst und er durch die Zusammenarbeit mit den Christdemokraten salonfähig wird. Die Agenten sollen auch dafür gesorgt haben, dass eine Aktentasche mit brisanten Dokumenten nach der Entführung für kurze Zeit aus Moros Auto entfernt wurde. Pellegrino stellte in seinem Bericht ebenfalls die Vermutung an, dass der Geheimdienst möglicherweise im Namen der Regierung bereits eine Abmachung bezüglich Moros Ermordung mit den Roten Brigaden getroffen hatte, während die Verhandlungen über dessen Freilassung noch in vollem Gange waren.

Tipp

Literatur:

Tobias Hof:
Staat und Terrorismus in Italien 1969–1982, 2011

Der Bombenanschlag von Bologna

Der SISMI hat sich ebenfalls nicht gerade mit Ruhm bekleckert, als Agenten in den 1980er-Jahren die Ermittlungsarbeiten zum verheerenden Anschlag auf den Bahnhof in Bologna behinderten. Dort war am 2. August 1980 eine 23 Kilogramm schwere Bombe explodiert, die 85 Menschen mit in den Tod riss sowie rund 200 Menschen durch umherfliegende Splitter-

Bombenanschlag von Bologna

teile verletzte. Lange Zeit konnten die Behörden nicht klären, wer für den Anschlag verantwortlich war. Ihre Ermittlungen verliefen buchstäblich im Sande.

Erst Jahre später wurde bekannt wieso: Der Geheimdienst hatte den Justizpalast mit Agenten infiltriert, die dafür Sorge tragen sollten, dass die Ermittler von dem schon früh aufkeimenden Verdacht gegen rechtsextreme italienische Täter abgebracht und auf eine falsche Fährte geführt wurden. Sie fälschten unter anderem ein Schreiben, das auf eine Loge in Monte Carlo als Täter hinwies, oder inszenierten Hinweise und Spuren, die nach Palästina führten. Sie schickten außerdem einen mit Sprengstoff gefüllten Koffer, den man am 13. Januar 1981 in einem D-Zug von Taranto nach Mailand entdeckte, auf eine Reise quer durch Italien. Der aufgefundene Sprengstoff war von der gleichen Marke wie der, der beim Anschlag auf den Bahnhof von Bologna verwendet worden war. Mit in den Koffer hatten die Agenten zwei Fahrkarten gelegt, die auf einen Franzosen und einen Deutschen als potenzielle Täter hinwiesen. Eines der Tickets soll auf den Namen Karl Heinz Hoffmann (*1937) ausgeschrieben gewesen sein. Der Deutsche hatte in der Vergangenheit die Wehrsportgruppe Hoffmann gegründet, die 1980 als verfassungsfeindlich eingestuft und verboten wurde. Sie war häufig mit rechtsextremistischen Aktivitäten in Erscheinung getreten.

Erst nach langen Recherchen stießen die Ermittler auf Verdächtige, die der italienischen neofaschistischen Szene sowie der Gruppierung Propaganda Due nahestanden. Erklärtes Ziel war es, das Land in Angst und Schrecken zu versetzen, um die politische Situation zu destabilisieren und die Demokratie in Italien schließlich zu stürzen. Am 19. Januar 1987 wurde 20 Verdächtigen der Prozess gemacht, die Verurteilung der Hauptangeklagten Giuseppe Valerio Fioravanti und Francesco Mambro erfolgte jedoch erst 1995. Die Mitglieder der neofaschistischen Terrororganisation NAR (Nuclei Armati Rivoluzionari) wurden beide zu lebenslanger Haft verurteilt. Ein drittes Mitglied der NAR, Luigi Ciavardini, erhielt sogar erst 27 Jahre nach dem Terroranschlag seine endgültige Strafe, da er zum Zeitpunkt der Tat noch nicht volljährig war. Das Urteil lautete auf 30 Jahre Haft. Die SISMI0Agenten, die die Ermittlungsarbeiten manipuliert hatten, wurden ebenfalls zu mehrjährigen Haftstrafen verurteilt.

Zerstörtes Zugabteil

Demonstration gegen Faschismus nach dem Bombenattentat

ETHNIKI YPIRESIA PLIROFORION

Griechenland ist bekanntlich die Wiege der Demokratie. Diesen Status möchte das Land der Philosophen mithilfe des Ethniki Ypiresia Pliroforion auch in Zukunft aufrechterhalten. Gegen die Verfassung gerichtete Anschläge soll der Geheimdienst ebenso unterbinden wie Attentate, die die Interessen des Staates – seien es finanzielle, politische oder militärische – bedrohen.

NAME:
Ethniki Ypiresia Pliroforion

ABKÜRZUNG:
EYP

GRÜNDUNGSDATUM:
9. Mai 1953

HAUPTSITZ:
Athen

STELLUNG:
Ziviler Geheimdienst

AUFGABENGEBIET:
Spionageabwehr, Schutz der inneren Sicherheit und der Kommunikationswege, Terrorismusabwehr

ZUSTÄNDIGKEIT:
Griechenland

Athen – Heimat des EYP

GESCHICHTE

Die Geschichte des griechischen Geheimdienstes beginnt im März 1924. In diesem Jahr löste sich die Spezialeinheit aus dem Militär heraus. Auf Korfu entstand die erste Geheimdienstzentrale. Die Behörde wurde mit dem Ziel gegründet, die zahlreichen Spionageattacken seitens der Italiener abzuwehren. Diese wollten ihre Macht im Mittelmeer ausweiten. Ein Jahr nach seiner

Korfu – Sitz des ersten griechischen Geheimdienstes

Gründung wurde der Geheimdienst dem Innenministerium unterstellt. Bereits ab diesem Zeitpunkt beschäftigte er sich mit der Überwachung verdächtiger Gruppierungen und verschiedener ausländischer Geheimdienste, deren Aktionen gegen die Staatssicherheit gerichtet waren. Im Januar 1926 wurde der General State Security Service ins Leben gerufen und dem Präsidenten der Republik unterstellt. Sein Aufgabengebiet wurde um die Beobachtung von Propagandaaktivitäten erweitert. Zehn Jahre später gesellte sich der State Defense Service hinzu, der im Auftrag des Außenministeriums Kommunisten beobachtete und die Bewegungen und Aktivitäten der verschiedenen Nationalitäten im Land im Blick hatte. Nur elf Monate später wurde die Behörde unter der Diktatur von Ioannis Metaxas (1871–1941) geschlossen und durch das Amt Deputy Ministry for Public Security ersetzt, das Dissidenten verfolgte. Direkter Vorgänger des EYP war schließlich der 1949 gegründete Central Intelligence and Investigation Service. Die CIA schickte sich 1953 an, gemeinsam mit der griechischen Regierung den Ethniki Ypiresia Pliroforion (alternativ: Central Intelligence Service) aufzubauen. Er wurde gemäß der militärischen Anforderungen und nach Vorbild des US-amerikanischen Auslandsgeheimdienst errichtet. Ihm wurde entsprechend der damaligen Gesetzeslage der Präsident übergeordnet.

Mit der Machtübernahme des Militärs am 21. April 1967 änderten sich auch die Aufgaben des EYP, der in Kentriki Ypiressia Pliroforion (KYP) umbenannt wurde. Der Geheimdienst diente dem sogenannten Regime der Obristen unter Georgios Papadopoulos (1919–99) als Verfolgungsinstrument der Opposition. Erst nach der Wiederherstellung der demokratischen Grundordnung im Jahr 1974 nahm der Geheimdienst seine alten Aktivitäten wieder auf. Seine Verfehlungen während der vergangenen sieben Jahre versuchte der EYP vergessen zu machen. Um in Zukunft die Verantwortlichkeit der Behörde genau zu regeln, wurde das Gesetz überarbeitet, in dem die Ziele des Ethniki Ypiresia Pliroforion definiert sind. Auch intern sollte der Geheimdienst reformiert werden. Als erste Amtshandlung wurden 1974 neben Militärs Zivilbürger und Hochschulabsolventen eingestellt. Außerdem realisierte die Behörde für das bereits bestehende Personal spezielle Schulungsprogramme. Um seinem negativen

Vorbild für den griechischen Geheimdienst

Image aus der Zeit der Militärdiktatur zu entfliehen, beschloss der EYP Ende der 1970er-Jahre, sich gegenüber der Bevölkerung zu öffnen. Die Agenten trainieren seitdem auf öffentlichen Plätzen und agieren als Leiter von Seminaren zum Thema nationale Sicherheit. Mit der Änderung des Gesetzes 1645/26-08-86 erhielt die Behörde ihren Originalnamen zurück. Außerdem wurde die Anzahl der uniformierten Mitarbeiter reduziert.

Einen Meilenstein in der Geschichte des Geheimdienstes bildete das Jahr 1997, als Griechenland die Zusage für die Olympischen Sommerspiele 2004 erhielt. Der EYP sah sich mit neuen Aufgaben konfrontiert: Vor und während der Spiele verfolgte er das Ziel, sämtliche Bedrohungen für die Teilnehmer, Staatsgäste und Besucher zu eliminieren. Dafür wurden die Agenten durch verschiedene Trainingseinheiten akribisch auf ihre Arbeit vorbereitet. Während des Wettbewerbs übernahm der EYP die Leitung des Olympic Games Intelligence Center, wo sich täglich die internationalen Nachrichtendienste über die Entwicklungen austauschten.

Im August 2012 gerieten Waldbrände auf der Halbinsel Peloponnes völlig außer Kontrolle; mehrere Menschen starben in den Flammen. Die Regierung rief den EYP zu Hilfe, um die Ursache für die Brände zu ermitteln. Mehrere Brandstifter standen unter Verdacht, für die verheerende Katastrophe verantwortlich zu sein. Der griechischen Regierung wurde daraufhin vorgeworfen, nicht ausreichend auf die jährlich wiederkehrenden Waldbrände zu reagieren. Beispielsweise sei nie ein Bebauungsverbot für die brandgerodeten Flächen erlassen worden.

Luftaufnahme des Olympiageländes in Athen

AUFGABENGEBIET

Der griechische Nachrichtendienst hat es sich gemäß des Gesetzes 3649/2008 zur Aufgabe gemacht, sämtliche relevanten Informationen zu sammeln, die im Zusammenhang mit potenziellen Terroranschlägen stehen könnten. Auf diesem Wege möchte der Geheimdienst nicht nur die Bürger des Landes schützen, sondern auch die demokratische Grundordnung erhalten. Seine Einschätzungen zur sicherheitspolitischen Lage sowie sämtliche relevanten Daten leitet der Geheimdienst an die entsprechenden Behörden und Minister weiter. Der EYP sorgt ebenfalls dafür, dass die Einwohner des Landes nicht von einer verfassungsfeindlichen Organisation in ihren fundamentalen Rechten beschnitten werden. Seine Informationen tragen dazu

Aufgabe des EYP – Schutz des Kommunikationssystems

bei, dass die territoriale Integrität Griechenlands bestehen bleibt und die nationale Sicherheit gewährleistet ist.

Die gesammelten Daten und Informationen werden analysiert und auf Hinweise auf folgende Verbrechen untersucht: Menschen- oder Organhandel, Waffenhandel, Verbreitung von nuklearem, chemischem oder radioaktivem Material, Drogenhandel sowie Geldwäsche. Zugleich hat sich der EYP das Ziel gesetzt, unerlaubte Spionagetätigkeiten im Land zu verhindern. Als Experte für elektronische Attacken ist die Behörde dafür zuständig, zerstörerische Angriffe auf das Kommunikationssystem zu verhindern. Vor allem ein möglicher Kollaps des Internets soll verhindert werden. Die Aufgaben und Rechte des Ethniki Ypiresia Pliroforion sind in mehreren Gesetzen reguliert. Im Gesetz 3471/2006 ist beispielsweise festgelegt, in welchem Rahmen der Geheimdienst die persönlichen Daten sowie das Privatleben von Verdächtigen mithilfe von elektronischen und anderen technischen Überwachungsmitteln durchleuchten darf.

Schon gewusst?

Der EYP fertigt auf Grundlage seiner Erkenntnisse für verschiedene Behörden entsprechende Berichte, Studien und Informationsblätter an.

ORGANISATION

Der griechische Geheimdienst untersteht dem Minister für die öffentliche Ordnung und den Schutz der Bürger. Im Falle eines Krieges oder eines direkten Angriffes auf die nationale Sicherheit wird der Nachrichtendienst dem Leiter des Generalstabs der Verteidigung unterstellt. Dieser übernimmt im Bedarfsfall das Kommando über die weiteren Aktivitäten und leitet seine Befehle an den Generaldirektor des EYP weiter. Sollte jedoch von außen ein Angriff auf die demokratische Regierung unternommen werden, liegt

Terroranschläge, wie den vom 12. Dezember 2005, soll die EYP verhindern.

die Entscheidungsgewalt beim staatlichen Rat für das Ausland und die Verteidigung. Er koordiniert in dieser Zeit die Aktionen der griechischen Geheimdienste. Die Position des Generaldirektors, der die Leitung der Behörde und des Personals übernimmt, wurde erst im Jahre 1986 geschaffen. In diesem Zuge entstanden auch die Ämter des ersten und zweiten Stellvertreters. Diese nehmen vor allem operative (1. Stellvertreter) und administrative Aufgaben (2. Stellvertreter) wahr. Wurde zuvor die Position des Generaldirektors ausschließlich von Militärs besetzt, so ist es seit einigen Jahren möglich, dass auch Zivilpersonen dieses Amt bekleiden.

Der EYP spaltet sich in sieben Fachbereiche auf. Der 1. Stellvertreter kümmert sich um die Bereiche Informationssammlung, Informationsanalyse, Gegenspionage/Terrorismusabwehr/ organisiertes Verbrechen sowie Kommunikation. Verschiedene regionale Einheiten arbeiten diesen zu. Die Abteilungen Logistik, IT sowie Finanzen/ Personalstruktur stehen unter der Leitung des 2. Stellvertreters.

Das Personal setzt sich aus Zivilpersonen, speziellen wissenschaftlichen und technischen Kräften, die teilweise einen zeitlich begrenzten Vertrag erhalten, sowie aktiven und untergeordneten Offizieren der Feuerwehr, der hellenischen Polizei und des Militärs sowie der Küstenwache zusammen. Das Verhältnis zwischen weiblichen und männlichen Mitarbeitern ist nahezu ausgeglichen. Neben der Zentrale in Athen unterhält der EYP in einzelnen Städten des Staates sowie im Ausland weitere Büroeinheiten. Die Agenten dürfen keine Verhaftungen vornehmen.

AUSBILDUNG

Mehr als die Hälfte der Mitarbeiter des Geheimdienstes verfügt über einen technischen Abschluss oder eine Hochschulausbildung. Viele der Angestellten sind angehende Doktoranden oder besitzen bereits einen Doktortitel. Ein Großteil der Mitarbeiter wird in der Abteilung für Analyse eingesetzt. In diesem Bereich erwartet der Ethniki Ypiresia Pliroforion von seinen Bediensteten vor allem analytisches Denken, Effizienz und Organisationstalent. Einen weiteren Beschäftigungszweig bildet die IT-Abteilung, die sich mit den Themen Kommunikationswege, EDV und neue Technologien beschäftigt.

Über eine große Personalstärke verfügt der administrative Fachbereich, der die Agenten mit Berichten und ähnlichen Dokumenten unterstützt. Auf die Männer und Frauen des EYP warten regelmäßige Schulungen zu aktuellen Entwicklungen. Der Geheimdienst muss sich nicht an die Richtlinien der Behörde ASEP halten, die sich für gewöhnlich um die Einstellung des Personals im öffentlichen Dienst kümmert. Stattdessen sind die Vorschriften zum Einstellungsverfahren im Artikel 39 des Presidential Decree 360/92 festgehalten. Die einzelnen Zweigstellen oder Fachbereiche veröffentlichen eigenständig ihre Stellenanzeigen inklusive der geforderten Qualifikationen. Der Minister für die öffentliche Ordnung und den Schutz der Bürger bestimmt, in welcher Form die Stellenausschreibungen veröffentlicht werden. Ein dreiköpfiges Komitee entscheidet nach mehreren Gesprächen und Tests, welcher Bewerber am geeignetsten für die Position ist. Sein Vorschlag muss abschließend vom verantwortlichen Minister abgesegnet werden.

Gefragt beim EYP – EDV-Spezialisten

EPY – geheime Dokumente per E-Mail versendet?

VERRÄTER IN DEN EIGENEN REIHEN?

Angeblich soll ein ranghoher Angestellter der 3. Direktion der Spionageabwehr des Ethniki Ypiresia Pliroforion 2011 verschiedene Behörden in Großbritannien mit geheimen Dokumenten aus seiner Einheit versorgt haben. Der Leiter des sogenannten Team OLAF war für die verschiedenen Abhörvorrichtungen aber auch die hochmodernen Observierungssysteme des Geheimdienstes verantwortlich. Bereits im Jahr 2005 wurde der Verdacht geäußert, dass besagtes Team in einen Abhörskandal verwickelt sei. Weiterhin standen die Mitarbeiter des Teams OLAF unter Verdacht, ein portabeles Gerät in Form eines Koffers, das zur Überwachung der Mobiltelefone verdächtiger Personen genutzt wurde, Privatpersonen zur Verfügung gestellt zu haben. Gegen die Zahlung eines „Obolus“ durften Unternehmen das Gerät angeblich zur Industriespionage nutzen. Dennoch erschütterte der Verrat in den eigenen Reihen den Geheimdienst schwer: Die streng geheimen Informationen hatte der EPY-Angestellte per E-Mail an die englischen Ämter verschickt. Der Agent soll eine Weile in Großbritannien gelebt haben und auch dort ausgebildet worden sein. Der Verdächtige wies die Anschuldigungen jedoch vehement zurück und sprach in diesem Zusammenhang von gewöhnlichen dienstlichen Vorgängen. Gegen ihn wurde Anklage erhoben.

ALGEMENE INLICHTINGEN- EN VEILIGHEIDSDIENST

Im Gegensatz zu seinem Vorgänger, dem Binnenlandse Veiligheidsdienst (BVD), versucht sich der In- und Auslandsgeheimdienst der Niederlande offen zu präsentieren. Er möchte sich, soweit es die Sicherheitsbestimmungen und Gesetze zulassen, volksnah zeigen. Der Schutz der niederländischen Bürger liegt dem AIVD am Herzen.

NAME:
Algemene Inlichtingen- en Veiligheidsdienst

ABKÜRZUNG:
AIVD

GRÜNDUNGSDATUM:
29. Mai 2002

HAUPTSITZ:
Zoetermeer

STELLUNG:
In- und Auslandsnachrichtendienst

AUFGABENGEBIET:
Wahrung der inneren Sicherheit, Spionage, Terrorismus- und Extremismusabwehr

ZUSTÄNDIGKEIT:
Niederlande

Sitz des AIVD in Zoetermeer

GESCHICHTE

Der Algemene Inlichtingen- en Veiligheidsdienst entstand am 29. Mai 2002 als Nachfolger des Binnenlandse Veiligheidsdienst (BVD), der 1949 in Den Haag gegründet worden war. Dieser trat wiederum die Nachfolge des Bureau Nationale Veiligheid (BNV) an.

Der BVD geriet nach seiner Gründung unter anderem in die Schlagzeilen, als im Jahr 2003 bekannt wurde, dass er im Auftrag der ehemaligen Königin Beatrix (*1938) deren Nichte, Prinzessin Margarita de Bourbon de Parme (*1972), sowie deren bürgerlichen Ehemann Edwin de Roy van

Die einstige Königin Beatrix – Auftraggeberin der „Margarita-Gate“

Máxima – Opfer von Spitzeleien?

Politiker Pim Fortuyn (1948–2002), der am 6. Mai 2002 von einem Aktivisten einer militanten Tierschutzorganisation erschossen wurde, mehrfach bespitzelt hatte. Er provozierte kurz vor der Parlamentswahl mit kontroversen politischen Standpunkten – unter anderem auch in Bezug auf den Tierschutz, was seinen Mörder wohl zu seiner Tat bewegte.

Zuydewijn (*1966) hatte bespitzeln lassen. Die sogenannte Margarita-Gate soll rund ein Jahr angedauert haben. Der Geheimdienst soll die Vergangenheit des damaligen Verlobten durchleuchtet und unerlaubterweise vertrauliche Angaben aus dieser Zeit weitergegeben haben. Laut der Prinzessin sollen auch ihre persönlichen Briefe kontrolliert worden sein. Sie warf ihrer Tante Amtsmissbrauch vor. Angeblich soll auch Beatrix' Vater, Prinz Bernhard zur Lippe-Biesterfeld (1911–2004), in die Affäre involviert gewesen sein. Als Folge der Spitzelaffäre wurde das Kabinett dem niederländischen Regierungschef unterstellt. Zuvor hatte die Königin als Staatsoberhaupt dem Kabinett Anweisungen erteilt. Die Presse spekulierte anschließend, ob nicht auch Máxima (*1971), die spätere Ehefrau von Beatrix' Sohn König Willem-Alexander (*1967), sowie Prinzessin Laurentien (*1966), die Ehefrau von Prinz Constantijn (*1969), vor den jeweiligen Hochzeiten bespitzelt worden sind.

Der Vorgänger der AIVD sorgte weiterhin für einen Skandal, als bekannt wurde, dass er den

AUFGABENGEBIET

Der Algemene Inlichtingen- en Veiligheidsdienst handelt gemäß des Wet op de inlichtingen- en veiligheidsdiensten 2002 (Wiv 2002). Das Gesetz sieht insgesamt fünf Aufgaben für den Geheimdienst vor. Zum einen soll die Behörde Personen und Organisationen auf verdächtige Handlungen hin prüfen. Zum anderen führt sie Sicherheitsüberprüfungen durch. Der AIVD ist dafür verantwortlich, dass die Sicherheit der zentralen Sektoren des Landes gewährleistet ist. Darüber hinaus beobachtet er die Nachrichtendienste im Ausland und fertigt Analysen und Berichte über mögliche Bedrohungen durch feindliche Gruppierungen an. Er versucht terroristische, salafistische und radikale Vereinigungen aufzuspüren und mögliche Terrorakte zu verhindern. Ebenso werden die verschiedenen Gruppen, die dem linken oder rechten Flügel zuzuordnen sind, von dem Nachrichtendienst genauer unter die Lupe genommen. Auch radikale Tierschützer stehen unter Aufsicht. Die Ausweitung von Massenvernichtungswaffen einzudämmen, hat sich der AIVD ebenfalls auf die Fahnen geschrieben. Das Gesetz schreibt außerdem vor, dass der Geheimdienst sich so offen wie möglich zeigen soll. Der AIVD hat sogar einen Twitter-Account. Den Agenten ist es mit Zustimmung des Ministerpräsidenten erlaubt, Telefonüberwachungen durchzuführen.

ORGANISATION

Jedes Jahr im April muss der AIVD über die Operationen des vergangenen Jahres Bericht erstatten. Eine behördlich angeordnete, unabhängige Kommission überwacht, ob die Aktionen des Nachrichtendienstes mit den Gesetzen in Einklang stehen. Die Kommission besteht aus drei Mitgliedern, die ihre Ergebnisse in einem jährlichen Bericht präsentieren. Geleitet wird die Behörde durch den vorsitzenden Direktor. Ihm unterstellt sind die Abteilungen nationale Sicherheit, Service Center, Informationsmanagement, Auslandsgeheimdienste, Entwicklungen und Innovationen, betriebliche Expertise und Support, Koordination, Strategie und Politik, Sicherheitsüberprüfungen sowie Trendanalyse und Forschung. Der AIVD verzeichnet rund 1500 Mitarbeiter.

Innenminister Ronald Plasterk

Der niederländische Pass als Voraussetzung für die Arbeit beim AIVD

AUSBILDUNG

Zukünftige Angestellte des Geheimdienstes müssen niederländische Staatsbürger sein. Außerdem müssen sie nachweisen können, dass sie sich in den vergangenen zehn Jahren im Land aufgehalten haben. Gegenüber von Familie und Freunden sind die Mitarbeiter zur Verschwiegenheit verpflichtet. Zunächst werden die geeignetsten Bewerber nach der schriftlichen Bewerbungsphase zu einem internen Vorstellungsgespräch eingeladen. Dort werden die Loyalität und Integrität eines jeden Kandidaten durch verschiedene Auswahlgespräche und psychologische Tests erprobt. Mithilfe einer Sicherheitsüberprüfung wird kontrolliert, ob der Bewerber Mitglied einer antidemokratischen oder

Schon gewusst?

Die Behörde ist dem Ministerium für Inneres und Überseegebiete unterstellt, das seit 2012 von Ronald Plasterk, einem Mitglied der Partij van de Arbeid, geleitet wird.

einer anderweitig gegen den Staat gerichteten Gruppierung ist oder war. Die Nachforschungen nehmen rund acht Wochen in Anspruch. Für bestimmte Arbeitsbereiche steht zudem eine medizinische Untersuchung auf dem Plan. Neue Agenten werden im eigenen Ausbildungszentrum geschult.

DIE AFFÄREN DES AIVD

Die Hinrichtung des Filmemachers Theo van Gogh

In den Niederlanden war der Filmemacher Theo van Gogh (1957–2004) als Provokateur gleichermaßen beliebt und gefürchtet. Niemand war vor der scharfen Zunge des Kolumnisten sicher. Seine Arbeiten, unter anderem ein Kurzfilm über den Missbrauch von vier muslimischen Frauen (*Submission*, 2004), sorgten stets für heftige Diskussionen. Kurz nach Erscheinen des Films wurde van Gogh von dem Islamisten Mohammed Bouyeri (*1978) zunächst angeschossen, bevor dieser ihm die Kehle durchschnitt. Der Niederländer mit marokkanischen Wurzeln hinterließ ein Bekennerschreiben, das er mithilfe eines Messers am Körper des Regisseurs befestigte. Darin machte er deutlich, dass unter anderem der Film, in dem seiner Meinung nach der Islam äußerst negativ dargestellt wurde, der Grund für die Ermordung van Goghs gewesen sei. Bouyeri wurde zu einer lebenslangen Haftstrafe verurteilt.

Wenig später wurde in den Medien bekannt, dass der AIVD lange vor der Tat den Informatiker und seine Mitstreiter unter Beobachtung hatte. Bouyeri, der als gut integriert galt, war als junger Erwachsener in den Bann des Predigers Abu Khaled geraten. Dieser gehörte der radikalen Gruppierung Takfir Wal Hijra an. Nach kurzer Zeit änderte Bouyeri sein Verhalten und näherte sich immer mehr dem Islamismus an. Regelmäßig besuchte er die al-Tawhid-Moschee und lud Gleichgesinnte in seine Wohnung ein. Rasch wurde ein Sozialarbeiter, der als V-Mann für den Geheimdienst arbeitete, auf die Aktivitäten des späteren Mörders aufmerksam. Das Ergebnis seiner Nachforschungen, dass sich womöglich in Amsterdam eine radikale Gruppe formiert haben könnte, meldete er dem AIVD. Dieser war bereits durch die Artikel Bouyeris in einer Stadtzeitung auf den Mann aufmerksam geworden.

Fortan beobachteten die Agenten verstärkt die Aktivitäten der sogenannten Hofstad-Gruppe und starteten mehrfach Abhöraktionen. Sie waren

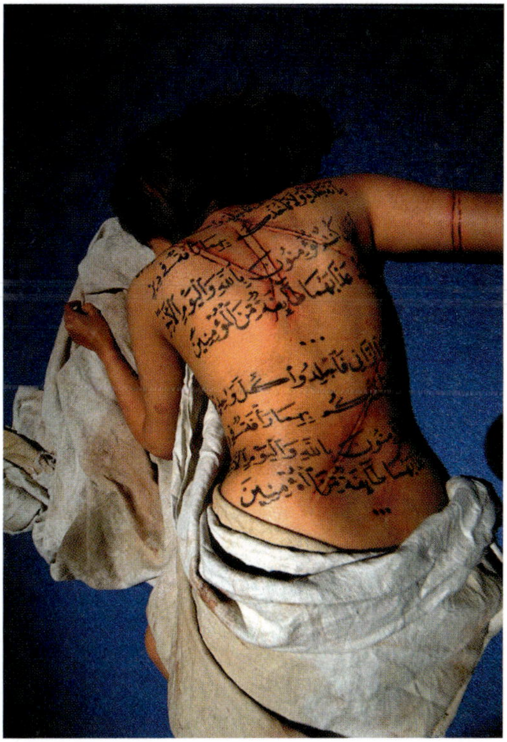

Szene aus dem Kurzfilm *Submission*

Denkmal für Theo van Gogh

laut eines Lageprotokolls vom 4. März 2003 davon überzeugt, dass die Mitglieder der radikalen Gruppierung jederzeit den Kampf gegen Andersgläubige aufnehmen könnten. Rund ein halbes Jahr später wurden mehrere Hofstad-Mitglieder wegen des Verdachts auf Vorbereitung einer Terroraktion verhaftet. Der Prediger Khaled wurde nach kurzer Untersuchungshaft nach Deutschland abgeschoben, kehrte aber wenig später in die Niederlande zurück. Der Algemene Inlichtingen- en Veiligheidsdienst war über die Entwicklungen innerhalb der Gruppierung allzeit auf dem Laufenden, schritt jedoch nicht ein. Auch bei seiner Einschätzung über Bouyeri lag er völlig daneben: Bouyeri, der vermutlich die Gruppe mitgeleitet hatte, stuften die Geheimdienstmitarbeiter als nicht gefährlich ein. Immer wieder wurden bei der Hofstad-Gruppe Waffen, Munition und Pläne gefunden, doch häufig blieben die Mitglieder von Verurteilungen oder hohen Haftstrafen verschont. Dank eines Maulwurfes beim Geheimdienst, ein Übersetzer aus Marokko, konnten die Männer meistens rechtzeitig vor den Hausdurchsuchungen sämtliche Beweise vernichten. Er verriet ihnen auch, dass der Geheimdienst ihre Telefonate abhörte. Sofort stellte die Gruppe ihre Telefongespräche ein und verwendete sicherheitshalber andere Apparate.

Am 2. November machte sich Bouyeri, nachdem er Tage zuvor vermutlich an einem Schaf die Hinrichtung geübt hatte, auf, van Gogh für seine Ansichten zum Islam zu bestrafen.

Als Folge der Tat wurde der Geheimdienst um 500 Mitarbeiter ergänzt, der Etat auf 135 Millionen Euro heraufgesetzt. Ebenso wurden Überlegungen angestellt, wie das niederländische

Gerichtszeichnung von Mohammed Bouyeri

Gesetz reformiert werden soll. So dachte man an, die von den Geheimdiensten erzielten Ermittlungsergebnisse vor Gericht zu nutzen. Die Angaben müssten demnach der Öffentlichkeit nicht bekannt gegeben werden.

DIE SPITZELATTACKE GEGEN DEN DE TELEGRAAF

Wie auch sein Vorgänger verstrickte sich der AIVD in einen Bespitzelungsskandal. In diesem Fall stand nicht die königliche Familie unter Beobachtung, sondern die traditionsreiche niederländische Zeitung *De Telegraaf*. Mehrere Journalisten des Blattes hatte der Geheimdienst über einen längeren Zeitraum im Jahr 2009 abgehört. Eine Reporterin hatte in der Vergangenheit mehrfach über die Misserfolge der Behörde im Irak informiert. In ihrer Berichterstattung warf sie dem Geheimdienst vor, den damaligen Ministerpräsidenten Jan Peter Balkenende (*1956) falsch beraten zu haben, sodass dieser den Einmarsch in den Irak befürwortet hatte. Sie beschuldigte zudem die Nachrichtendienstler, die Lage in dem Land falsch eingeschätzt zu haben.

Auch der Chefredakteur der Zeitung, Jules Paradijs, sowie sein Stellvertreter Joost de Haas waren überwacht worden. De Haas hatte sich zuvor mehrfach kritisch über die Behörde geäußert und war deshalb im Vorfeld bereits einmal zu Beugehaft verurteilt worden. Diese konnte er nach heftigen Protesten durch die Presse jedoch rasch wieder verlassen. Die abgehörten Reporter, ihre Vorgesetzten, der Bund der niederländischen Chefredakteure sowie der niederländische Journalistenverband forderten den AIVD auf, die Telefonüberwachung sofort einzustellen. Die auflagenstärkste Zeitung der Niederlande reichte am 16. Juli 2009 Klage gegen den Staat ein. Sie verlangte, dass der Geheimdienst das Material vernichten sollte.

Werbung für den *De Telegraaf* (1898)

VON DER NACKTTÄNZERIN ZUR SPIONIN – MATA HARI

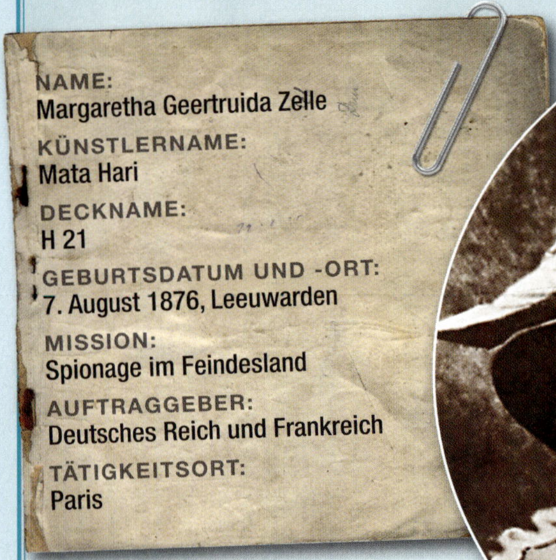
NAME:
Margaretha Geertruida Zelle
KÜNSTLERNAME:
Mata Hari
DECKNAME:
H 21
GEBURTSDATUM UND -ORT:
7. August 1876, Leeuwarden
MISSION:
Spionage im Feindesland
AUFTRAGGEBER:
Deutsches Reich und Frankreich
TÄTIGKEITSORT:
Paris

Margaretha Geertruida Zelle

In der Welt der Agenten und Spione ist Mata Hari (1876–1917), eigentlich Margaretha Geertruida Zelle, eine Legende. Begonnen hatte die dunkelhaarige Schönheit jedoch als Nackttänzerin, der die Pariser Männer reihenweise zu Füßen lagen. Geboren wurde Zelle am 7. August 1876 in Leeuwarden in den Niederlanden. Bereits seit ihrer Kindheit strebte sie nach Höherem: Bei der niederländischen Königin reichte sie als Kind ein Schreiben ein, in dem sie darum bat, zukünftig den adligen Namen van Slooten Zelle tragen zu dürfen. Nach dem Tod ihrer Mutter und einer erneuten Heirat ihres Vaters wurde sie als junges Mädchen in die Obhut ihrer Großmutter

Schon gewusst?

Mata Haris Sohn Norman John wurde von einer ehemaligen Hausangestellten vergiftet, da sie sich für eine Bestrafung ihres Liebhabers rächen wollte.

mütterlicherseits gegeben. Ihr Patenonkel ließ sie eine Lehre als Erzieherin beginnen, die Zelle jedoch bereits nach kurzer Zeit abbrach. Daraufhin zog sie zu ihrem Onkel nach Den Haag, wo sie in der Zeitung *Nieuws van den Dag* auf eine Anzeige des Kolonialoffiziers Campbell Rudolph MacLeod stieß, der auf diesem Weg eine Ehefrau suchte. Die beiden heirateten am 11. Juli 1895 in Amsterdam.

Mata Hari beim Schleiertanz

Margaretha Geertruida folgte ihrem Ehemann nach Niederländisch-Ostindien, wo sie die fremdartigen Sitten und Gebräuche der indonesischen Kultur kennenlernte. Fünf Jahre verbrachte sie auf den exotischen Inseln Java und Sumatra. Die Beziehung zu ihrem Mann schien sie jedoch schnell zu langweilen. Die beiden Eheleute entfremdeten sich im Laufe der Jahre immer mehr, am 30. August 1902 erfolgte schließlich die damals übliche „Trennung von Tisch und Bett". Zelle war fortan dazu gezwungen, ihren Lebensunterhalt selbst zu verdienen.

Nach erfolglosen Versuchen als Model erfolgte der Durchbruch als geheimnisvolle Tänzerin. Zelle legte sich die Identität einer indischen Tempeltänzerin zu, nannte sich Mata Hari und zog sich als eine der Ersten vor Publikum aus. Der von ihr erfundene Schleiertanz war in Paris zu Beginn des neuen Jahrhunderts das Maß aller Dinge. Dank ihres fremdländischen Aussehens stieß sie bei den Zuschauern auf großes Interesse. Der italienische Komponist Giacomo Puccini (1858–1924) gehörte zu ihren größten Bewunderern. Die Reichen und Schönen verehrten sie wie keine Zweite.

Diesen Umstand wusste der deutsche Militärgeheimdienst für seine Zwecke zu nutzen. 1915 warb er Mata Hari als Spionin an. Mit ihrer Hilfe wollten die Deutschen französischen und britischen Offizieren Kriegsgeheimnisse entlocken. Hari sollte ihren Charme und ihren Einfluss auf die Männerwelt nutzen, um den mächtigen

Verehrern Details über geplante Operationen zu entlocken. Für ihre Informationen sollte sie reichlich belohnt werden. Hari, die in Geldnot geraten war, nachdem sich zahlreiche Nachahmerinnen in ihrem Umkreis aufgetan hatten, war dem Angebot nicht abgeneigt. Nur wenig später wurde sie von den Franzosen wegen Verdachts auf Spionage aufgegriffen und verhört. Hari schwor, dass sie ihrem Kontaktmann nur veraltete Informationen weitergegeben habe. Angeblich wurde sie unter der Bedingung freigelassen, dass sie für den französischen Geheimdienst in den von Deutschen besetzten Regionen ihre Augen und Ohren offen hielt.

Mata Hari am Tag ihrer Festnahme

Ihre angebliche Doppelagentenaktivität wurde Mata Hari am 13. Februar 1917 zum Verhängnis. Der französische Geheimdienst hatte durch britische Agenten von ihrer Doppelrolle Kenntnis erhalten und nahm sie erneut fest. Die darauffolgenden vier Monate verblieb Mata Hari im Gefängnis von Saint Lazare. Aufreibende und langwierige Verhöre zu ihren Spionagetätigkeiten folgten. Der politischen Führung Frankreichs kam die Verhaftung der vermeintlichen Doppelagentin äußerst gelegen: Da sich die militärischen Niederlagen in der letzten Zeit gehäuft hatten, erschien die Präsentation eines Sündenbocks in Form einer Meisterspionin mehr als wünschenswert.

Für wen und in welcher Form die Niederländerin überhaupt spionierte und welchen Wert die gelieferten Informationen hatten, ist ungewiss und nur vage Vermutung. Genauere Erkenntnisse werden Interessierte erst ab 2017 gewinnen können. In diesem Jahr wird der französische Staat die im Geheimen schlummernden Gerichtsakten zur Untersuchung freigeben. Fest steht zumindest, dass Mata Hari vom Militärgerichtshof nach nur zweitägigem Prozess am 25. Juli 1917 wegen Hochverrats zum Tode verurteilt wurde.

Am 15. Oktober 1917 stand Mata Hari schließlich einem zwölfköpfigen Exekutionskommando gegenüber, das aus marokkanischen Soldaten bestand. Die Augenbinde, die die Prozedur für die Todeskandidatin erleichtern sollte, lehnte die vermeintliche Doppelspionin dankend ab. So blickte die einst bewunderte Tänzerin den Soldaten in den letzten Momenten ihres Lebens furchtlos in die Augen. Nur Millisekunden später lösten sich die ersten Schüsse aus den Waffen des Exekutionskommandos.

Mata Hari im aufwendigen Kostüm

POLITIETS SIKKERHETSTJENESTE

Laut eigener Aussage gibt es für den norwegischen Geheimdienst keine wichtigere Aufgabe, als die nationale Sicherheit aufrechtzuerhalten. Daher baut er stark auf die Mitarbeit der Bevölkerung und präsentiert sich ausführlich in der Öffentlichkeit. Selbst in den verschiedenen sozialen Netzwerken ist die Behörde vertreten.

NAME:
Politiets sikkerhetstjeneste

ABKÜRZUNG:
PST

GRÜNDUNGSDATUM:
2. Juni 2001

HAUPTSITZ:
Oslo

STELLUNG:
Inlandsgeheimdienst

AUFGABENGEBIET:
Wahrung der inneren Sicherheit, Spionage, Eindämmung der Proliferation von Massenvernichtungswaffen, Terrorismusabwehr

ZUSTÄNDIGKEIT:
Norwegen

Sitz des PST in Oslo

GESCHICHTE

Lange vor dem Politiets sikkerhetstjeneste, der am 2. Juni 2001 seinen Dienst aufnahm, verfügte Norwegen über einen Geheimdienst. Vermutlich bereits seit 1937 sammelte der Politiets overvakningstjeneste (POT) wichtige Informationen, die zur nationalen Stabilität beitragen sollten. In die Kritik geraten war der POT 1995: Er hatte der Bundesanwaltschaft in Deutschland eine Liste zukommen lassen, auf der die Namen von 29 Norwegern aufgeführt waren. Die Personen standen im Verdacht, in der Vergangenheit als Spione gearbeitet zu haben. Die Behörde des

Akten des Ministeriums für Staatssicherheit

Thorbjørn Jagland

Bundesbeauftragten für die Stasiunterlagen sollte überprüfen, ob eventuell vom Ministerium für Staatssicherheit Akten über die aufgeführten Norweger angelegt worden waren und sich in den Dokumenten eine Bestätigung des Verdachts finden ließ.

Auf der Liste befand sich auch der Historiker Berge Furre (*1937). Dieser war Teil einer Untersuchungskommission, die vom norwegischen Parlament bestimmt worden war, um wiederum den inländischen Geheimdienst zu überprüfen. Diesem wurde vorgeworfen, unrechtmäßig gegen Politiker des linken Flügels sowie gegen Intellektuelle vorgegangen zu sein. Auch Furre, Mitglied der Sozialistischen Linkspartei, stand unter Beobachtung. Er hatte gute Kontakte zu den führenden Köpfen der SED gehabt und sich wiederholt in den 1960er-Jahren positiv über die DDR geäußert. Mehrfach war der Norweger, der kurze Zeit auch vom KGB beobachtet worden war, zudem in die verschiedenen Staaten des Ostblocks gereist und erregte somit beim POT den Verdacht, er könne für diesen in Norwegen spionieren.

Doch handfeste Beweise konnten die Agenten nicht vorlegen. Daher wandten sie sich hilfesuchend an die Gauck-Behörde. Mit wenig Erfolg: Die Akten gaben keinen Hinweis auf einen IM Furre. Die misslungene Aktion sowie die Bespitzelung des Politikers sorgten im Land für viel Wirbel. Der damalige Geheimdienstleiter Hans Olav Østgaard (*1944) sowie die vorherige Justizministerin und zu diesem Zeitpunkt aktuelle Ölministerin Grete Faremo (*1955) wurden von Ministerpräsident Thorbjørn Jagland (*1950) ihrer jeweiligen Ämter enthoben.

AUFGABENGEBIET

Die Agenten der Behörde haben sich der nationalen Sicherheit verschrieben. Daher versuchen sie vor allem terroristische Anschläge zu vereiteln. Die potenziellen Gesetzesbrecher sollen bei der Planung und Ausführung ihrer Taten behindert werden. Der Geheimdienst setzt sich dafür ein, dass Norwegen nicht als Ausgangspunkt einer terroristischen Handlung missbraucht wird. Seine Informationen in dieser Hinsicht gibt er an die Geheimdienste im entsprechenden Land weiter. Unter Beobachtung stehen sämtliche Einzelpersonen und Gruppierungen, die der rechtsextremistischen, antiislamischen oder islamischen Szene zuzuordnen sind. Auch auf Personen, die aufgrund ihrer politischen oder religiösen Ansichten auffallen, wirft der PST einen genauen Blick. Zu dieser Gruppe gehören unter anderem Linksextreme und Autonome.

Der Verbreitung von verschiedenen Massenvernichtungswaffen möchte der Geheimdienst ebenfalls ein Ende bereiten. Dafür nutzt er neuste Technologien. Die Behörde möchte auf diesem Wege zur internationalen Stabilität und Sicherheit beitragen. Die Verbreitung von konventionellen Waffen einzudämmen, bedeutet für die Agenten ebenfalls eine ständige Herausforderung. Der PST hat darüber hinaus ein wachsames Auge auf die Königsfamilie sowie ranghohe Politiker. Er wägt ab, ob ihnen Gefahr von außen droht.

Mithilfe von Spionagetätigkeiten überprüft der Geheimdienst, ob Norwegen von Personen unterwandert wird, die den nationalen Interessen schaden wollen. Auf diesem Wege sollen beispielsweise sensible wirtschaftliche Daten und Technologien vor Spionageangriffen anderer Länder geschützt werden. Um an die Informationen zu gelangen, bedient sich die Behörde unter anderem des Internets sowie verschiedener Datensysteme. Die Rechte und Pflichten des norwegischen Geheimdienstes sind in dem Gesetz Instruks for Politiets sikkerhetstjeneste, das am 19. August 2005 in Kraft trat, festgeschrieben.

ORGANISATION

Der PTS untersteht dem Justizministerium. Er wird durch verschiedene Kontrollinstanzen überwacht. Auch die norwegische Bevölkerung erhält einen guten Einblick in die Arbeit des Geheimdienstes, da der Politiets sikkerhetstjeneste sich seit einigen Jahren besonders volksnah gibt. Er ist unter anderem auf den sozialen Kanälen YouTube, Facebook, Flickr und Twitter vertreten und berichtet dort beispielsweise regelmäßig über aktuelle Stellenangebote.

Die Zentrale des Geheimdienstes steht in Nydalen, einem Vorort von Oslo. Darüber hinaus unterhält er in 27 weiteren Städten wie Tromsø und Trondheim Regionalbüros. Als neue Leiterin der Behörde hat Marie Benedicte Bjørnland (*1965) im Jahr 2012 den Posten des Sjef (dt. Chef) übernommen.

Kronprinz Haakon mit seiner Frau Mette-Marit

Die norwegische Justizministerin Grete Faremo (*1955)

Schon gewusst?

Marie Benedicte Bjørnland, geboren am 30. April 1965 in Kristiansand, ist eine promovierte Juristin und ehemalige Polizeipräsidentin.

An die Seite des Chefs gesellen sich der Stellvertreter sowie vier Abteilungsleiter. Interne und externe Anfragen werden vom Leiter der Kommunikationsabteilung beantwortet.

AUSBILDUNG

Freie Stellen beim PST werden in der Tagespresse, auf der eigenen Homepage oder durch die Arbeits- und Sozialverwaltung veröffentlicht. Der Geheimdienst untersteht den allgemeinen staatlichen Regelungen im Bereich Anstellung und Personalverwaltung. Die Behörde wirbt mit flexiblen Arbeitszeiten und lokalen Trainingsmöglichkeiten. Gern gesehen sind beim Politiets sikkerhetstjeneste Rechtswissenschaftler, Wirtschaftswissenschaftler, Historiker, Ingenieure, Psychologen und IT-Spezialisten. Auch Sprach- und Kulturwissenschaftler werden händeringend gesucht. Hoffnung auf eine Anstellung bei der Behörde können sich besonders Spezialisten in ihren jeweiligen Fachgebieten machen. Für eine Festanstellung ist ein Bachelor- oder Masterabschluss Pflicht. Kandidaten können sich auf klassischem Wege bewerben oder aber ihre Bewerbungsunterlagen auf einer speziellen Datenbank hinterlegen. Auch der Versand per E-Post ist möglich. Vor der Einstellung wird die Vergangenheit der Bewerber auf fehlerhaftes Verhalten überprüft.

DER FALL DES ANDERS BEHRING BREIVIK

Für Bestürzung in der norwegischen Bevölkerung sorgte der Bericht einer unabhängigen Kommission, die dem PST vorwarf, den Attentäter Anders Behring Breivik (*1979) trotz zahlreicher Hinweise nicht rechtzeitig aufgespürt zu haben. Auf Anweisung des Ministerpräsidenten Jens Stoltenberg (*1959) hatten die zehn Kommissionsmitglieder den Anschlag des Norwegers untersucht und dafür die Berichte der Polizei und des PST studiert.

Oslo – Sitz der Zentrale des PST

Das Osloer Regierungsviertel nach dem Terroranschlag von Anders Behring Breivik

Am 22. Juli 2011 verübte Breivik im Osloer Regierungsviertel einen schweren Bombenanschlag, bei dem acht Menschen starben. Kurz zuvor hatte er bereits per E-Mail sein Manifest *2083: A European Declaration of Independence* an verschiedene Personen geschickt. In seinem rechtspopulistischen Pamphlet wetterte er auf über 1500 Seiten unter anderem gegen die Verbreitung des Islam in Europa und den damit einhergehenden Multikulturalismus. Nach dem Bombenanschlag fuhr er zum Binnensee Tyrifjord, zog sich die Uniform eines Polizisten an und steuerte mit einem Boot die Insel Utøya an. Primär hoffte er anscheinend, dort die ehemalige Ministerpräsidentin Gro Harlem Brundtland (*1939) anzutreffen, die er hauptsächlich für die in seinen Augen verwerfliche Immigrationspolitik verantwortlich machte. Nachdem die Politikerin die Insel aber bereits wieder verlassen hatte, eröffnete er das Feuer auf zahlreiche Kinder und Jugendliche, die sich im jährlich abgehaltenen Zeltlager der sozialdemokratischen Jugendorganisation Arbeidernes Ungdomsfylking aufhielten. Innerhalb kürzester Zeit tötete er 69 Menschen. Von der eintreffenden Polizei wurde Breivik anschließend festgenommen und abgeführt. Wegen Terrorismus und mehrfachem vorsätzlichen Mord wurde gegen ihn am 16. April 2012 ein Strafprozess eröffnet. Breivik wurde zu 21 Jahren Haft mit anschließender Sicherungsverwahrung verurteilt. Vor Verhandlungsbeginn war er vom Gericht als zurechnungsfähig eingestuft worden. Die Frage der Zurechnungsfähigkeit des Norwegers hatte zunächst heftige Debatten ausgelöst.

Anders Behring Breivik vor Gericht

Bereits im März 2011 war Breivik dem Geheimdienst aufgefallen. Er war ins Visier der Agenten geraten, da er bei einem polnischen Unternehmen Chemikalien gekauft hatte. Der Erwerb der Substanzen führte zu seiner Erfassung auf einer speziellen Liste des Geheimdienstes. Die Liste verzeichnet sämtliche Personen, die in der Vergangenheit via Internet von Unternehmen ver-

Insel Utøya

dächtige Chemikalien bezogen haben. Der Kauf der Ware im Wert von 120 Kronen, rund 15 Euro, hätte aber laut der damaligen PST-Leiterin Janne Kristiansen (*1952) noch nicht ausgereicht, um ihn unter Beobachtung zu stellen. Außerdem war der spätere Attentäter zuvor noch nicht negativ in Erscheinung getreten, sodass es über ihn keine Akte gab. Wenige Tage nach der Tat hatte Kristiansen Breivik wie folgt beschrieben: „Der ist ein einsamer Wolf, der unter alle unsere Radarsysteme schlüpfen konnte." Sie war fest davon überzeugt, dass der PST das Attentat nicht habe verhindern können. Laut ihrer Ausicht wäre auch die Stasi nicht auf Breivik aufmerksam geworden. Für diese Aussage ist Kristiansen heftig kritisiert worden.

Im September 2011 räumte Kristiansen schließlich in der norwegischen Presse ein, dass dem Geheimdienst bei seiner Arbeit womöglich Fehler unterlaufen seien. Sie lehnte jedoch einen Rücktritt kategorisch ab. Später offenbarte die PST-Leiterin bei einer Anhörung vor dem Parlamentsausschuss, bei der ursprünglich geklärt werden sollte, ob der Geheimdienst es versäumt hatte, im Falle Breiviks einzugreifen, dass zu diesem Zeitpunkt Agenten des PST in Pakistan operierten. Die pakistanische Regierung war vorab von der Behörde über diesen Schritt nicht informiert worden und verlangte eine Erklärung. Viele wähnten die norwegischen Agenten aufgrund der Enthüllung in Lebensgefahr. Aufgrund anhaltender Kritik reichte Kristiansen im Januar 2012 bei Justizministerin Grete Faremo ihren Rücktritt ein. Diese nahm das Gesuch ohne zu zögern an, da sie das Vertrauen in die PTS-Chefin verloren hatte. Zudem leitete sie gegen Kristiansen ein Untersuchungsverfahren ein. Sie warf ihr vor, fahrlässig die norwegischen Agenten gefährdet zu haben.

Im Gedenken an die Opfer

SÄKERHETSPOLISEN

Schweden und seine Einwohner vor jeglichen Bedrohungen zu beschützen – dieser mitunter anspruchsvollen Aufgabe stellt sich seit über 20 Jahren die Säkerhetspolisen. Der Nachrichtendienst trägt dafür Sorge, dass terroristische Angriffe auf die Demokratie im Keime erstickt werden und die schwedischen Staatsbürger in Frieden leben können.

NAME:
Säkerhetspolisen

ABKÜRZUNG:
Säpo

GRÜNDUNGSDATUM:
1. Oktober 1989

HAUPTSITZ:
Stockholm

STELLUNG:
Nachrichtendienst

AUFGABENGEBIET:
Gegenspionage, Terrorismusabwehr, Schutz der inneren Sicherheit sowie der Regierung und der Königsfamilie, Aufdecken von illegalen Aktivitäten

ZUSTÄNDIGKEIT:
Schweden

Das schwedische Polizeiwappen

GESCHICHTE

Vorläufer der Säpo

In seiner jetzigen Form besteht der Nachrichtendienst seit dem 1. Oktober 1989. Doch der Säpo gingen einige andere Organisationen voraus, die das Erscheinungsbild sowie das Aufgabengebiet der Behörde entschieden mitgeprägt haben. Die Wurzeln der ersten Geheimdienste in Schweden reichen bis zum Sommer 1914 zurück. In diesem Jahr wurde der erste Sicherheitsdienst gegründet, dem es als eine Art Sonderform der Polizei erlaubt war, gegen die nationale Sicherheit gerichtete Straftaten zu untersuchen. Er übernahm diese Aufgabe von der Kriminalpolizei, die in der Vergangenheit die Ermittlungen hin-

Stockholm – Sitz der Säpo

sichtlich solcher Verbrechen geführt hatte. Die Organisation wurde unter die Aufsicht des Generalstabs, den Vorgänger des Amts des Oberbefehlshabers der Streitkräfte, gestellt. Nach dem Ende des Ersten Weltkrieges wurde das Büro jedoch aufgelöst.

Die Prävention und Aufdeckung der Straftaten wurde an die Polizei weitergereicht. Sie sollte vor allem Ausländer genauer bewachen. Ab dem Jahr 1932 beschäftigte sich die Staatspolizei mit dem Thema. Ihren Schwerpunkt legte die Behörde auf die Beobachtung von Nationalsozialisten und Kommunisten. Im Hinblick auf den sich anbahnenden Krieg begann die Regierung 1937 mit den Planungen für einen schwedischen Geheimdienst. Zwar waren diese bereits am 10. Juni 1938 abgeschlossen, doch erst mit der deutschen Besetzung Norwegens und Dänemarks ab dem 9. April 1940 wurde die Organisation mit finanziellen Mitteln sowie Mitarbeitern ausgestattet. Da Schweden wie bereits im Ersten Weltkrieg seine Neutralität bekundet hatte, registrierte der Geheimdienst vor allem potenzielle Kollaborateure, die mit den verschiedenen Kriegsparteien sympathisierten. Dafür wurden mehr als 200.000 Briefe pro Woche kontrolliert und während der Kriegsjahre rund elf Millionen Telefongespräche überwacht. Nach dem Ende des Zweiten Weltkriegs musste der Geheimdienst mit schwerwiegenden finanziellen Einbußen kämpfen. Als Folge der Etatkürzungen übernahm die Staatspolizei ein zweites Mal die Aufgaben der Behörde. Die Regierung plante, die Arbeit des Geheimdienstes binnen kurzer Zeit einzustellen, da es nicht für notwendig erachtet wurde, die Behörde in Friedenszeiten aufrechtzuerhalten. Doch mit Beginn des Kalten Krieges wurde in den 1940er-Jahren beschlossen, dass die Behörde einen dauerhaften Status bekommen sollte.

Schwedens Premierminister Per Albin Hansson (1885–1946) erklärte 1939 die Neutralität Schwedens.

Prinz Gustaf Adolf, Hermann Göring und König Gustaf V. 1939 in Berlin

1965 wurde die Organisation staatlich; das Sicherheitsministerium der staatlichen Polizeibehörde kümmerte sich um die nationale Sicherheit. 1989 entschied die Regierung, einen speziellen Nachrichtendienst für diese Aufgabe einzurichten, der eine unabhängigere Position einnehmen und mit einem eigenen Generaldirektor ausgestattet werden sollte. Nach der Gründung der heutigen Säkerhetspolisen übernahm Mats Börjesson (*1927) als Erster den Posten des Generaldirektors.

Hilfe für Polen

Mit einem schwierigen Fall wurde die Säpo im Jahr 2009 konfrontiert. Unbemerkt war in der Nacht zum 18. Dezember das Schild mit der Aufschrift „Arbeit macht frei" vom Eingangstor der Gedenkstätte Auschwitz gestohlen worden. Zwar konnte der in Einzelteile zerlegte Schriftzug bereits nach drei Tagen in einem Waldstück wiedergefunden und drei polnische Männer als Täter identifiziert werden, doch die Frage nach dem Auftraggeber des Diebsstahls blieb unbeantwortet. Erste Spuren führten nach Schweden. Daher bat die Krakauer Staatsanwaltschaft das Justizministerium in Schweden um Rechtshilfe. Der schwedische Geheimdienst wurde schließlich mit der brisanten Aufgabe betraut.

Erste Anhaltspunkte deuteten darauf hin, dass die rechtsextreme Szene in Schweden in den Diebstahl involviert war. Einer der Beteiligten sollte nach ersten Informationen der polnischen Staatsanwaltschaft der ehemalige Führer der Nationalsozialistischen Front, Anders Högström (*1975), gewesen sein. Die Säpo überprüfte daraufhin den Tatverdächtigen und gab ihre Ermittlungsergebnisse an die Krakauer Staatsanwaltschaft weiter. Im April 2011 lieferte ihn Schweden an die polnische Justiz aus. Högström wurde als Drahtzieher der Aktion vom Krakauer Bezirksgericht zu zwei Jahren und acht Monaten Haft verurteilt. Die aus Polen stammenden Helfer wurden ebenfalls zu Haftstrafen verurteilt. Högström gab später an, dass er geplant hatte, das Schild in seiner Heimat weiterzuverkaufen. Die potenziellen Käufer des

Pressemeldungen nach russischen Bombenangriffen 1944

Konzentrationslager Auschwitz I

Schriftzuges konnten bisher nicht einwandfrei ermittelt werden. Die Säpo spekulierte, ob mit dem Verkauf Anschläge auf den Ministerpräsidenten Fredrik Reinfeldt, das Außenministerium und den Reichstag finanziert werden sollten.

AUFGABENGEBIET

Wichtigste Aufgabe des Nachrichtendienstes ist der Schutz des schwedischen Königreichs. Um dieses Ziel zu erreichen, analysiert er verschiedene Gefahrenquellen und geht präventiv gegen diese vor. Vor allem terroristische Vereinigungen oder ähnliche Gruppierungen stehen auf der schwarzen Liste der Säpo. Sie kontrolliert, ob im Land international agierende Terrornetzwerke oder deren Untergruppen ihre Arbeit verrichten. Außerdem geht sie gegen Attentäter vor, deren Aktionen die Sicherheit der schwedischen Bevölkerung gefährden. Darüber hinaus versucht der Geheimdienst unerlaubte Spionageangriffe abzuwehren und die Staatsgeheimnisse zu wahren. Den Agenten obliegt die Aufgabe, ranghohe Reichstagsabgeordnete und Regierungsmitglieder vor feindlichen Übergriffen zu schützen. Auch der königlichen Familie, Gästen bei Staatsbesuchen sowie Diplomaten aus dem Ausland werden die Agenten als Personenschützer zur Seite gestellt.

Einzelne Behörden können auf die Säpo bauen, wenn sie die gesetzlich vorgeschriebene Sicherheitsüberprüfung in Anspruch nehmen müssen. Mithilfe der Säkerhetspolisen soll die demokratische Grundordnung in Schweden vor verfassungswidrigen Attacken bewahrt werden. Die Behörde verfolgt sämtliche illegale Vorgänge, die sich gegen die Verfassung richten. Dabei achtet sie besonders darauf, dass die schwedischen Staatsbürger nicht durch irgendwelche Vergehen ihrer Grund- und Freiheitsrechte beraubt werden. Sofern es die Säpo verhindern kann, soll sich niemand durch Gewaltandrohungen oder durch Zwang gegenüber einer anderen Person einen Vorteil im politischen Bereich verschaffen. Der Proliferation von Massenvernichtungswaffen möchte die Behörde ebenfalls einen Riegel vorschieben. Die einzelnen Polizeibehörden unterstützt sie durch die Arbeiten in ihrem Fotolabor. Außerdem rüstet die Säpo diese auf Wunsch mit dem Equipment für eine Telefonüberwachung aus.

Hochzeit von Kronprinzessin Victoria und Daniel Westling 2010

Einsatz der schwedischen Polizei

Sitz der Säpo

ORGANISATION

Die Agenten des Säkerhetspolisen sind mit polizeilichen Befugnissen ausgestattet. Die Regierungsbehörde ist Teil der staatlichen Polizeibehörde, agiert aber nach ihrer eigenen Weisung. Sie bildet eine eigenständige Einheit. Die Regierung stellt ihr jährlich ein bestimmtes Budget zur Verfügung. Angeführt wird die Säpo vom Generaldirektor, der mit seinem Stellvertreter und fünf leitenden Direktoren die Amtsleitung bildet. Der Direktionsstab arbeitet diesen zu. Die Säpo verwaltet neun verschiedene Bereiche. Insgesamt 17 Abteilungen bearbeiten die unterschiedlichen Fachbereiche. Neben der Zentrale in Stockholm verfügt der Geheimdienst über ein spezielles Bomb Data Center – ein Zentrum, das die Daten über verschiedenartige Bomben analysiert und speichert. Fünf weitere Dienststellen sind im Land verteilt und decken mehrere Provinzen gleichzeitig ab. Fast die Hälfte der rund 1000 Angestellten hat eine polizeiliche Ausbildung.

AUSBILDUNG

Auf die meisten freien Stellen bei der Säkerhetspolisen können sich die Kandidaten mit einem herkömmlichen Bewerbungsschreiben inklusive Lebenslauf und Lichtbild bewerben. Zum Personal der Behörde gehören unter anderen Analytiker, Techniker, Wirtschaftsökonomen, verwaltungstechnisches Personal und Juristen. Informationen zum Bewerbungs- und Einstellungsverfahren übermittelt die Behörde auch auf verschiedenen Jobmessen. In der Regel wird für den Großteil der Arbeitsbereiche eine Hochschulausbildung vorausgesetzt. Die Kandidaten müssen sich vor der Einstellung beim Geheimdienst einer ausführlichen Sicherheitsüberprüfung stellen.

FEIERN WIE JAMES BOND

Nicht mit Ermittlungspannen, unerlaubten Abhöraktionen oder möglichen Beteiligungen an Attentaten auf Politiker hat die Säpo für Unmut in der Bevölkerung gesorgt, sondern mit ihrer Betriebsfeier im Jahr 2011. Diese stand unter dem Motto „007: Feiern wie James Bond“. Die prunkvolle Sause, zu der rund 1000 Agenten eingeladen waren, verschlang ungefähr 4,3 Millionen Kronen, etwa 519.000 Euro. Ein Schock für die schwedische Bevölkerung, denn die Party war mit Steuergeldern finanziert worden. Thematisch lehnte sich die Mottoparty an den Film *Casino Royale* an. Die Feier wartete stilecht mit Roulettetischen und Spielgeld auf. Im Hintergrund liefen auf einer Leinwand die Abenteuer des britischen Spions und ein Orchester begleitete die Veranstaltung musikalisch.

Das pompöse Fest sollte nach Plänen des Geheimdienstes eigentlich geheim bleiben, doch rund ein Jahr später wurde die teure Party publik. Die Zeitung *Dagens Nyheter* hatte von der Aktion Wind bekommen und in mehreren Ausgaben Bilder der provokanten Feier veröffentlicht. In weiteren Berichten deckte das Blatt zudem auf, dass auch andere Behörden in Schweden ihre Feste durch Steuergelder finanziert hatten. Die Empörung in der Bevölkerung war angesichts der Verschwendung groß. Die Säpo rechtfertigte sich mit dem Argument, die Mitarbeiter hätten ein hartes Jahr durchgemacht, in dem sie wegen eines Sparprogrammes auf einige Annehmlichkeiten hätten verzichten müssen. Zum Ausgleich der finanziellen Einbußen habe man ihnen mit der Party eine Freude machen wollen. Sanktionen gab es für die Säkerhetspolisen jedoch keine. Ministerpräsident Fredrik Reinfeldt (*1965) mahnte die Agenten nur eindringlich, in Zukunft besser hauszuhalten. Ihr Image litt jedoch gewaltig. Im Internet ließen die schwedischen Bürger ihrem Unmut freien Lauf und beschimpften die Agenten als verschwenderisch.

Schon gewusst?

Casino Royale flimmerte 2006 über die Kinoleinwände. In die Rolle des James Bond schlüpfte der Brite Daniel Craig (*1968). Der Film basiert auf dem ersten Roman von Ian Fleming.

Casino Royale – Inspiration für die verschwenderische Agentenparty

SCHWEDENS SCHWARZES SCHAF – STIG WENNERSTRÖM

NAME:
Stig Wennerström

DECKNAME:
Adler

GEBURTSDATUM UND -ORT:
22. August 1906 in Stockholm

MISSION:
Geheimnisse der schwedischen Landesverteidigung ausspionieren

AUFTRAGGEBER:
Sowjetischer Militärgeheimdienst (GRU)

TÄTIGKEITSORT:
Schweden

Stig Wennerström

Seine eigene Putzfrau brachte Stig Wennerström (1906–2006) zu Fall, als sie 1963 auf dem Dachboden seines Hauses eine Filmrolle mit verräterischen Dokumenten fand und die schwedische Polizei informierte. Wennerström wurde verhaftet und zu lebenslanger Zwangsarbeit verurteilt. Auch wenn er bereits nach elf Jahren aus der Haft entlassen wurde, galt er in der Bevölkerung noch jahrelang als Verräter und lebte ein Leben als Geächteter. Seine Memoiren veröffentlichte er später unter dem Titel *Mein Verrat – Erinnerungen eines Spions.*

Bis zum Zeitpunkt seiner Festnahme war der schwedische Offizier einer der wichtigsten Spitzel für den Glawnoje Raswedywatelnoje Upravlenije (GRU), den russischen Militärnachrichtendienst, gewesen. Die berufliche Laufbahn von Wennerström war quasi vorgezeichnet: Er entstammte einer alten Offiziersfamilie, sein Vater war Major. Kein Wunder, dass er als junger Mann bei der Kriegsmarine vorstellig wurde. Dort erhielt der Bekannte des schwedischen Königs Gustaf VI. Adolf (1882–1973) im Jahr 1929 das Fähnrichspatent. Während eines arbeitsbedingten Aufenthalts in Karlskrona lernte er Russisch, was ihm bei seiner späteren Spionagetätigkeit zum Vorteil gereichte. Zwischen 1931 und 1932 wurde Wennerström zum Piloten ausgebildet. In den Folgejahren stieg er immer weiter auf, bis er 1951 schließlich zum Oberst der schwedischen Luftwaffe ernannt wurde. Zu diesem Zeitpunkt

König Gustaf VI. Adolf

war er bereits seit drei Jahren als Spion für die Sowjetunion tätig. Einige Jahre zuvor hatte der schwedische Inlandsgeheimdienst Säkerhetspolisen (Säpo) den Offizier verdächtigt, während des Zweiten Weltkrieges für Deutschland spioniert zu haben. Konsequenzen hatten die Mutmaßungen keine: Für seine Informationen soll er vom sowjetischen Militärnachrichtendienst mit der stolzen Summe von rund 600.000 Kronen (ca. 900.000 €) belohnt worden sein.

Der Offizier verriet seinen Kontaktmännern unzählige Details über Bau- und Verteidigungspläne. Mehrere Jahre hatten die Schweden an dem U-Boot A 11 gewerkelt, das mit Raketenbrennstoff angetrieben werden sollte. Dank seines außergewöhnlichen Motors sollte es schneller als andere U-Boote seiner Zeit sein. Doch die Ingenieure konnten ihre Arbeit nicht mehr beenden. Das schwedische Verteidigungsministerium ließ am 28. Juni 1963 den Bau stoppen, da es kurz zuvor in Erfahrung gebracht hatte, dass Wennerström die Pläne an die Sowjetunion weitergegeben hatte. Der Verrat bescherte dem Verteidigungsministerium einen Schaden von etwa vier Milliarden Kronen.

Die Baupläne waren nicht die einzigen Informationen, die der Offizier an den GRU weitergeben hat. Er ließ den Agenten auch Details über das Abwehrsystem „Stril 60“ zukommen. Die an den Landesgrenzen aufgestellten Radargeräte, die durch eine Leitzentrale gesteuert wurden, übermittelten ihre Informationen an verschiedene unterirdische Kommandozentralen. Im Notfall konnten von dort aus in Windeseile die Streitmächte der Luft, der Marine und des Heeres verständigt werden. Seinen Auftraggebern präsentierte der Schwede, dessen Codename „Adler“ lautete, fast die kompletten Abwehrpläne der Luftwaffe. Durch ihn wusste der GRU beispielsweise ebenfalls ausführlich über die Mach-2-Düsenflugzeuge „Draken“ und „Viggen“ Bescheid. Auch über die Operationen der NATO konnte ihnen Wennerström, der für die Botschaft als Militärattaché in Washington tätig gewesen war, einen genauen Überblick geben.

AGENCJA BEZPIECZEŃSTWA WEWNĘTRZNEGO

Dem ABW wird eine enge Beziehung zur Regierung nachgesagt – vielleicht zu eng, wie einige Affären rund um den Premierminister gezeigt haben. Der Inlandsgeheimdienst fühlt sich mit der eigenen Bevölkerung stark verbunden. Als seine besten Eigenschaften sieht er selbst seinen Patriotismus sowie den Respekt vor der Geschichte des Landes an.

NAME:
Agencja Bezpieczeństwa Wewnętrznego

ABKÜRZUNG:
ABW

GRÜNDUNGSDATUM:
April 1990

HAUPTSITZ:
Warschau

STELLUNG:
Inlandsgeheimdienst

AUFGABENGEBIET:
Wahrung der inneren Sicherheit, Spionage, Terrorismusbekämpfung, Bekämpfung der Korruption und der illegalen Produktion von Waffen jeglicher Form

ZUSTÄNDIGKEIT:
Polen

Hauptsitz des ABW

GESCHICHTE

Gründung nach dem Zusammenbruch der UdSSR

Nach dem Zusammenbruch der Sowjetunion verabschiedete das polnische Parlament im April 1990 ein Gesetz zur Gründung des neuen Geheimdienstes. Sechs Jahre später trat ein umfassendes Gesetzespaket in Kraft, das die Behörde unter anderem fortan dem Präsidenten des Ministerrates unterstellte.

Methodisch schien sich aber kaum ein Wandel vollzogen zu haben: 2008 hat der Geheimdienst der Poczta Polska, der Post in Polen, geraten, spezielle Sortiermaschinen in ihr Sortiment auf-

Briefkasten der Poczta Polska

zunehmen, um die Daten des Absenders einlesen zu können. Auch ein grafologischer Schriftabgleich ist mit den Maschinen möglich. Die gesammelten Daten sollten anschließend an den ABW übermittelt werden. Der polnische Geheimdienst scheint der Post zu bestimmten Geräten geraten und so die öffentliche Ausschreibung des Auftrags manipuliert zu haben. Gegen die Datenerfassung hatte der Beauftragte für Bürgerrechte der Republik Polen ein Ermittlungsverfahren in Auftrag gegeben.

Ein Anschlag auf das polnische Parlament?

Zu den erfolgreichsten Aktionen des Geheimdienstes zählt die Vereitelung eines geplanten Sprengstoffattentats im November 2012. Ziel des Anschlags soll das Parlament gewesen sein. Laut den Ermittlungsergebnissen des ABW besorgte sich ein Krakauer Chemiedozent rund vier Tonnen Sprengstoff, die er für den Bau von Bomben verwenden wollte. Diese gedachte er möglicherweise genau dann zur Detonation zu bringen, wenn sich der Präsident sowie der Ministerpräsident im Parlament aufgehalten hätten.

Präsident Bronislaw Komorowski (*1952)

Ministerpräsident Donald Tusk (*1957)

Auf den Mann waren die Agenten aufmerksam geworden, da sie nach der Mordserie des Norwegers Anders Behring Breivik (*1979) ein Jahr zuvor ihre Ermittlungen im Bereich der auffälligen Internetaktivitäten intensiviert hatten. Dort recherchierten sie nach Personen, die Chemikalien und ähnliche Materialien, die für den Bau einer Bombe vonnöten sind, online bestellt hatten und verfolgten die Routen, die die Waren genommen hatten. Im Rahmen der Recherchen geriet laut den ABW-Agenten auch der Chemiedozent ins Visier des Geheimdienstes. Vorsichtshalber betrauten sie zwei V-Männer mit der Aufgabe, den potenziellen Attentäter zu beschatten. Im richtigen Moment sei der Mann schließlich verhaftet worden. An den heldenhaften Triumph will die nationalkonservative Opposition, die Partei Recht und Gerechtigkeit, nicht so recht glauben. Sie ist der Meinung, dass die Behörde dies alles inszeniert habe, um die Rechten, denen

Vereitelung eines Anschlags auf das polnische Parlament?

auch der Chemiedozent zugeordnet wird, zu diskreditieren. Von mehreren rechten Publizisten wurden Donald Tusk (*1957) und dem Geheimdienst vorgeworfen, die Bedrohung durch den vermeintlichen Attentäter quasi nur erfunden zu haben.

AUFGABENGEBIET

Die Agencja Bezpieczeństwa Wewnętrznego ist eine staatliche Behörde. Sie wurde errichtet, um die nationale Sicherheit Polens sowie die seiner Einwohner zu wahren. Oberste Priorität des Geheimdienstes ist es, so schnell wie möglich potenzielle Bedrohungen aufzudecken und Anschläge effektiv zu verhindern. Zudem sollen die nationalen Interessen, beispielsweise die Einhaltung der territorialen Grenzen, die Unabhängigkeit Polens sowie die internationale Stellung durch die Arbeit des ABW aufrechterhalten werden. Die Untersuchung, Prävention und Aufdeckung von Spionage fällt genauso in das Aufgabengebiet der Organisation wie die Bekämpfung des Terrorismus. Außerdem soll der ABW Lücken im Sicherheitssystem finden, durch die Staatsgeheimnisse nach außen gelangen könnten. Der Geheimdienst beobachtet Bestrebungen, die der wirtschaftlichen Stabilität schaden könnten oder die schädliche Technologien herstellen. Die Produktion sowie der Besitz von Schusswaffen, Munition, Sprengstoff, Massenvernichtungswaffen sowie narkotischen Substanzen möchte die Behörde endgültig stoppen. Den Mitarbeitern der Behörde obliegt zudem die Aufgabe gegen die organisierte Kriminalität sowie die Korruption im Land vorzugehen.

Im Visier des ABW – Massenvernichtungswaffen

Ein einziges Gesetz („Ustawa z dnia 24 maja 2002 r. o Agencji Bezpieczeństwa Wewnętrznego oraz Agencji Wywiadu") regelt die Aufgaben und Befugnisse des ABW. Die Behörde besitzt die Befugnis, beobachtend und ermittelnd gegen Verdächtige vorzugehen. Im Gesetz ist festgeschrieben, dass den Agenten bei ihren Ermittlungen die gleichen Rechte zustehen, wie sie auch der nationalen Polizeibehörde durch die Strafprozessordnung zukommen. Sie dürfen unter anderem Schwerverbrecher in Gewahrsam nehmen. Die Behörde erhält im Einzelfall durch ein Gericht oder durch die Staatsanwaltschaft die Erlaubnis weitere Aktionen durchzuführen, die für die Sicherheit des Landes von größter

Wichtigkeit sind. Sie dürfen beispielsweise Verdächtige bezüglich privater Auskünfte verhören, körperliche Untersuchungen vornehmen sowie Gepäckstücke oder Frachtstücke auf gefährliche Gegenstände untersuchen. Darüber hinaus ist es den Geheimdienstagenten erlaubt, für ihre Ermittlungsarbeiten Hilfe von der Regierung, weiteren Regierungsbehörden, Organisationen, Unternehmern sowie autonomen Regierungsverwaltungen zu erbitten. Die Benutzung von Schusswaffen ist nur in bestimmten Ausnahmesituationen erlaubt, die per Gesetz festgelegt sind. Die Aktivitäten der Behörde werden durch mehrere demokratische Institutionen, wie den Präsidenten, das Parlament, das gesetzliche Tribunal sowie den Beauftragten für Bürgerrechte der Republik Polen, kontrolliert.

AUSBILDUNG

Als Mitarbeiter des Geheimdienstes werden besonders häufig Hochschulabsolventen eingestellt. Sie haben meistens an einer Elitefakultät studiert und sind Spezialisten in ihren Fachbereichen. Ihre ethischen Einstellungen müssen mit denen des ABW in Einklang stehen. Für den Dienst beim polnischen Inlandsgeheimdienst müssen die Angestellten in einer guten körperlichen Verfassung sein. Nur polnische Staatsbürger, die einen Universitätsabschluss und Berufserfahrung nachweisen können, sind in der Lage, sich auf die freien Stellen zu bewerben. Sie müssen in den einzelnen Auswahlgesprächen beweisen, dass sie die Interessen des Staates voll und ganz unterstützen.

ORGANISATION

Der Geheimdienst unterliegt der zivilen Kontrolle. Die Aktionen werden vom Ministerpräsidenten abgesegnet. Der Sejm, eine Kammer des Parlaments, kontrolliert, ob die Gesetze eingehalten werden. Am 3. Januar 2013 erklärte Brigadegeneral Krzysztof Bondaryk seinen Rücktritt als Leiter der Behörde. Auch der künftige Direktor, Dariusz Łuczak, wird von zwei Vizepräsidenten bei der Ausübung seiner Tätigkeiten unterstützt. Die Führungspositionen bekleiden in der Regel Angehörige des Militärs. Der ABW besitzt ein eigenes Anti-Terrorismus-Team sowie eine Spezialeinheit, die forensische Untersuchungen vornimmt. Ihren Sitz hat die Agencja Bezpieczeństwa Wewnętrznego in der Hauptstadt Warschau. Ihr unterstellt sind 15 Dienststellen, die ihre Arbeit in weiteren Teilen des Landes verrichten.

Warschau – Sitz des ABW

DER FINANZSKANDAL DES DONALD TUSK

Donald Tusk (*1957) ist seit 2007 Ministerpräsident von Polen sowie Preisträger des Internationalen Karlspreis der Stadt Aachen, doch das bewahrte den Politiker nicht davor, 2012 in einen Finanzskandal verwickelt zu werden. In diesem Jahr ging die in Danzig ansässige Firma Amber Gold pleite. Am 13. August wurde die Gesellschaft aufgelöst. Amber Gold war eine sogenannte Parabank, die ihren Kunden Kredite zu erleichterten Konditionen angeboten hatte. Für die Devisen der Bank sorgten wiederum die Anleger. Diese setzten sich hauptsächlich aus Kleinanlegern zusammen. Die mehrfache Warnung der staatlichen Finanzaufsicht KNF hatten sie einfach ignoriert. Auf dem Spiel standen rund 20 Millionen Euro, die durch die 50.000 Anleger zusammengekommen waren.

Bei Unternehmensgründer Marcin Plichta (*1984) wurden 57 Kilo Gold gefunden. Der Firmenchef, der sich in der Vergangenheit der Dokumentenfälschung sowie verschiedener schwerwiegender Wirtschaftsvergehen, unter anderem der Vermögensanmaßung, schuldig gemacht hatte und zu mehreren Bewährungsstrafen verurteilt worden war, wurde daraufhin erneut angeklagt. Zuvor hatte der junge Unternehmer bereits bei der GE Bank Kredite erschlichen, die einen Wert von rund 120.000 Euro hatten.

Schon gewusst?

2009 hatte Premier Tusk unter anderem Innenminister Grzegorz Schetyna (*1963) entlassen, da er in eine Glücksspielaffäre verwickelt war.

Tusks Sohn Michal hatte indirekt mit dem Unternehmer zusammengearbeitet. Plichtas Amber Gold hatte 2011 die Billigfluglinie OLT Express gekauft, die mit ihrer Pleite den Untergang der Parabank eingeleitet hatte. Tusk übernahm im März für die Fluggesellschaft die Öffentlichkeitsarbeit. Gleichzeitig war er bei der *Gazeta Wyborcza* als Redakteur und Fachmann für die Luftfahrt tätig. Für die Danziger Redaktion führte er

Danzig – Sitz der Amber Gold

Flugzeug der Billigfluglinie OLT Express

lediglich für private Zwecke? Der polnische Geheimdienst beobachtete die Aktivitäten der Parabank ja bereits seit Längerem. Der Ministerpräsident beteuerte gegenüber den Medien, dass es in der Öffentlichkeit genügend Hinweise auf die dubiosen Geschäfte des Mannes gegeben habe, die für jedermann zugänglich gewesen seien. Nur allein aufgrund dieser Meldungen habe Tusk seinem Sohn geraten, sich nicht länger mit Plichta einzulassen. Der Geheimdienst habe sich in die Angelegenheit nicht eingemischt. Die polnischen Oppositionsparteien verlangten nach einem unabhängigen Untersuchungsausschuss, der die Frage prüfen sollte, ob der Geheimdienst als staatliches Organ das Unternehmen beobachtet hatte und wie er in den Fall verstrickt war. Der ABW äußerte sich zu den Vorwürfen nicht.

ein Interview mit dem Chef der Fluggesellschaft, das sich später als fingiert herausstellte. Tusk hatte die Antworten selbst geschrieben. Seine Anstellung bei der linksliberalen Zeitung wurde daraufhin kurz nach seinem Eintritt bei der OLT Express für beendet erklärt.

Landesweites Aufsehen erregte schließlich ein Interview, in dem Michal Tusk zu Protokoll gab, dass sein Vater ihn bereits im Juni vor den Machenschaften Plichtas gewarnt habe. Ein Großteil der polnischen Bevölkerung stellte sich nun die Frage, ob Tusk Informationen vom ABW erhalten hatte. Ließ er tatsächlich Tausende von Kleinanlegern ins offene Messer laufen und nutzte die Insiderinformationen

Debatte über den Amber-Gold-Skandal im polnischen Parlament

KGB (KOMITET GOSSUDARSTWENNOI BESOPASNOSTI PRI SOWJETE MINISTROW SSSR)

Der KGB war einer der mächtigsten und gefürchtetsten Geheimdienste weltweit. Seine Aktivitäten bilden noch heute die Vorlage für unzählige Romane und Filme. Zahlreiche Doppelagenten wie die berühmten „Cambridge Five“, die teilweise bis in die höchsten gesellschaftlichen Kreise Großbritanniens aufstiegen, spionierten für die Behörde, die sowohl im Inland als auch im Ausland tätig war.

NAME:
Komitet gossudarstwennoi besopasnosti pri Sowjete Ministrow SSSR

ABKÜRZUNG:
KGB

GRÜNDUNGSDATUM:
13. März 1954

HAUPTSITZ:
Moskau

STELLUNG:
In- und Auslandsgeheimdienst

AUFGABENGEBIET:
Auslandsspionage, Spionageabwehr, Schutz der Parteimitglieder, Überwachung der Opposition

ZUSTÄNDIGKEIT:
Sowjetunion

Emblem des KGB

GESCHICHTE

Der Entstehung des KGB geht eine längere Vorgeschichte voraus. 1917 kam es in Russland zum Aufstand: Die Februarrevolution hatte die Abdankung des Zaren Nikolaus II. zur Folge. Fortan teilten sich das Parlament sowie die Arbeiter- und Soldatenräte die Macht im Land. Eine provisorische Regierung wurde durch das Parlament eingerichtet; Georgi Jewgenjewitsch Lwow (1861–1925) und später Alexander Fjodorowitsch Kerenski (1881–1970) übernahmen

Demonstration im Februar 1917

während der Übergangsregierung das Amt des Ministerpräsidenten. Nur wenig später gelangten die kommunistischen Bolschewiki im Rahmen der Oktoberrevolution gewaltsam an die Macht. Am 27. Oktober 1917 wurde der Rat der Volkskommissare gegründet. Mit der Tscheka entstand auf Anregung Lenins (1870–1924) zudem im Land ein neuer Geheimdienst. Er hatte die Aufgabe, die Konterrevolution sowie Klassenfeinde zu bekämpfen – wenn nötig auch mit Gewalt – sowie Geheimdienste aus dem Ausland zu beobachten. In diesem Zuge entstanden auch zahlreiche Straf- und Gefangenenlager, sogenannte Gulags. Noch heute nennen sich die Mitglieder des FSB, dem aktuellen russischen Inlandsgeheimdienst, Tschekisten.

Eine der letzten Aufnahmen des Zaren Nikolaus II.

Georgi Jewgenjewitsch Lwow

Die Organisation hatte bis 1922 Bestand und wurde vom GPU abgelöst. Unter seiner Führung wurde die landwirtschaftliche Kollektivierung vorangetrieben. Später oblag den Mitarbeitern auch der Auftrag, die Armee zu kontrollieren. Dem inzwischen in OGPU umbenannten Geheimdienst war es ab 1927 ebenfalls erlaubt, innerhalb der Partei und des Staatsapparates tätig zu werden. Nachdem die Behörde Teil des Volkskommissariats für innere Angelegenheiten (NKWD) geworden war, entstand 1941 das eigenständige Volkskommissariat für Staatssicherheit. 1943 wurden die Volkskommissariate in Ministerien umbenannt, folglich wurde aus dem Volkskommissariat für Staatssicherheit das Ministerium für Staatssicherheit (MGB). Die Sicherung der KPdSU-Einrichtungen sowie der Parteianhänger hatte für die Agenten fortan oberste Priorität. Die militärische sowie zivile Spionageabwehr war ebenfalls von enormer Bedeutung. Als Nachfolger des MGB präsentierte sich am 13. März 1954 das Komitee für Staatssicherheit beim Ministerrat der UdSSR, das die Aufgaben eines In- und Auslandsgeheimdienstes wahrnahm.

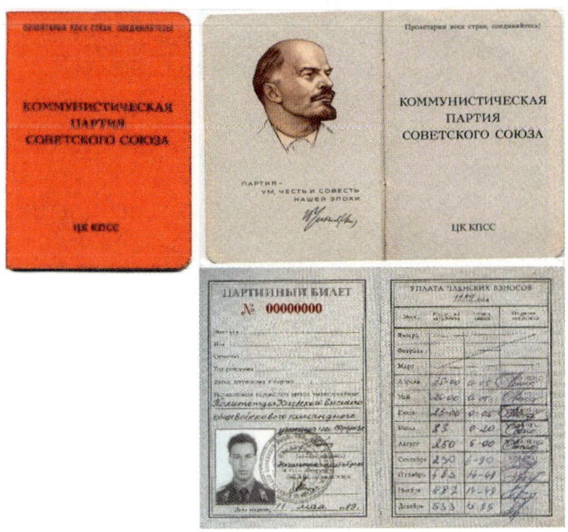

Mitgliedsausweis der KPdSU

Agenten des KGB im Vatikan?

Abhöraktionen des KGB im Buckingham Palace

Der Behörde gelang es, unzählige Spione in andere Geheimdienste sowie Behörden einzuschleusen, selbst vor dem Vatikan machten die Agenten nicht halt. So sollen sich in den 1950er-Jahren zwei litauische Priester im Auftrag des KGB Zugang zu den heiligen Gemäuern verschafft haben, um dort Oppositionelle auszukundschaften.

Die Abhörmethoden des KGB sind fast schon legendär. Laut des Geheimdiensthistorikers Gennadij Sokolow war es Agenten der Behörde während des Kalten Krieges gelungen, Wanzen im britischen Königshaus zu installieren. Dort wurde vor allem die Königsschwester Margaret (1930–2002) abgehört. Auch die amerikanische Botschaft in Moskau konnten die KGB-Mitarbeiter mit Abhöranlagen ausstatten, indem sie eine passive Wanze in einem Faksimile des Großen Staatssigels der Vereinigten Staaten versteckten. Das hölzerne Sigel hatten sie 1945 als vermeintliches Geschenk dem damaligen US-Botschafter William Averell Harriman zum Einzug überreicht.

1990 zerfiel die Sowjetunion; Boris Jelzin (1931–2007), Präsident der Teilrepublik Russland, entmachtete nach und nach den damaligen Präsidenten Michail Gorbatschow (*1931) und ließ die KPdSU in den russischen Territorien verbieten. Gorbatschow trat am 25. Dezember 1991 offiziell von seinem Posten zurück. Bereits am 21. Dezember war die Union durch die Alma-Ata-Erklärung für beendet erklärt worden. Wiederum rund einen Monat zuvor hatte General Wadim Bakatin, Vorsitzender des Geheimdienstes, nach dem Putschversuch vom August 1991 den Befehl erhalten, die Arbeit des KGB einzustellen. Die offizielle Auflösung erfolgte am 6. November 1991. Viele KGB-Offiziere fanden Jahre später in hohen Ämtern eine neue Wir-

Michail Gorbatschow – Begründer des Wandels

kungsstätte. Bekanntester von ihnen ist wohl Wladimir Putin (*1952), Präsident der Russischen Föderation. Im Bereich Auslandsspionage war er von 1975 bis 1982 tätig, 1984 bis 1985 absolvierte er ein Studium an der KGB-Hochschule in Moskau. Danach hielt er sich bis Anfang 1990 in der DDR, vor allem in Dresden, auf. Auch Sergej Iwanow (*1953), von 2001 bis 2007 russischer Verteidigungsminister, war lange Zeit Mitglied des Geheimdienstes.

AUFGABENGEBIET

Ähnlich wie das Ministerium für Staatssicherheit in der DDR übernahm der KGB in der Sowjetunion die Funktion eines Parteiüberwachers und

KGB als Schutzschild der Partei

-beschützers. Die Kommunistische Partei sowie der Staat sollten mit seiner Hilfe vor jeglichen Gefahren und Angriffen bewahrt werden. Politische Gegner, die gegen den Kommunismus aufbegehrten, wurden ebenso als Feinde angesehen wie ausländische Geheimdienste und antikommunistische Mächte.

Ein wichtiges Hilfsmittel, um die UdSSR zu schützen, bildete vor allem die Spionage im Ausland. Hierfür baute sich der KGB ein riesiges Netz an Informanten und Doppelagenten auf. Berühmte Doppelagenten waren unter anderem Aldrich Ames (*1941), George Blake (*1922) und Robert Hanssen (*1944). Ames war seit 1962 CIA-Agent sowie ab 1985 Leiter der Abteilung Gegenspionage UdSSR. Zwischen 1985 und 1994 verkaufte er seine Informationen an den KGB beziehungsweise dessen Nachfolger und enttarnte auf diesem Wege unzählige seiner Kollegen. Sein Doppelleben wurde durch das FBI aufgedeckt; Ames verbüßt eine lebenslängliche Haftstrafe.

George Blake war Mitarbeiter des MI6, für den er in Osteuropa neue Rekruten anwarb. Bei einem Einsatz in Korea geriet er in den 1950er-Jahren in nordkoreanische Gefangenschaft. Während dieser Zeit näherte er sich freiwillig oder gezwungenermaßen dem Kommunismus an. Nach seiner Frei-

Aldrich Ames

George Blake

lassung arbeitete er weiterhin für den britischen Geheimdienst, verriet seine Informationen aber auch dem KGB. Ein Überläufer ließ Blakes Identität 1959 auffliegen. Seine Strafe betrug 42 Jahre Haft, doch nach fünf Jahren gelang ihm die Flucht aus dem Gefängnis. Blake setzte sich in die Sowjetunion ab.

Robert Hanssen (*1944) spionierte zunächst für das FBI, bevor er mithilfe von toten Briefkästen

Hauptquartier des KGB

dem KGB unter anderem die Namen amerikanischer Doppelagenten verriet. Seit 2001 sitzt er in Colorado eine lebenslange Haftstrafe ab.

ORGANISATION

Kurz vor dem Zusammenbruch der Sowjetunion arbeiteten dem KGB rund drei Millionen Menschen zu. Ein Großteil setzte sich aus Spitzeln zusammen, die dieser Beschäftigung quasi nur nebenberuflich nachgegangen sind. Dem KGB stand offiziell der Vorsitzende vor; insgesamt finden sich in der Historie der Behörde neun Vorsitzende. 1991 haben gleich drei Persönlichkeiten in kurzen Abständen den Posten innegehabt. In der Lubjanka in Moskau hatte die Behörde ihren Sitz. Das Gebäude diente gleichzeitig als Gefängnis sowie als Archiv. Die Nachfolgeorganisation FSB hat nach dem Ende des KGB dort Stellung bezogen.

Der ehemalige sowjetische Geheimdienst war in mehrere Hauptverwaltungen und Verwaltungseinheiten aufgeteilt, die sich verschiedenen Aufgaben widmeten. Die Erste Hauptverwaltung gilt als Vorgänger des 1991 gegründeten Dienstes für Auslandsaufklärung (SWR), dem russischen Auslandsnachrichtendienst. In ihr Aufgabengebiet fiel das Beschaffen von Informationen im Ausland, die von großer Bedeutung für die Arbeit des Geheimdienstes erschienen. Auf das Abhören und Ausspionieren von Sowjetbürgern und Ausländern in den Wohnghettos sowie in Hotels und ähnlichen Lokalitäten hatte sich die Zweite Hauptverwaltung (Innere Sicherheit, Ausländerüberwachung) spezialisiert. Sie überwachte vor allem Lokalitäten und öffentliche Plätze, an denen viele Bürger zusammenkamen und sich austauschen konnten. Auf diesem Wege sollten vor allem Dissidenten ausfindig

Moskau – Trainingsgelände der zukünftigen KGB-Agenten

gemacht werden. Das technische Equipment für ihre Aktionen erhielten die Agenten von den Mitarbeitern der Siebten Abteilung. Die Auslandsinformationen wurden – sofern sie verschlüsselt waren – von der Achten Hauptverwaltung entschlüsselt.

Die Dritte Hauptverwaltung war für die militärische Spionageabwehr zuständig, die Vierte Hauptverwaltung für den Transportschutz. Die Militärspitzel agierten anonym, ihre Vorgesetzten wurden über deren eigentliche Identität nicht in Kenntnis gesetzt. Die CIA hatte mit dem Oberst Oleg Penkowski (1919–63), der in der Abteilung Aufklärung des Militärnachrichtendienstes GRU tätig war, einen wichtigen Informanten gewonnen. Als seine Tätigkeiten jedoch 1962 aufflogen, wurde der GRU dem KGB-General Pjotr Iwanowitsch Iwaschutin unterstellt. Dementsprechend übernahm der KGB anschließend auch die politische Überwachung innerhalb des militärischen Nachrichtendienstes.

Die Fünfte Hauptverwaltung arbeitete stark der Zweiten Hauptverwaltung zu. Dem Auffinden von Systemkritikern galt ihre gesamte Aufmerksamkeit. Ihnen unterstellt war auch die Hauptverwaltung für den Schutz von Staatsgeheimnissen in der Presse beim Ministerrat der UdSSR, die im Volksmund auch als Glawlit bekannt war. Jegliches schriftliches Erzeugnis – ausgenommen waren kommunistische Schriften – musste vor der Veröffentlichung der Verwaltung vorgelegt werden. Außerdem musste jedes Kopiergerät, das sich grundsätzlich nur in Räumen befinden durfte, die abgeschlossen werden konnten, beim KGB angemeldet sein und konnte nur im Beisein von amtlichen Zeugen genutzt werden. Die Sechste Hauptverwaltung hatte sich besonders dem Industrieschutz verschrieben. Die Spitzenfunktionäre des Landes wurden von den Leibwachen der Neunten Verwaltung bewacht und vor möglichen Gefahren, so gut es ging, abgeschirmt.

AUSBILDUNG

Die Agenten wurden in speziellen Schulen rund um Moskau auf ihren Einsatz vorbereitet. Auf dem Programm standen verschiedene Fitnessübungen wie Laufen, Schwimmen oder Turnen. Neben der körperlichen Ertüchtigung erfolgte eine Unterweisung in die wichtigsten Verhaltensregeln. Häufig sprachen die Ausbilder die zukünftigen Agenten nur mit ihrem Decknamen an, damit sie lernten in ihrer Rolle voll und ganz aufzugehen. In der Innenstadt Moskaus übten die Auszubildenden das Beschatten und Observieren von Verdächtigen sowie das Aufspüren und Benutzen von toten Briefkästen. Zwischenzeitlich wurden sie mit Minisendern ausgestattet, an deren Benutzung sie sich gewöhnen sollten. Die Ausbildung schloss mit einer praktischen Übung: Mehrere Treffen mit einem KGB-Offizier, der die Identität eines Agenten übernahm, standen auf dem Plan. Die Auszubildenden sollten ihren Vorgesetzten melden, wenn sie das Gefühl hatten, beobachtet zu werden. Sie mussten genau angeben, wen sie als Beobachter vermuteten, wo und wann sich die Beobachtung ereignet hatte und wie sie auf die Beschattung aufmerksam geworden waren. Falls sie das Gefühl hatten, ausspioniert zu werden, sollten sie nicht zu den vereinbarten Treffen erscheinen. Wem die interne Bewachung nicht aufgefallen war, der war bei dem Test durchgefallen.

HIV – GEZÜCHTET VOM AMERIKANISCHEN ERZFEIND?

Der KGB konstruierte in den 1980er-Jahren selbst eine Verschwörungstheorie, die mehrere Jahre im Umlauf war, weltweit für Aufsehen sorgte und auch heute noch von manchen Leuten für bare Münze genommen wird. Geschickt hatte der sowjetische Geheimdienst 1987 seinen Erzfeind, die USA, in Bedrängnis gebracht, als er durch ein ausgeklügeltes System das Gerücht streute, dass die Amerikaner den HI-Virus in Umlauf gebracht hätten. Der angesehene DDR-Schriftsteller Stefan Heym (1913–2001) hatte eine Unterhaltung mit dem in Ost-Berlin forschenden Biologieprofessor Jakob Segal (1911–95) aufgezeichnet, die eine brisante These enthielt: Der Wissenschaftler behauptete, dass bereits 1979 in dem US-Militärlabor Fort Detrick in Maryland das HI-Virus gezüchtet worden sei und demnach in Wirklichkeit nicht aus Afrika stamme. Die Amerikaner hätten den Erreger hergestellt, um ihn für die biologische Kriegsführung einzusetzen. Einem Versehen sei es geschuldet, dass das Virus sich in der ganzen Welt verbreitet habe.

Stefan Heym

Das brisante Interview bot Heym der *ZEIT* und dem *SPIEGEL* an, die beide ablehnten, doch die *taz* war an einer Veröffentlichung interes-

HI-Virus

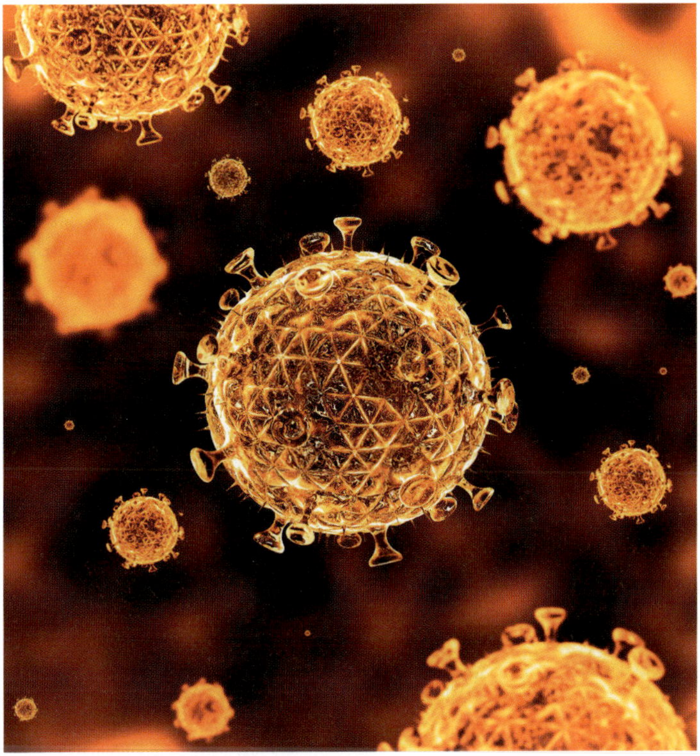

den Plan zur Diskreditierung der USA ausgedacht hatten. Wahrscheinlich hatten die Spione 1983 zunächst in die indische Zeitung *Patriot* einen Leserbrief eines angeblichen amerikanischen Anthropologen eingeschleust, der als einer der Ersten die Theorie vom wissenschaftlich hergestellten HI-Virus in Umlauf brachte. Die Behauptung stieß jedoch nur auf ein geringes Echo. Dies änderte sich erst, als 1985 in der *Literaturnaya Gaseta*, die in Russland erschien, in einem Artikel auf den Leserbrief eingegangen wurde. Segal brachte 1986 in Kooperation mit seiner Ehefrau, die als Immunologin tätig war, einen Bericht heraus, in dem er in Einzelschritten erklärte, wie das HI-Virus von den Amerikanern gezüchtet worden war. Einen Manuskriptentwurf schickte er an afrikanische Journalisten, die den Bericht in ihren Zeitungen besprachen. Zahlreiche internationale Zeitungen griffen die Thematik ebenfalls auf. Das spätere Interview in der *taz* befeuerte das Gerücht zusätzlich. Segal behauptete Zeit seines Lebens, dass er die These nicht vom KGB vorgesetzt bekommen habe. Historiker zweifeln seine Aussage jedoch an.

siert. Unter dem Titel „Aids – man-made in USA" erschien am 18. Februar 1987 Heyms Artikel. Die Nachricht verbreitete sich wie ein Lauffeuer. Zahlreiche anerkannte Virologen führten schwerwiegende Gründe auf, warum die Behauptung auf keinen Fall richtig sein könne, doch das Gerücht fand innerhalb der Bevölkerung schnell Anklang. Das Thema AIDS war schließlich noch ein recht junges Thema.

Die inhaltlichen Skizzen des HIV-Gerüchts gehen auf den Dienst A der Ersten Hauptverwaltung des russischen KGB zurück, dessen Agenten sich bereits 1983 unter dem Decknamen „Infektion"

Schon gewusst?

Segal soll mit sowjetischen Verbindungsoffizieren, die Kontakt zum Ministerium für Staatssicherheit hatten, in Verbindung gestanden haben.

UNTERWEGS IM AUFTRAG DER SOWJETUNION

Dem KGB unterstanden einige der berühmtesten Spione, die die Welt je gesehen hat. Manche von ihnen haben sogar den Lauf der Geschichte beeinflusst oder hätten zumindest beinahe mit ihren Informationen dazu beigetragen, dass bedeutende Ereignisse anders verlaufen wären.

NAME:
Richard Sorge

DECKNAME:
R. Sonter, Ramsay

GEBURTSDATUM UND -ORT:
4. Oktober 1895 in Baku, Russisches Reich (heutiges Aserbaidschan)

MISSION:
Spionagetätigkeiten in Japan während des Zweiten Weltkrieges

TARNUNG:
Regimetreuer deutscher Journalist

AUFTRAGGEBER:
Sowjetischer Geheimdienst

TÄTIGKEITSORT:
Tokio

Richard Sorge

Richard Sorge (1895–1944) beispielsweise teilte 1941 Josef Stalin mit, dass Japan, das mit Deutschland während des Zweiten Weltkrieges ein Bündnis gebildet hatte, die Sowjetunion nicht angreifen werde. Der Journalist kannte sich in den asiatischen Staaten besonders gut aus: Er war in der Vergangenheit zunächst als Agent in China, später in Japan aktiv gewesen. Auf Sorges Meldung hin ließ Stalin seine Truppen aus Sibirien abziehen und schickte sie an die Westfront. Dort gelang es den sowjetischen Truppen, die deutsche Wehrmacht entscheidend zurückzudrängen. Noch wenige Monate zuvor, im Juni 1941, hatte Stalin Sorges Warnung,

Josef Stalin

dass die Deutschen in die Sowjetunion einfallen würden, ignoriert. Im Rahmen der „Operation Barbarossa" war es den Deutschen in der Folge geglückt, im Osten überraschend anzugreifen.

In seiner Jugend war der Sohn eines Deutschen und einer Russin noch glühender Anhänger des Krieges gewesen und hatte sich, sobald er 18 Jahre alt geworden war, als Freiwilliger für den Kriegsdienst gemeldet. Die schrecklichen Erlebnisse während des Ersten Weltkrieges – Sorge wurde mehrfach verwundet – machten aus dem überzeugten Patrioten jedoch schnell einen Pazifisten. Er baute darauf, dass der Kommunismus solch sinnlosen Kriegen in Zukunft ein Ende bereiten würde.

Nachdem er 1925 zunächst von der moskauischen Vereinigung Kommunistische Internationale angeworben worden war, konnte der Leiter des Militärischen Aufklärungsdienstes den Staatswissenschaftler für seine Sache gewinnen. Während seiner Agententätigkeit in Japan baute er ab 1933 trotz strenger Beobachtung der Japaner einen Spionagering auf, dem rund 40 Personen angehörten. Damit die Japaner keinen Verdacht schöpften, tarnte sich Sorge als Journalist, der unter anderem für die Zeitschrift *Die Wehrmacht*, die vom Reichskriegsministerium herausgegeben wurde, Artikel verfasste. Außerdem wurde er Mitglied der NSDAP. Er freundete sich mit dem deutschen Botschafter und Militärattaché Eugen Ott (1889–1977) an, durch den er an Verschluss- und Kommandoakten gelangte.

Am 18. Oktober 1941 waren japanische Spezialeinheiten dem Spitzel, der unter dem Decknamen „Ramsay" operiert hatte, auf die Schliche gekommen und nahmen ihn in Gewahrsam. Das Angebot Japans, Sorge gegen japanische Gefangene auszutauschen, schlug die Sowjetunion aus. So wurde der Agent in sowjetischen Diensten am 7. November 1944 im Sugamo-Gefängnis in Tokio erhängt.

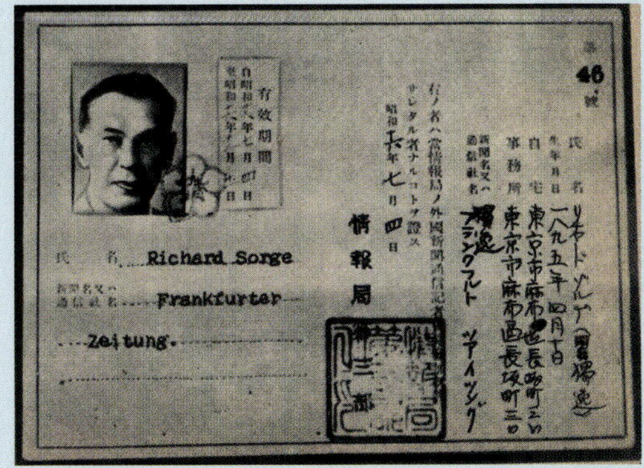

Pressepass Richard Sorges

Auch die Gründe für das Wirken von Klaus Fuchs (1911–88) als Spion für den KGB sind in seiner Jugend zu finden. Bereits als Gymnasiast wurde er Mitglied im linksdemokratischen Kampfbund Reichsbanner Schwarz-Rot-Gold und als Student Genosse der Kommunistischen Partei. Aus Angst, von den Nationalsozialisten verhaftet zu werden, floh er nach Großbritannien, wo er promovierte und 1942 die britische Staatsbürgerschaft annahm. Der studierte Physiker Fuchs wurde Teil des Projekts „Tube Alloy", das sich mit der Entwicklung von Atomwaffen beschäftigte. Sämtliche Details zu dem Programm leitete er an die deutsche Kommunistin Ursula Maria Kuczynski (1907–2000), alias Ruth Werner, weiter. Diese stand im Dienst des sowjetischen Militärnachrichtendienstes GRU. Später ließ Klaus Fuchs seine Informationen zum englischen Atomprojekt über die sowjetische Botschaft übermitteln.

Von Großbritannien reiste Fuchs 1943 weiter in die USA. Dort erhielt er eine Anstellung am US-Atomforschungszentrum Los Alamos in New Mexiko. Nach jahrelanger Mitarbeit an der amerikanischen Atombombenentwicklung erlebte er persönlich mit, wie 1945 im Rahmen des Trinity-Tests die erste Atombombe getestet wurde. Anhand von Fuchs' Informationen erhielt die Sowjetunion einen genauen Plan darüber, wie eine Wasserstoffbombe aufgebaut sein muss und in welchen Mengen die USA Uran und Plutonium herstellten. Der Wissenschaftler übermittelte seinem Kontaktmann die brisanten Informationen, da er der festen Überzeugung war, dass ein Atomkrieg zwischen den beiden Staaten unwahrscheinlicher werden würde, wenn beide Mächte über die gleichen Voraussetzungen verfügen würden.

Klaus Fuchs

1946 kehrte er nach Großbritannien zurück und stieg dort zum stellvertretenden Leiter des Atomforschungszentrums in Harwell auf. Nachdem sein Name in Funksprüchen des sowjetischen Konsulates in New York, die vom FBI geknackt werden konnten, mehrfach aufgetaucht war, geriet Fuchs in den Verdacht, dem KGB Informationen zukommen zu lassen. Nach anfänglichem Leugnen stellte sich Fuchs 1950 dem MI5. Wenig später wurde er von Scotland Yard verhaftet und in einer kurz gehaltenen Verhandlung zu 14 Jahren Haft verurteilt. Seine Strafe saß er im Gefängnis von Wakefield ab. Da ihm die britische Staatsbürgerschaft aberkannt wurde, wanderte Fuchs nach seiner Freilassung in die DDR aus. Dort wurde er 1960 stellvertretender Direktor am sowjetzonalen Atomforschungsinstitut in Rossendorf sowie Mitglied des SED-Zentralkomitees.

Schon gewusst?

Der amerikanische Atomspion David Greenglass (*1922), der auch in Los Alamos beschäftigt war, gab wichtige Informationen an seinen Schwager Julius Rosenberg weiter. Die beiden Spione sowie Rosenbergs Ehefrau Ethel wurden ebenfalls verhaftet; die Rosenbergs mussten für ihre Spionagetätigkeit auf dem elektrischen Stuhl mit dem Leben bezahlen.

Das Ehepaar Rosenberg

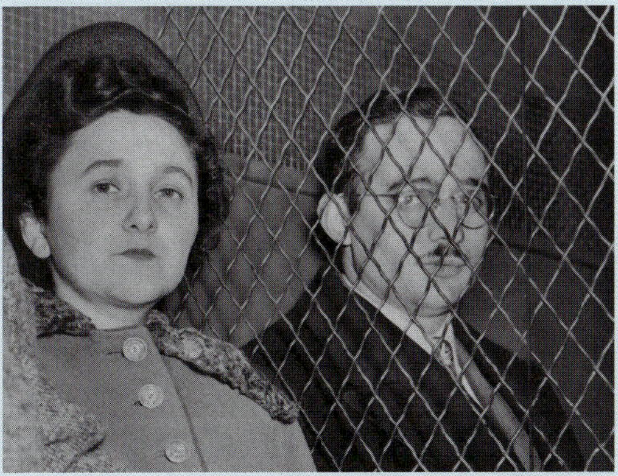

Gleich für mehrere Geheimdienste war Heinz Felfe (1918–2008) tätig. Seine Agentenausbildung erhielt er im Jahr 1943 beim Auslandsnachrichtendienst des Reichssicherheitshauptamtes der Schutzstaffel. Zuvor hatte er bereits eine Ausbildung zum Kriminalkommissar abgeschlossen. Nach dem Ende des Zweiten Weltkrieges engagierte ihn 1946 der britische Secret Intelligence Service als Informant. Seinem Auftraggeber spielte er Informationen über die kommunistische Bewegung an der Universität Köln zu. Doch bereits nach kurzer Zeit wurde Felfe für den MI6 uninteressant; sie benötigten seine Dienste nicht mehr.

Ein neuer Auftraggeber ließ aber nicht lange auf sich warten: Der KGB warb Felfe 1950 für Spionagedienste an. Dort agierte er unter dem Decknamen „Paul" und wurde für seine Berichte fürstlich entlohnt. Ein Jahr später gelang es dem Dresdner ebenfalls, in die Reihen der „Organisation Gehlen", dem Vorläufer des Bundesnachrichtendienstes, aufgenommen zu werden. Dort startete er in der Folge eine beispiellose Karriere: Von Reinhard Gehlen (1902–79) persönlich wurde „Friesen", so sein Deckname beim BND, zum Leiter der Abteilung Gegenspionage Sowjetunion erhoben. Der BND-Leiter hielt große Stücke auf Felfe, sah in ihm einen Profi in Sachen Informationsbeschaffung. Jahrelang blieb die Spionagetätigkeit Felfes unentdeckt; ihm gelang es, mehr als 16.000 Mikrofotos an seine Kontaktmänner zu übermitteln.

Nach zehnjähriger Arbeit für den KGB flog seine Tarnung 1961 auf, nachdem ein Überläufer der CIA einen Tipp gegeben hatte. Während Felfe zu einer Haftstrafe von 14 Jahren verurteilt wurde, hatte der deutsche Bundesnachrichtendienst mit einem erheblichen Imageschaden zu kämpfen, von dem er sich nur sehr schwer erholte. Der ehemalige Spion verbrachte aber nur acht Jahre hinter Gittern, da er 1969 im Rahmen eines Agentenaustausches freikam. Für den Austausch hatte sich vor allem die Obrigkeit der DDR sowie der Bundesminister für gesamtdeutsche Fragen, Herbert Wehner (1906–90), eingesetzt. Auch nach seiner Entlassung arbeitete Felfe weiterhin für den sowjetischen Geheimdienst, bevor er 1978 eine außerordentliche Professur für Kriminalistik an der Humboldt-Universität in Ost-Berlin erhielt. Seine Erlebnisse als KGB-Spion hat er in dem Buch *Im Dienst des Gegners – 10 Jahre Moskaus Mann im BND* festgehalten, das 1986 veröffentlicht wurde.

Heinz Felfe

FSB (FEDERALNAJA SLUSCHBA BESOPASNOSTI ROSSIJSKOJ FEDERAZII)

Auch fast 20 Jahre nach der Gründung des FSB steht der Inlandsgeheimdienst im Schatten des übermächtigen KGB. Viele ehemalige KGB-Offiziere haben in dem russischen Geheimdienst, der die Sicherheit des Landes im Blick hat, eine neue Anstellung gefunden. Viele Kritiker sehen im Inlandsgeheimdienst eine Fortführung des ehemaligen sowjetischen Machtapparates.

NAME:
Federalnaja sluschba besopasnosti Rossijskoj Federazii

ABKÜRZUNG:
FSB

GRÜNDUNGSDATUM:
3. April 1995

HAUPTSITZ:
Moskau

STELLUNG:
Inlandsgeheimdienst

AUFGABENGEBIET:
Schutz der Bürgerrechte und der Grundfreiheit, Eindämmung von Wirtschafts- und Korruptionsverbrechen sowie Cyberkriminalität, Terrorismus- und Extremismusbekämpfung, Spionage, Spionageabwehr

ZUSTÄNDIGKEIT:
Russische Föderation

Emblem des FSB

GESCHICHTE

Nach der Auflösung des KGB und der Sowjetunion formte sich in Russland am 3. April 1995 die Federalnaja sluschba besopasnosti Rossijskoj Federazii. Kurzweilige Vorläufer waren das Ministerium für Sicherheit und innere Angelegenheiten der Russischen Föderation, das auf Anweisung des Präsidenten Boris Jelzin (1931–2007) ins Leben gerufen wurde, sowie der Föde-

Wladimir Putin – einst Chef des FSB

rale Dienst für Gegenaufklärung. Mit Inkrafttreten des Gesetzes über die Organe des Föderalen Sicherheitsdienstes der Russischen Föderation nahm der FSB seine Tätigkeit auf. Während der KGB gleichzeitig die Aufgaben eines In- und Auslandsgeheimdienstes wahrgenommen hatte, ist der FSB nur fürs Inland zuständig. Erster Leiter wurde Viktor Pawlowitsch Barranikow. Zwischen 1998 und 1999 stand der spätere Präsident Wladimir Putin (*1952) dem Geheimdienst vor.

In der Öffentlichkeit verweist die Behörde oft auf ihre großen Ermittlungserfolge. Laut eigenen Angaben soll der FSB Pläne, die auf einen Anschlag auf die Olympischen Winterspiele in Sotschi (2014) hindeuteten, aufgedeckt sowie die entsprechende Terrorzelle, die in der georgischen Region Abchasien ihr Lager aufgeschlagen hatte, zerschlagen haben.

AUFGABENGEBIET

Mit Beginn des neuen Jahrtausends widmet sich der FSB verstärkt der Terrorismus- und Extremismusbekämpfung. Auf ihrer Homepage geben die Agenten der russischen Bevölkerung Tipps, wie sie einen potenziellen Terroristen erkennen können. Besonders mögliche Anschläge tschetschenischer Selbstmordattentäter versuchen die Geheimdienstler zu vereiteln.

Die georgische Region Abchasien

Auch die Bekämpfung von Wirtschaftsverbrechen wird vom Geheimdienst vorangetrieben. Der Korruption im Land, die seit Jahren Hochkonjunktur hat, versucht er ebenfalls einen Riegel vorzuschieben. 2012 forderte Präsident Putin, dass die Behörde der Verfolgung von Internetkriminalität mehr Aufmerksamkeit schenken sollte. Der Schutz der Bürgerrechte und der Grundfreiheit stellt angeblich einen weiteren Schwerpunkt der Arbeit dar. Auch die Spionageabwehr und die Spionage fallen in den Aufgabenbereich des Geheimdienstes.

Aufgabe des FSB – Selbstmordanschläge, wie den vom 2. Februar 2004 auf die Moskauer U-Bahn, verhindern

Der Eingang zur alten und neuen Zentrale des Geheimdienstes

ORGANISATION

Der FSB ist nach seiner Gründung in die ehemaligen Hallen des KGB gezogen. In der Lubjanka hat der Geheimdienst seine neue Heimat gefunden. Der FSB wird von einem Direktor geleitet, dem zwei Hauptstellvertreter sowie fünf weitere Vertreter zur Seite stehen. Insgesamt neun Abteilungen, unter anderem der Grenzdienst sowie der wissenschaftliche und technische Dienst, werden innerhalb der Behörde von den Mitarbeitern verwaltet. Die 1996 geschaffene Sonderabteilung URPO versucht die Anführer von kriminellen Vereinigungen zu überführen.

Im Juli 2010 wurden die Befugnisse des Inlandsgeheimdienstes erweitert: Mit großer Mehrheit stimmte das Parlament einem Gesetz zu, dass den Mitarbeitern der Behörde erlaubt, ohne einen speziellen Verdacht offizielle Verwarnungen auszusprechen. Diese können jedoch von den Betroffenen gerichtlich angefochten werden. Auf den Weg gebracht hatte das Gesetz der damalige Präsident Dmitri Medwedew (*1965), der die Anweisung für die Ausarbeitung des Schriftstückes gegeben hatte. Das Gesetz sieht ebenfalls vor, dass sämtliche Personen, die sich gegen die Behörde stellen und deren Arbeit behindern, mit einer Haftstrafe von bis zu 15 Tagen sowie einer Geldstrafe rechnen müssen. Bereits 2003 hatte Putin den FSB mit neuen Kompetenzen ausgestattet, indem er drei Behörden im Land auflöste und deren Aufgabengebiete dem Geheimdienst zuspielte. So wurde beispielsweise die Regierungsbehörde für Kommunikation und elektronische Überwachung, die FAPSI, dem FSB weitestgehend unterstellt. Die Behörde hat unter anderem das elektronische System, das für die Auszählung der Wahlstimmen zuständig ist, konzipiert. Auch die russischen Grenztruppen werden seitdem vom Geheimdienst überwacht.

Dmitri Medwedew

AUSBILDUNG

Die Agenten des FSB werden wie vormals die KGB-Offiziere in speziellen Ausbildungszentren, die rund um Moskau angesiedelt sind, auf ihren Einsatz vorbereitet. Sie werden in technischen, physischen und mentalen Bereichen trainiert.

DIE SKANDALE DES FSB

Der Mord an Alexander Litwinenko

Am 24. November 2006 starb der russische Ex-Spion Alexander Litwinenko (1962–2006) in einem Londoner Krankenhaus. Nur wenige Stunden vor seinem Ableben hatte die britische Behörde für Gesundheitsschutz in einer Urinprobe die radioaktive Substanz Polonium-210 nachweisen können. Die Substanz war Litwinenko in einer hohen Konzentration verabreicht worden, höchstwahrscheinlich getarnt in Form von Tee.

Am 1. November 2006 hatte sich der Ex-Agent mit dem aus Italien stammenden Geheimdienstexperten Mario Scaramella (*1970) sowie später auch mit dem Sprecher der tschetschenischen Rebellen, Achmed Sakajew (*1959), getroffen. Laut den Ermittlungsergebnissen der britischen Polizeibehörde Scotland Yard verabredete er sich an besagtem Tag ebenfalls mit dem ehemaligen KGB-Agenten Andrej Lugowoi (*1966) und dem Geschäftsmann Dmitri Kowtun (*1965) in einem Londoner Hotel. Dort soll er mit der radioaktiven Substanz in Berührung gekommen sein. Wenig später klagte Litwinenko über Unwohlsein und wurde ins Krankenhaus eingeliefert.

Menschenrechtsaktivisten trauern um Litwinenko.

Die Gründe für seine Ermordung konnten bisher nicht eindeutig aufgeklärt werden. Litwinenko selbst gab in einem Interview, das er kurz vor seinem Tod mit der *Times* führte, an, dass er glaube, der Kreml stecke hinter dem Anschlag. Mit seinen kritischen Aussagen über die Regierung hatte der Buchautor, der für den KGB im Bereich Spionageabwehr sowie später für den FSB in der Abteilung Kampf gegen Terrorismus und organisiertes Verbrechen tätig gewesen war, zuvor mehrfach den Unmut Putins auf sich gezogen. Auch den FSB hatte er in der Vergangenheit mehrfach kritisiert. So behauptete er 1998, dass er vom Geheimdienst den Auftrag erhalten habe, Boris Beresowski (1946–2013), den damaligen Sekretär des Staatsicherheitsrates, zu ermorden. Im Anschluss an diese Vorwürfe gegen den FSB und eine Haftstrafe soll er laut eigener Aussage von der Behörde massiv bedroht worden sein. In London wurde ihm am 1. November 2000 politisches Asyl gewährt, von wo aus er den KGB und FSB weiterer Verfehlungen beschuldigte. 2002 erschien das Buch *Eiszeit im Kreml – Das Komplott der russischen Geheimdienste*, in dem Litwinenko behauptete, dass der Geheimdienst die Sprengstoffanschläge im Jahr 1999 auf Wohnhäuser in Moskau zu verantworten habe. Auch die Gei-

Aufräumarbeiten in Moskau nach den Bombenanschlägen im September 1999

selnahme im Moskauer Theater 2002 soll seiner Meinung nach auf das Konto des Geheimdienstes gehen. Kurz vor seinem Tod versuchte er, den Mord an der russischen Journalistin Anna Politkowskaja aufzuklären. Angeblich habe ihm Mario Scaramella am Tag seiner Vergiftung wichtige Informationen zur Aufklärung des Mordes zugespielt, die wiederum den FSB schwer belasteten. Aufgrund seiner intensiven Nachforschungen sei er schließlich vergiftet worden. Oder aber der FSB beziehungsweise ehemalige KGB-Offiziere hätten sich für die zahlreichen Anschuldigungen, die ihrem Image geschadet haben, rächen wollen.

In Großbritannien wurde für Mai 2013 eine öffentliche Anhörung angesetzt, die erst auf Betreiben von Litwinenkos Witwe beschlossen wurde. Ein Mitglied der britischen Kommission, die mit der Untersuchung des Falls betraut ist, ließ 2012 verlauten, dass es Beweise gäbe, die auf eine Täterschaft Russlands hinweisen würden. Lugowoi, der als Parlamentsabgeordneter Immunität genießt, hingegen schwört wie sein Kollege Kowtun, dass er mit der Ermordung Litwinenkos nichts zu tun habe.

Der Mord an Anna Politkowskaja

Welche Rolle der FSB bei dem Mord an der Journalistin und Regimekritikerin Anna Politkowskaja (1958–2006) spielte, ist auch Jahre nach ihrem Tod noch ungeklärt. Mit mehreren Schüssen hatte am 7. Oktober ein Auftragskiller die Reporterin in einem Fahrstuhl in ihrem Appartmenthaus in Moskau hingerichtet. In ihren Artikeln und Reportagen hatte Politkowskaja den Kreml mehrfach harsch angegriffen. Besonders für die Wahrung der Menschenrechte in Russland hatte sie sich Zeit ihres Lebens eingesetzt und war dabei einigen Politikern unangenehm aufgefallen. In ihren Reportagen prangerte sie häufig schwere Verbrechen gegen die Menschlichkeit an, die im ehemaligen Kriegsgebiet Tschetschenien viele Opfer gefordert hatten.

2012 wurde der ehemalige Polizist Dmitri Pawljutschenkow als einer der Hintermänner des Attentats verurteilt. Für sein Vergehen – er soll die Waffe besorgt haben, mit der Politkowskaja erschossen wurde – verurteilte ihn das Gericht zu einer elfjährigen Haftstrafe. Das Urteil fiel geringer als erwartet aus, da sich Pawljutschen-

Anna Politkowskaja

> **Schon gewusst?**
>
> Pawljutschenkow wurde ebenfalls zu einer Zahlung von rund 75.000 Euro Schmerzensgeld verpflichtet.

kow geständig zeigte und versprach, mit den ermittelnden Behörden zusammenzuarbeiten. Der Ex-Polizist soll auch der führende Kopf der Bande gewesen sein, die den Anschlag auf die Journalistin begangen haben soll.

Новая газета

понедельник

№ 77 (1199) 09.10—11.10.2006 г.

Аня

Она была красивой. Причем с годами становилась только красивее. Знаете почему? А просто свое лицо мы сначала получаем от Бога как заготовку, а потом делаем его сами. Тем, как живем.

Еще говорят: в зрелости на лице начинает проступать душа. Ее душа — красивая.

Она была женственной. Умела очаровательно смеяться удачной шутке и плакать от несправедливости. Но любую несправедливость — по отношению к кому бы то ни было — она воспринимала как личного врага. И боролась с ней до последней возможности.

Она была удивительно мужественной. Куда мужественнее многих и многих мачо в бронированных джипах, окруженных телохранителями.

Ей угрожали, ее пытались запугать, устраивая слежки и обыски. Ее арестовывали в Чечне «наши» десантники и угрожали расстрелом. Ее отравили, когда она летела в Беслан. Она выкарабкалась. И хотя здоровой после этого уже не была, сильнее всего у нее по-прежнему болела совесть.

Многие, даже доброжелатели «Новой газеты», порой говорили: «Ну, ваша Политковская — уж слишком...». Не слишком! Она всегда писала правду. Другое дело, что эта правда часто бывала столь ужасной, что сознание многих отказывалось ее воспринимать. И отсюда — как защитная реакция — это «уж слишком». Иногда — даже у нас в редакции.

Наверное, самое трудное для обычного человека — не отворачиваться от того, что страшно. Но если смотреть злу прямо в глаза, оно не выдерживает, пасует. Аня смотрела злу прямо в глаза. И, может быть, поэтому выходила победительницей из тяжелейших ситуаций. И, может быть, поэтому оставалась живой там, где опустивший глаза не выжил бы.

Для нас она и остается живой. Со смертью нашей Ани мы не смиримся никогда. И кто бы ни взял под свой контроль это зверское убийство — в центре Москвы, посреди бела дня, — мы сами будем искать убийц. Мы догадываемся, где они могут находиться...

Как там в России обстоят дела с независимыми СМИ? Этот вопрос обсуждается то в Европе, то в Америке. А в «Новой газете» за последние годы убито три ведущих журналиста.

Игорь Домников. Его убийцы — благодаря усилиям честных следователей и самой газеты — предстали перед судом.

Юрий Щекочихин. Даже родным власти отказали в законном праве ознакомиться с результатами вскрытия... Но мы продолжаем свое расследование. И убийцы будут наказаны.

Сейчас — наша Аня Политковская... Они убили не только журналистку, правозащитницу и гражданина, они убили красивую женщину и маму.

Пока есть «Новая газета», ее убийцы не будут спать спокойно.

● «Новая газета»

В субботу, 7 октября, в подъезде своего дома была убита обозреватель «Новой газеты» Анна Политковская. Прощание состоится 10 октября в 14.00 на Троекуровском кладбище Москвы.

Die kremlkritische *Nowaja Gaseta* trauert um ihre Journalistin.

Die Hintergründe der Tat sind recht verworren: 2010 war bereits eine Gruppe von zehn Tatverdächtigen verhaftet worden, unter denen sich auch ein Offizier des FSB befand. Viele der Spuren und Verdächtigungen, die im Laufe der Jahre zusammengetragen wurden, verliefen jedoch wieder im Sande, konnten nicht eindeutig verifiziert werden oder mussten aufgrund von Formfehlern erneut untersucht werden. So wurde beispielsweise am 25. Juni 2009 der Freispruch von vier Verdächtigen wieder aufgehoben und ein neues Verfahren angesetzt. Laut der russischen Ermittler soll der tschetschenische Geschäftsmann Lom-Ali Gaitukajew die Zusammenstellung der Bande in Auftrag gegeben haben. Seine mutmaßlichen Auftraggeber wiederum sind nicht bekannt. Vermutlich soll Rustam Machmudow die Journalistin erschossen haben. Die genauen Hintergründe und die Frage, ob der Geheimdienst in den Anschlag verstrickt ist, bleiben weiterhin ungeklärt. Die Behörden bemühen sich aber auch in Zukunft, die Ermordung Politkowskajas lückenlos aufzuklären.

MILLÎ ISTIHBARAT TEŞKILÂTI

Mit aller Macht versucht der MIT in der Türkei, die territorialen Grenzen sowie die Einhaltung der Verfassung vor feindlich gesinnten Gruppierungen zu wahren. Immer wieder hat der Geheimdienst daher die Anhänger der verbotenen Arbeiterpartei Kurdistans, der PKK, im Visier, die gewaltsam für die Autonomie der kurdischen Gebiete in der Türkei kämpfen.

NAME:
Millî Istihbarat Teşkilâti

ABKÜRZUNG:
MIT

GRÜNDUNGSDATUM:
22. Juli 1965

HAUPTSITZ:
Ankara

STELLUNG:
Nachrichtendienst fürs In- und Ausland

AUFGABENGEBIET:
Innere Sicherheit, Schutz der Landesgrenzen und der Unabhängigkeit, Wahrung der Verfassung, Spionageabwehr

ZUSTÄNDIGKEIT:
Türkei

Ankara – Hauptsitz des MIT

GESCHICHTE

Vom Osmanischen Reich zur Republik
Die Anfänge des Millî Istihbarat Teşkilâti gehen zurück in die Zeit, als das Osmanische Reich noch Bestand hatte. Um die politische Einheit zu wahren und die Aktivitäten der Separatisten einzudämmen, wurde der Ruf nach einem zentralisierten und organisierten Geheimdienst immer lauter. Dieser sollte zudem die Aktivitäten der verschiedenen Nationen im Nahen Osten im Auge behalten. So entstand am 17. November 1913 die Organisation Teşkilât-I Mahsusa, deren Leitung Enver Pascha (1881–1922) über-

Enver Pascha

nahm. Pascha war zu diesem Zeitpunkt Generalmajor, wenig später wurde er zum Kriegsminister des Osmanischen Reiches ernannt. Besonders während des Ersten Weltkrieges intensivierte die Organisation ihre militärischen und paramilitärischen Aktivitäten. Das Ende des Krieges bedeutete auch das Ende der Behörde. Gemäß dem Waffenstillstand von Mudros wurde der Teşkilât-I Mahsusa am 20. Oktober 1918 aufgelöst.

Doch nur wenige Monate später wurde mit dem Karakol Cemiyeti ein neuer Geheimdienst ins Leben gerufen. Als solcher stattete er Zivilpersonen und kleinere Gruppierungen während des Unabhängigkeitskrieges, der 1919 seinen Anfang nahm, mit Waffen aus. Gemeinsam schlugen sie unter der Führung von Mustafa Kemal Atatürk (1881–1938) erfolgreich die Besatzungsmächte. Aber am 16. März 1920, dem Tag der Besetzung Istanbuls durch die Briten, wurde die Organisation aufgelöst, da ein Großteil der Mitglieder verhaftet wurde. In der Folgezeit formten sich weitere Geheimdienste, die jedoch nicht lange Bestand hatten.

Mit dem Ziel, den Geheimdienst zu vereinheitlichen und den feindlichen Spionagetätigkeiten Widerstand leisten zu können, gründete der türkische Generalstab am 18. Juli 1920 den

Mustafa Kemal Atatürk

Askeri Polis Teşkilâti. Doch auch dieser Plan fruchtete nicht, die Auflösung erfolgte rasch. Ein großes Netzwerk an Spionen in Istanbul, das sich hauptsächlich aus Militärs und Zivilpersonen zusammensetzte, wurde durch den Müsellah Müdafaa-I Milliye aufgebaut. Während des Befreiungskampfes infiltrierten die Agenten die feindlichen Hauptquartiere sowie verschiedene feindliche Missionen. Atatürk, inzwischen Präsident der Republik Türkei, gab Ende 1925 den Befehl, einen modernen Geheimdienst zu gründen, der sich mit bereits etablierten Behörden dieser Art messen lassen konnte. Am 6. Januar 1926 entstand der Millî Emniyet Hizmeti Riyâseti, der am 6. Januar 1927 dem Außenministerium unter-

Kämpfer im Türkischen Befreiungskampf mit Atatürk

Kurdenführer Abdullah Öcalan

Schon gewusst?

Die Nationalversammlung brachte am 22. Juli 1965 das Gesetz Nr. 644 auf den Weg, dass die Behörde in Millî Istihbarat Teşkilâti (MIT) unbenannte.

stellt wurde und so offiziell seine Gründung erfuhr. Das Zwischenjahr wurde als Probejahr angesehen.

Der Dauerclinch mit der PKK

Immer wieder in der Vergangenheit geriet der MIT mit der verbotenen PKK in Auseinandersetzungen. Seit der Verhaftung des Kurdenführers Abdullah Öcalan (*1949) im Jahr 1999 haben die Anschläge der Untergrundorganisation zugenommen. Eine Zeit lang hatte der Geheimdienst die israelische Regierung in Verdacht, mit der PKK ein Bündnis zu unterhalten. So soll der israelische Geheimdienst der Gruppierung 2010 den Auftrag erteilt haben, einen Marinestützpunkt in Iskenderun mithilfe von Raketen anzugreifen. Auch in Deutschland beobachten türkische Agenten Unterstützer der Arbeiterpartei Kurdistans. Die Aktionen sollen nicht immer friedlich abgelaufen sein, häufig kam es zu Gewalt und Einschüchterungsversuchen. Im Zuge der Spionagetätigkeiten sollen auch Oppositionelle und Regierungskritiker bedroht worden sein. 1999 sollen Agenten des MIT sogar den PKK-Funktionär Cevat Soysal aus Moldawien in die Türkei entführt haben.

Ende 2012 wurde bekannt, dass Beamte des MIT am 23. Dezember mit Öcalan ein Treffen abgehalten haben. Gegenstand der Verhandlungen war eine mögliche Entwaffnung der PKK-Rebellen. Öcalan sollte seine Mitstreiter davon überzeugen, den Aufstand, der bereits seit mehreren Jahrzehnten andauert, für beendet zu erklären. Die Unterredung wurde laut des Bera-

Kämpfer der militanten PKK

und den Generalsekretär des Nationalen Sicherheitsrates weiter. Die Freiheit und Sicherheit der Bürger soll gemäß den gesetzlichen Verordnungen durch den Geheimdienst gewährleistet werden. Außerdem obliegt ihm die Pflicht, Gruppierungen im eigenen Land sowie im Ausland ausfindig zu machen, die den bestehenden gesetzlichen Strukturen entgegenwirken. Telefonüberwachungen von Verdächtigen dürfen jedoch nur in Ausnahmefällen erfolgen und erst nach einer richterlichen Anordnung.

ters des Premierministers von der türkischen Regierung unterstützt. Bereits 2009 hatte der Geheimdienst in Oslo mit Vertretern der PKK geheime Gespräche geführt. Hierbei soll unter anderem über die Zukunft der Kurden und des inhaftierten Öcalan diskutiert worden sein. Doch beide Seiten konnten sich nicht auf eine Einigung verständigen, die Verhandlungen waren erneut gescheitert. Seit fast dreißig Jahren versucht die PKK mit Waffengewalt im Süd-Osten des Landes eine autonome Region zu erkämpfen. Bei den Auseinandersetzungen sind bisher rund 40.000 Menschen ums Leben gekommen.

AUFGABENGEBIET

Der MIT nimmt gleichzeitig die Aufgaben eines In- und Auslandsgeheimdienstes wahr. National und international sammelt er Informationen und Daten, die für den Schutz des türkischen Staates sowie der Verfassung von Nutzen sein können. Seine Erkenntnisse leitet er an den Präsidenten, den Premierminister, den Leiter des Generalstabs

Am 1. November 1983 wurde das Gesetz Nr. 2937 verabschiedet, um den neuen Anforderungen, die an den Geheimdienst gestellt wurden, eine rechtliche Basis zu verleihen. Zwei Monate später trat das Gesetz in Kraft und regelt bis heute die Rechte und Pflichten des MIT. Das Gesetz ordnet an, dass die Behörde direkt dem Premierminister untersteht. Um die Arbeit des MIT zu erleichtern, darf der Geheimdienst einen Antrag auf Einsicht in die Archive sowie Rechenzentren der verschiedenen Bundesbehörden und Institute stellen. Die Agenten sind während der Ausübung ihrer Pflicht, unter anderem dem Schutz

Der türkische Ministerpräsident Recep Tayyip Erdoğan (*1954)

der MIT-Objekte und -Mitarbeiter, mit Befugnissen ausgestattet, die den Rechten und Pflichten eines Polizisten gleichkommen. Sie dürfen beispielsweise Waffen tragen. Dennoch müssen sie mit den Streitkräften kooperieren.

ORGANISATION

Bis 1965 wurde die Behörde von einem Direktor geleitet, danach vom Staatssekretär. Dieser ist gegenüber dem Ministerpräsidenten rechenschaftspflichtig. Er wird vom Ministerpräsidenten vorgeschlagen und durch den Staatspräsidenten eingesetzt. Dem Staatssekretär unterstehen insgesamt vier stellvertretende Staatssekretäre, die die Abteilungen I. Aufklärung, II. Aufklärung, Technische Aufklärung sowie Verwaltung leiten. Den einzelnen Abteilungen sind wiederum verschiedene Dienststellen im Land untergeordnet.

Der türkische Staatspräsident Abdullah Gül (*1950)

AUSBILDUNG

Die Stellen beim MIT werden im In- und Ausland vergeben. Der zukünftige Arbeitsort wird nach dem erfolgreichen Abschluss der Grundausbildung jährlich per Losverfahren bestimmt. Unterschieden wird beim türkischen Geheimdienst zwischen Aufgaben in der Führungsebene und Aufgaben als Sachbearbeiter. Die Behörde hat sich das Ziel gesetzt, für die Zukunft noch breiter und zeitgemäßer aufgestellt zu sein. Daher sucht sie vor allem Dolmetscher, Programmierer, Ingenieure und Analysten im Technikbereich. Doch bevor ein Bewerber eingestellt wird, muss er zunächst eine schriftliche und mündliche Prüfung bestehen. Zudem warten ein Aufsatz sowie persönliche Gespräche, in denen der Charakter des Kandidaten getestet wird, auf den Bewerber. Wer die ersten Runden überstanden hat, der wird dazu eingeladen, seine praktischen Fähigkeiten unter Beweis zu stellen. Ergänzt wird das Bewerbungsverfahren durch eine medizinische Untersuchung. Abschließend werden die verbliebenen Kandidaten noch einmal einer mündlichen Prüfung unterzogen. Nur per Post eingereichte Bewerbungsformulare werden berücksichtigt. Im Rahmen einer Grundausbildung werden die neuen Mitarbeiter in Theorie und Praxis auf die Arbeiten eines Staatsbeamten vorbereitet. Darüber hinaus müssen die Mitarbeiter regelmäßig Fortbildungen absolvieren.

Die Angeklagten der Sauerland-Gruppe – Daniel Schneider, Atilla Selek, Fritz Gelowicz und Adem Yilmaz

DIE SAUERLAND-GRUPPE

Am 4. September 2007 wurden im Sauerland drei Männer verhaftet, die sich zu diesem Zeitpunkt in einem Ferienhaus in Medebach-Oberschledorn aufgehalten hatten. Den drei Verhafteten sowie einem weiteren Helfer wurde vorgeworfen, einen Sprengstoffanschlag in Deutschland geplant zu haben. Unterstützung bei der Vorbereitung sollen sie von Anhängern der Gruppierung Islamische Dschihad-Union erhalten haben, die wahrscheinlich ursprünglich in Usbekistan beheimatet ist. Die Mitglieder der sogenannten Sauerland-Gruppe wurden unter anderem aufgrund der Mitgliedschaft in einer ausländischen terroristischen Vereinigung und der Vorbereitung eines Sprengstoffverbrechens vor dem Oberlandesgericht Düsseldorf angeklagt und schließlich am 4. März 2010 zu unterschiedlich hohen Freiheitsstrafen beziehungsweise Haftstrafen verurteilt.

Die Männer konnten rechtzeitig gefasst werden, da die CIA, die wiederum von der National Security Agency über verdächtige E-Mails informiert worden war, dem Bundesnachrichtendienst Meldung erstattet hatte. Der deutsche Auslandsgeheimdienst schloss sich anschließend mit dem Bundesamt für Verfassungsschutz kurz. Das Gemeinsame Terrorismusabwehrzentrum nahm sich der Sache an und spionierte die Verdächtigen aus. Außerdem tauschten die Agenten zwölf mit Chemikalien gefüllte Fässer mit der terroristischen Gruppierung aus, um sie zu überführen.

In den Medien wird seit 2009 spekuliert, ob der Türke Mevlüt K., der die Gruppe bei ihren Vorbereitungen unterstützt haben soll, indem er die Zünder für die Bomben besorgte, ein Informant des türkischen Geheimdienstes ist. Der angebliche V-Mann war Anfang des neuen Jahrtausends als möglicher Kurier der Terrororganisation al-Qaida verhaftet worden. Doch bereits nach kurzer Zeit wurde er wieder aus der Haft entlassen. Es wird gemutmaßt, dass er vom MIT angeworben wurde und in Kontakt mit der CIA stand. Im August 2008 wurde gegen ihn durch den Bundesgerichtshof ein internationaler Haftbefehl erlassen. Da er jedoch untergetaucht ist, konnte er bisher nicht belangt werden.

MOSSAD

Zwar verfügt Israel im Grunde über zwei Geheimdienste, doch nur einer ist seit Jahrzehnten bei Jung und Alt bekannt und gefürchtet – der Mossad. Er gilt als einer der effektivsten Geheimdienste auf der ganzen Welt. Die Agenten scheuen auch vor Gewaltverbrechen und Morden nicht zurück, um ihr Ziel, das Land vor Feinden zu schützen, durchzusetzen.

NAME:
Mosad Merkazi leModi'in uLeTafkidim Mejuchadim

ABKÜRZUNG:
Mossad

GRÜNDUNGSDATUM:
13. Dezember 1949

HAUPTSITZ:
Tel Aviv

STELLUNG:
Auslandsgeheimdienst

AUFGABENGEBIET:
Bewahrung der Sicherheit des Landes sowie des Militärs, Arm der Regierung

ZUSTÄNDIGKEIT:
Israel

Emblem des Mossad

GESCHICHTE

Die Gründung des Geheimdienstes

Die Errichtung des israelischen Auslandsgeheimdienstes hängt indirekt mit dem UN-Teilungsplan für Palästina zusammen. Dieser trat am 29. November 1947 in Kraft und sah eine Teilung der Region in einen arabischen und einen jüdischen Staat vor. Die Araber lehnten jedoch das Existenzrecht Israels ab. Nach der Gründung des Staates Israel am 14. Mai 1948 kam es folglich immer wieder zu Vertreibungen der arabischen Bevölkerung aus Israel sowie zu kriegerischen Auseinandersetzungen zwischen den beiden Volksgruppen, beispielsweise im Ersten Arabisch-Israelischen Krieg zwischen Mai 1948 und Juli 1949.

Israelische Soldaten während des Ersten Arabisch-Israelischen Krieges

Innerhalb des noch jungen israelischen Staates formierten sich im Untergrund häufig inoffizielle Organisationen, die versuchten, Aufstände der arabischen Bewohner zu verhindern sowie illegale Immigrationen einzudämmen. Wenig später wurde von der paramilitärischen Untergrundorganisation Hagana die Sherut Yediot (Shai), eine Informationseinheit, gegründet. Diese beschaffte für die Hagana-Operationen die nötigen Informationen über die angrenzenden arabischen Länder. Die Staatsgründung und die anhaltenden Gefechte verlangten nach der Errichtung eines offiziellen Geheimdienstes, der klar strukturiert bestimmte Aufgaben übernehmen konnte. Der damalige Premierminister David Ben Gurion (1886–1973) gründete am 13. Dezember 1949 nach langwierigen Vorüberlegungen die offiziell

David Ben Gurion bei der Ausrufung des Staates Israel (1948)

als Institut für Aufklärung und besondere Aufgaben deklarierte Behörde. Sie stand zunächst unter der Federführung des Außenministeriums, bevor Ben Gurion einer Neuorganisation des Mossads zustimmte, die einen unabhängigen, weltweit operierenden Geheimdienst vorsah. Fortan musste die Behörde nicht mehr dem Außenministerium Bericht erstatten, sondern direkt dem Staatsoberhaupt und wurde Teil des Büros des Premierministers.

Der Eichmann-Prozess

1960 nahm der Geheimdienst den geflohenen Nationalsozialisten Adolf Eichmann (1906–62) in Argentinien gefangen und entführte ihn nach Israel. Dort wurde ihm für seine Verbrechen während des Zweiten Weltkrieges der Prozess gemacht. Eichmann hatte seit 1939 das sogenannte Eichmannreferat des Reichssicherheitshauptamtes geleitet, das für die Koordination der Deportation der Juden verantwortlich zeichnete. Die Abteilung beschäftigte sich ab 1941 ebenfalls mit der Endlösung der Judenfrage. Am 20. Januar 1942 nahm Eichmann an der Wannseekonferenz teil, wo das weitere Vorgehen in punkto Endlösung zeitlich geregelt wurde. Der SS-Obersturmbannführer war über alle Vernich-

Der gefälschte Rotkreuz-Ausweis, mit dem Adolf Eichmann nach Argentinien ausreiste

Signature du délégué:
Signature of Delegate:
Unterschrift des Delegierten:
Firma del delegato:
Firma del delegado:
Подпись делегата:
Podpis delegata:

IL DELEGATO DEL C. I. C. R.
(Dr. Leo Biaggi de Blasys)

Cachet de la Délégation:
Delegation stamp:
Stempel der Delegation:
Timbro della Delegazione:
Sello de la Delegación:
Печать делегации:
Pieczęć delegacji:

C.I.C.R. Genève • Délégation en ITALIE

Empreintes digitales (obligatoires)
Finger-prints (compulsory)
Fingerabdruck (unerlässlich)
Impronte digitali (obbligatorie)
Huellas digitales (obligatorias)
Отпечатки пальцев (обязательны)
Odcisk palca (obowiązkowe)

tungslager im Bilde und mitverantwortlich für die Massenvernichtung von rund sechs Millionen Juden. Nach dem Ende des Krieges geriet er in amerikanische Gefangenschaft, konnte jedoch zunächst in die Lüneburger Heide fliehen, bevor er 1950 als „Riccardo Klement" nach Argentinien ausreiste. Nachdem Fritz Bauer (1903–68), Ankläger beim Frankfurter Auschwitz-Prozess, 1957 einen Tipp bekommen hatte, weihte er die israelische Regierung in sein Wissen ein. Doch erst am 11. Mai 1960 wurde Eichmann aufgegriffen und in einem rund neunmonatigen Prozess zum Tode verurteilt. Am 31. Mai 1962 wurde er hingerichtet.

Adolf Eichmann während des Prozesses

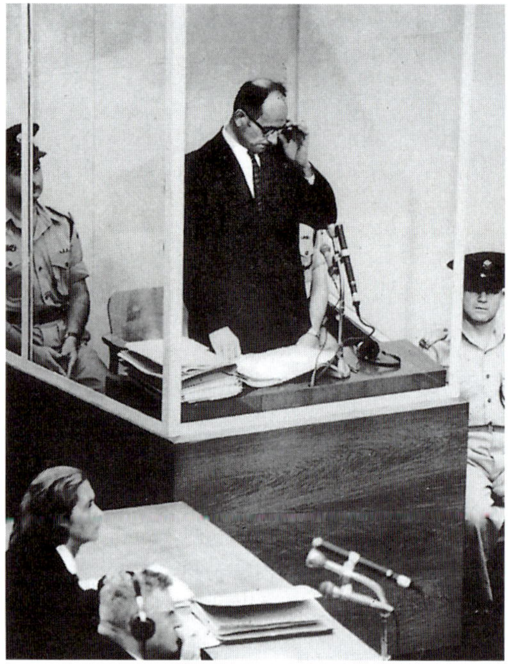

Spionagetätigkeiten rund um den Sechstagekrieg

Ein bedeutender Coup, der ihn jedoch das Leben kosten sollte, gelang dem Agenten Eli Cohen (1924–65). Er schaffte es, von der syrischen Bevölkerung als einer der ihren angesehen zu werden, und bekam unter dem Decknamen „Kamal Amil Taabs" Zutritt zu hochrangigen Politikern. Cohen war in Ägypten aufgewachsen und kannte sich mit den Gepflogenheiten der Araber gut aus, außerdem beherrschte er die arabische Sprache. Auch angesehene syrische Offiziere und Militärs gehörten seinem neuen Freundeskreis an. Er spielte seine Rolle so gut, dass er die syrischen Stellungen inklusive der Waffenanlagen auf den Golanhöhen zu Gesicht bekam. Die Armee vertraute ihm quasi blind und

Die Golanhöhen

folgte ohne Zögern seinem Vorschlag, dort ein paar Bäume zu pflanzen. Ihrem Ansinnen nach sollten diese die Soldaten vor der sengenden Hitze bewahren. In Wirklichkeit aber nutzte Cohen die Bäume, um seinen israelischen Vorgesetzten zu zeigen, wo sich wichtige strategische Ziele befanden.

Die Golanhöhen wurden später im Sechstagekrieg (1967) angegriffen. Innerhalb von zwei Tagen gelang es den israelischen Truppen, dank Cohens ausführlichen Angaben die Golanhöhen einzunehmen. Doch diesen Triumph sollte Cohen nicht mehr miterleben, denn seine Identität war bereits 1965 aufgeflogen, als seine Funksignale von den syrischen Truppen abgefangen worden waren. Für den Tag seiner Festnahme war jeglicher Funkverkehr in Damaskus untersagt worden, daher konnte Cohen mit Leichtigkeit geortet werden. Eine Spezialeinheit des syrischen Geheimdienstes zögerte nicht lange, stürmte dessen Wohnung und verhaftete den Spitzel. Nach monatelanger Folter wurde er vor den Augen der Öffentlichkeit am 18. Mai in Damaskus hingerichtet. Zuvor hatten noch verschiedene Politiker sowie der damalige Papst, Paul VI., vergeblich versucht, die syrische Regierung von ihrem Vorhaben abzuhalten. Da der Leichnam Cohens nicht an Israel übergeben wurde, versuchten Agenten diesen ohne Erfolg zu stehlen. Das Grab des Mossad-Agenten ist, trotz des Drängens der israelischen Regierung, Cohen nach altem Ritus bestatten zu wollen, weiterhin unbekannt.

Vergeltung für das Olympia-Attentat

Bei den Olympischen Spielen 1972 in München wurden elf Sportler der israelischen Mannschaft von palästinischen Terroristen der Gruppierung „Schwarzer September“ ermordet. Die damalige Ministerpräsidentin Golda Meir (1898–1978) versprach ihrem Volk, die Attentäter für ihre Vergehen zu bestrafen. In allen Ländern der Welt jagten die Mossad-Agenten der Sondereinheit „Caesarea“ unter der

Eli Cohen mit syrischen Militärs in den Golanhöhen

Die Hinrichtung Eli Cohens in Damaskus

Aufgabe des Mossad – Schutz des Staates Israel

Leitung von Michael Harari die acht Mörder. Sie übten Vergeltung an den Terroristen sowie weiteren Hintermännern, die sich für den Anschlag verantwortlich zeigten. Die Operation wurde vom Mossad als „Zorn Gottes" betitelt. Mit der Ermordung Ali Hassan Salamehs (um 1940–79), dem Kopf des „Schwarzen Septembers" wurde 1979 der letzte Attentäter von den Mossad-Agenten zur Strecke gebracht. Während der Jagd war dem Geheimdienst jedoch ein gravierender Fehler unterlaufen: 1973 hatten die Agenten in Lillehammer Salameh mit dem marokkanischen Kellner Ahmed Bouchiki (1943–73) verwechselt. Dieser wurde im Beisein seiner Ehefrau, die gerade ein Kind von

Zerstörter Hubschrauber nach der misslungenen Geiselbefreiung in Fürstenfeldbruck

ihm erwartete, mit mehreren Schüssen in die Brust, in den Kopf und in den Rücken ermordet.

AUFGABENGEBIET

Die israelische Regierung sieht in dem Geheimdienst ein probates Mittel, um die Existenz des Staates Israel zu sichern. Viele Agenten sind der Ansicht, dass ihr Heimatstaat permanent von außen bedroht wird, und widmen sich deshalb verstärkt dem Schutz ihres Landes. Häufig handelt der Mossad nach dem Prinzip „Auge um Auge, Zahn um Zahn". Für viele gilt der Geheimdienst als eine letzte Speerspitze gegen die zahlreichen Feinde Israels. So kämpft die Regierung nach Meinung vieler Experten wohl mithilfe des Mossads gegen das iranische Atomwaffenprogramm, von dem sich der Staat Israel enorm bedroht fühlt. Bereits in der Vergangenheit hatte der Auslandsgeheimdienst vermutlich Ingenieure umgebracht, die im Auftrag Saddam Husseins Waffen konstruiert hatten. Die Agenten stehen immer bereit, wenn der israelischen Bevölkerung Ungerechtigkeit widerfährt oder politische Gegner sowie Terroristen aus dem Verkehr gezogen werden müssen. Mit seinen oft unkonventionellen Methoden, wie beispielsweise Sabotage und Einschüchterung, stößt der Mossad bei internationalen Beobachtern immer wieder auf Kritik. 2010 soll zum Beispiel ein elfköpfiges Killerkommando, das vom Mossad engagiert worden sein soll, den Hamas-Führer Mahmud al-Mabhuh (1960–2010) in einem Hotelzimmer in Dubai zur Strecke gebracht haben.

ORGANISATION

Die Operationen und Aktivitäten des Geheimdienstes sind streng geheim. Auch die Zentrale des Mossads ist gut bewacht. Das Gebäude, das sich in Tel Aviv befindet, darf nicht gefilmt werden. Die Namen der Generaldirektoren, die dem Geheimdienst vorstehen, sind erst seit 1996 in der Öffentlichkeit bekannt. Mit dem Amtsantritt von Generalmajor Dani Jatom (*1945) als neuem Leiter entschied sich die Behörde dazu, die Namen preiszugeben.

Die Weisung für verdeckte Operationen, Attentate oder Sabotageakte darf nur der Premierminister geben, dem der Geheimdienst untersteht. Laut Schätzungen soll sich die Zahl der festen Mitarbeiter auf rund 1200 Personen belaufen. Häufig agieren die Agenten in kleineren Gruppen, die jedoch nur einen geringen Teil der Angestellten des Mossad bilden. Die Führer unter ihnen werden als Katsa tituliert. Unterstützt werden sie von mehreren Tausenden sogenannten Sajanim, Freiwilligen, die über die ganze Welt verteilt sind. Sie helfen dem Geheimdienst mit Sach- und Geldspenden, leiten Informationen weiter oder versorgen Verwundete medizinisch. Die Organisation teilt sich in mehrere Fachbereiche auf. Zu den Aufgabengebieten der Behörde gehören unter anderem die Überwachung von fremden Geheimdiensten sowie Spionagetätigkeiten.

AUSBILDUNG

Die Ausbildung zum Agenten des Mossad forderte in der Vergangenheit von den Bewerben teils die Bewältigung skurril anmutender Aufgaben. Die angehenden Geheimdienstmitarbeiter mussten beispielsweise ihre unauffällige Arbeitsweise unter Beweis stellen, indem sie an einer von Passanten gut einsehbaren Stelle eine Bombe platzierten. Wenn sie gewandt genug waren, um ihren Auftrag ungesehen auszuführen, hatten sie ihre Geschicklichkeit demonstriert. Die heutigen Bewerber müssen sich medizinischen und psychologischen Untersuchungen und einem Sicherheitscheck stellen. Die Ausbildung dauert in der Regel drei Jahre. Die Verwendung und das Auffinden von toten Briefkästen steht genauso auf dem Lehrplan wie das systematische Austragen von Verdächtigen. Zudem lernen die Auszubildenden, wie sie in

Sitz des Mossad – Tel Aviv

Wüste Negev

schwierigen Situationen, beispielsweise bei einer Gefangennahme, mit psychischem Druck sowie Gewaltanwendung umzugehen haben. Auch das Bedienen einer Waffe wird während der Trainingszeit geübt. Ein Trainingszentrum für Kidons, Mitglieder einer Spezialeinheit des Mossad, die an Operationen beteiligt sind, die Anschläge und Attentate zum Gegenstand haben, steht in der Wüste Negev.

DER TOD UWE BARSCHELS – EIN AUFTRAG FÜR DEN MOSSAD?

Immer wieder wird der Mossad mit dem Tod des CDU-Politikers Uwe Barschel (1944–87) in Verbindung gebracht. 1987 hatte die Barschel-Affäre tagelang die Titelseiten der Boulevardblätter beherrscht. Der Ministerpräsident von Schleswig-Holstein wollte in jenem Jahr unbedingt erneut bei der Landtagswahl triumphieren. Um seinen Wunsch in die Tat umzusetzen und seinen politischen Gegner zu schwächen, habe er mit der Unterstützung des Journalisten Reiner Pfeiffer (*1939) seinen Konkurrenten von der SPD, Björn Engholm (*1939), überwacht. Doch bei der Bespitzelung soll es nicht geblieben sein. Engholm fiel einer perfiden Verleumdungskampagne seiner Gegner zum Opfer, die jedoch nicht zum gewünschten Ergebnis – dem Verlust von Wählerstimmen – führte. Als am Vorabend der Wahl die Zeitschrift *SPIEGEL* ankündigte, die schmutzige Affäre zu enthüllen, wurde die CDU bei der Landtagswahl nur zweitstärkste Partei. Tatsächlich hatte Reiner Pfeiffer die Geschichte der hetzerischen Kampagne an den *SPIEGEL* verkauft und den CDU-Politiker mit dem Stigma der Mitwisserschaft schwer belastet. Barschel beteuerte im Anschluss in den Medien, dass er sich nicht an der Verleumdungskampagne gegen Engholm beteiligt habe, und stiftete Mitarbeiter zu Meineiden an, um sich selbst zu entlasten. Während der sogenannten Ehrenwort-Konferenz gab er schließlich öffentlich sein Ehrenwort, unschuldig zu sein, und schwor, dass sich alle Vorwürfe gegen seine Person als haltlos erweisen würden. Da sich die Koalitionsverhandlungen mit der FDP aufgrund der Barschel-Affäre äußerst schwierig gestalteten, drängte die CDU Barschel letztendlich, die entsprechenden Konsequenzen zu ziehen und die politische Verantwortung zu übernehmen. Am 2. Oktober trat der Politiker von seinem Posten zurück. Der

Uwe Barschel

Barschels Medienreferent Reiner Pfeiffer

Landtag Schleswig-Holstein beauftragte einen Ausschuss damit, die Bespitzelungsvorwürfe zu untersuchen.

Genf – Fundort der Leiche Uwe Barschels

Am 12. Oktober sollte Barschel vor dem Ausschuss aussagen, er wurde jedoch einen Tag zuvor von dem *Stern*-Reporter Sebastian Knauer (*1949) und dem Fotografen Hanns-Jörg Anders (*1942) tot in einem Genfer Hotelzimmer aufgefunden. Er lag komplett bekleidet in der Badewanne seines Zimmers. Das Ermittlungsergebnis, Barschel habe Suizid begangen, ist umstritten. In seinem Blut wurden mehrere Medikamente nachgewiesen, die er vor seinem Tod entweder in suizidaler Absicht freiwillig zu sich genommen hat oder die ihm verabreicht wurden. Es sollen in dem Hotelzimmer noch weitere Medikamentenverpackungen gefunden worden sein, die aber höchstwahrscheinlich von der Schweizer Polizei vernichtet worden sind. Die offizielle Polizeikamera lieferte nur unscharfe Bilder.

Der ehemalige Mossad-Agent Victor Ostrovsky schildert in seinem Buch *Geheimakte Mossad*, dass womöglich Mitarbeiter des Mossad am Tod von Barschel beteiligt gewesen seien. Er behauptet, dass Barschel mit einem heimlich abgehaltenen Waffenschmuggel zwischen Israel und dem Iran nicht einverstanden gewesen sei. Dieser hätte über das Bundesland Schleswig-Holstein abgewickelt werden sollen. Seiner Theorie nach wollte Barschel mit seinen Informationen an die Öffentlichkeit gehen und wurde deshalb vom Geheimdienst ermordet. Unterstützung für seine These erhielt Ostrovsky durch den Schweizer Toxikologen Hans Brandenberger, der bereits in den 1990er-Jahren auf Drängen von Barschels Verwandten einen neuen Bericht über den Tod des Politikers angefertigt hatte. Er ist der Ansicht, dass Barschel die verschiedenen Medikamente nicht allein und auch nicht gleichzeitig eingenommen haben kann, da er seiner Meinung nach vor der Einnahme des letzten tödlichen Präparats nicht mehr handlungsfähig gewesen sein kann. Der Fall wurde aufgrund von Brandenbergers Aussage 1994 neu aufgerollt. Es wurden jedoch keine neuen Erkenntnisse gewonnen. 2012 stellten Spezialisten des Kieler Landeskriminalamtes DNA-Rückstände einer weiteren Person fest, die sich in Barschels Hotelzimmer aufgehalten haben könnte. Die Spuren fanden sich an Barschels Krawatte, seinen Socken, einem Handtuch und der Strickjacke. Die Lübecker Staatsanwaltschaft erteilte den Forderungen nach einem Abgleich mit der Datenbank des Bundeskriminalamtes einen negativen Bescheid.

Schon gewusst?

2011 wurde bekannt, dass ein Haar Barschels, das auf seinem Hotelbett gefunden wurde, aus der Lübecker Asservatenkammer verschwunden ist.

ABTEILUNG FÜR MILITÄRISCHE AUFKLÄRUNG

Seit Beginn des Arabischen Frühlings hat der Geheimdienst alle Hände voll zu tun, den Aufstand syrischer Rebellen unter Kontrolle zu bringen. Die Behörde, die im Dienste des Präsidenten Baschar al-Assad steht, scheint im Sinne des syrischen Regimes jede Opposition zu unterdrücken. Mehrfach soll sie bei unrechtmäßigen Vorgängen im Land die Finger im Spiel gehabt haben.

NAME:
Abteilung für Militärische Aufklärung

ABKÜRZUNG:
Muchabarat

GRÜNDUNGSJAHR:
1969

HAUPTSITZ:
Damaskus

STELLUNG:
Militärischer Nachrichtendienst

AUFGABENGEBIET:
Betreuung, Überwachung und Unterstützung militärischer Truppen, Zerschlagung von Dissidentengruppen

ZUSTÄNDIGKEIT:
Syrien

Damaskus – Sitz des Muchabarat

GESCHICHTE

Im Volksmund wird die Behörde auch als Muchabarat bezeichnet. Sie ist einer der am meisten gefürchteten Geheimdienste des Landes. Gegründet wurde die Abteilung für Militärische Aufklärung 1969. Der westlichen Welt ist sie aber erst zu Beginn des 21. Jahrhunderts ins Bewusstsein gerückt, als ihre unkonventionelle Kriegsführung sowie ihr jahrelanges Engagement im Libanon für Furore sorgte. 2012 wurde bekannt, dass in Deutschland ein Deutsch-Libanese zwischen 2007 und 2012 im Auftrag des Nachrichtendienstes spioniert haben soll.

Kombination aus der syrischen Flagge (l.) und der Flagge der Rebellen (r.)

Unter seiner Beobachtung standen vor allem syrische Oppositionelle, die in Deutschland eine neue Heimat gefunden haben. Ihnen lauerte der Berliner während zahlreicher Kundgebungen auf, die gegen das syrische Regime gerichtet waren. Informationen über die Anführer der Demonstrationen sowie Fotos der Regimegegner soll er an seinen Kontaktmann, einen Führungsoffizier in der syrischen Botschaft in Berlin, weitergegeben haben. Diesen setzte er angeblich auch über den Ansturm auf die syrische Botschaft in Berlin im Oktober 2011 in Kenntnis.

Umgekehrt sind ausländische Geheimdienste in Syrien aktiv, um die Opposition im Kampf gegen das Assad-Regime zu unterstützen. So sollen die CIA sowie der Secret Intelligence Service die Rebellen mit wichtigen Informationen über ihre politischen Gegner versorgen. Darüber hinaus kontrollieren Agenten des CIA angeblich den Waffenhandel mit den Aufständischen, der über die Türkei abgewickelt wird, damit die Waffen nicht in die Hände der politischen Gegner geraten können. Die Geheimdienste sind daran interessiert, den Regimewechsel in Syrien voranzutreiben. Vermutlich sollen die Rebellen von den Amerikanern in Zukunft Hilfe bei der Einrichtung eines eigenen Geheimdienstes bekommen. Außerdem unterstützen die ausländischen Behörden ranghohe Flüchtlinge bei ihrer Ausreise aus Syrien, um an wichtige, geheimdienstlich relevante Informationen zu gelangen.

Der Bundesnachrichtendienst soll bis Ende 2011 in engem Kontakt mit den syrischen Geheimdiensten gestanden haben. Doch durch den Wechsel in der Chefetage und den damit einhergehenden Amtsantritt von Gerhard Schindler (*1952) habe die intensive Zusammenarbeit ein Ende gefunden. Seit der Abwendung des BND vom Assad-Regime unterstützt er angeblich die Rebellen. Wie die anderen westlichen Geheimdienste soll die Behörde Assads Gegner mit Informationen beliefern.

Schon gewusst?

Angeblich soll auch das vor der syrischen Küste liegende deutsche Kriegsschiff „Oker" Informationen über die Entwicklungen im Bürgerkrieg gesammelt haben.

Soldat der Freien Syrischen Armee in Aleppo

Der Arabische Frühling in Ägypten, Tunesien, Jemen und Syrien (von links oben im Uhrzeigersinn)

AUFGABENGEBIET

Wie es der Name bereits andeutet, ist die Abteilung für militärische Operationen zuständig. Sie überwacht unter anderem die Aktionen regimetreuer Gruppierungen im Land und unterstützt sie bei ihren logistischen Bewegungen. In der Vergangenheit hat der Geheimdienst im Auftrag der Regierung mehrfach Regimekritiker und -gegner im In- und Ausland mithilfe von Gewalt zum Schweigen gebracht. Im Ausland lebenden Oppositionellen sowie ihren Familien in Syrien soll wiederholt gedroht worden sein, damit sie sich in Zukunft ruhig verhalten. Laut eines internen Berichtes des Verfassungsschutzes soll es in Deutschland ein Netzwerk an syrischen Agenten geben, die speziell mit dieser Aufgabe betraut wurden.

Seit Ausbruch des Arabischen Frühlings Ende 2010, der alsbald auch nach Syrien überschwappte, sieht sich der Geheimdienst mit der Bekämpfung der Prostete der Rebellen konfrontiert. Die Niederschlagung von Demonstrationen koordiniert er mit den anderen syrischen Geheimdiensten – dem Amt für Luftaufklärung, der Direktion für allgemeine Sicherheit und dem zivilen Nachrichtendienst Idarat al-Amn al-Amm. Die Direktion für allgemeine Sicherheit gab unter anderem am 23. März 2012 ein Schriftstück heraus, in dem Anweisungen zur Niederschlagung der Protestwelle aufgeführt sind. Außerdem sollen die syrischen Nachrichtendienste mit gefälschten Berichterstattungen dem Protest den Wind aus den Segeln nehmen und die Rebellen in einem schlechten Licht erscheinen lassen. Laut dem nach Washington geflüchteten Dissidenten Ridwan Ziyadeh haben die syrischen Geheimdienste ebenfalls die Aufgabe, sich gegenseitig zu kontrollieren, damit keine der Behörden zu viel Macht anhäufen kann.

Inoffiziell ist die Abteilung für Militärische Aufklärung auch mit der Betreuung der libanesischen Truppen beschäftigt. Syrien hatte ab 1976 im Libanon Streitkräfte positioniert, nachdem es vom Land gebeten worden war, im Rahmen des 1975 ausgebrochenen Bürgerkriegs als Friedenstruppe zu agieren. Bis 2005 verblieben die syrischen Truppen im Land. Noch heute soll die Regierung heimlich die Politik im Libanon mitbestimmen. Radikale Gruppierungen, die im Ausland agieren, werden ebenfalls von der Abteilung für Militärische Aufklärung bei ihren verschiedenen Aktionen unterstützt.

ORGANISATION

Die Abteilung für Militärische Aufklärung ist eng verknüpft mit der Machthaberfamilie al-Assad. Lange Zeit stand Baschar al-Assads Schwager, Assef Schaukat (1950–2012), dem Geheimdienst vor. Später wurde er zum stellvertretenden Generalstabschef ernannt. Er soll bei wichtigen Entscheidungen auch nach seiner Zeit beim Muchabarat noch eine bedeutende Rolle

Baschar al-Assad

gespielt und im Hintergrund die Fäden gezogen haben. Häufig sind die Mitarbeiter des Nachrichtendienstes Angehörige der schiitischen Gemeinschaft der Alawiten, die in Syrien einer ethnischen Minderheit angehören. Baschar al-Assad ist ebenfalls Mitglied der Gemeinschaft. Viele Agenten sehen den Präsidenten daher als ihren direkten Anführer und Vorgesetzten an. Die Behörde ist im regionalen Verteidigungsministerium, das in der Hauptstadt Damaskus beheimatet ist, untergebracht.

AUSBILDUNG

Viele Stellen innerhalb der Abteilung für Militärische Aufklärung wurden in der Vergangenheit mit Verwandten des Assad-Clans oder mit Anhängern der Alawiten besetzt. Spezielle Ausbildungsprogramme sind nicht bekannt.

MIT ALLER MACHT GEGEN JEGLICHE OPPOSITION

Der Sprengstoffanschlag von Beirut

Rafik al-Hariri (1944–2005) übernahm 1992 erstmalig das Amt des Ministerpräsidenten im Libanon, den der Millionär mit großzügigen Finanzspritzen nach dem Bürgerkrieg beim Wiederaufbau unterstützt hatte. Er blieb sechs Jahre an der Macht, entschloss sich jedoch 1998 seine Aufgabe nicht länger wahrzunehmen. Er war

Ort des Hariri-Attentats in Beirut

Beisetzung Rafiq al-Hariris in Beirut

der Ansicht, dass Syrien, dessen Truppen sich auch nach dem Bürgerkrieg weiterhin im Land aufhielten, zu großen Einfluss auf die politischen Entscheidungen nahm. So konnte sich beispielsweise Émile Lahoud (*1936), der die militärischen Truppen befehligte, mit Syriens Hilfe die Kandidatur für das Amt des Staatspräsidenten sichern. Zwei Jahre später trat al-Hariri erneut zur Wahl an, die er ein weiteres Mal für sich entscheiden konnte. Doch auch seine zweite Amtszeit beendete er vorzeitig, da Syrien erneut seine Macht im Land hatte spielen lassen. 2004 trat al-Hariri von seinem Posten als Ministerpräsident zurück. Auf den Politiker wurde am 14. Februar 2005 ein Sprengstoffattentat verübt. Al-Hariri befand sich gerade in einem Autokonvoi, der vom Beiruter Parlament aus gestartet war, als die Bombe detonierte. Die verheerende Explosion riss den ehemaligen Ministerpräsidenten sowie weitere 22 Personen in den Tod.

Eine UN-Kommission wurde vom damaligen Sekretär der Vereinten Nationen, Kofi Annan (*1938), ausgesandt, da die Aufklärung des Attentats durch die libanesischen Behörden nicht zufriedenstellend verlief. Die Kommission kam zu dem Schluss, dass die Täter innerhalb kürzester Zeit nicht zu identifizieren seien, dass aber die Regierung Syriens und der libanesische Sicherheitsdienst die äußeren Umstände für den Anschlag begünstigt hätten. Fortan beschäftigte sich die UN-Resolution 1595 (2005) mit der Aufklärung des Attentats. Diese wurde am 27. März 2007 durch die Resolution 1748 (2007) ein zweites Mal verlängert. Im Juni 2011 erhob das UNO-Tribunal, das am 1. März 2009 gegründet worden war, Anklage gegen vier Kämpfer der schiitischen Hisbollah-Miliz. Der libanesischen Organisation werden enge Kontakte zur syrischen Regierung nachgesagt. Die Angeklagten sollen sich derzeit im Iran aufhalten. Viele Experten schätzen, dass der syrische Geheimdienst in den Mordanschlag verstrickt ist.

Die unerbittliche Verfolgung der syrischen Opposition

Traurige Berühmtheit im Kampf um die Befreiung Syriens vom Assad-Regime erlangte der Oberstleutnant und Oppositionelle Hussein Harmusch, der als einer der ersten Offiziere desertierte und sich an die Seite der Rebellen stellte. Im Juni 2011 floh er mit seiner Familie ins Exil in die Türkei, wo er in einem Internetvideo seine ehemaligen Kollegen bei der Armee beschwor, ebenfalls Teil der neu gegründeten Freien Syrischen Armee zu werden. Er rief sie dazu auf, den Widerstand gegen die Herrschaft des Präsidenten zu unterstützen. Viele Soldaten und Offiziere kamen seiner Aufforderung nach und schlossen sich den Rebellen an. Am 29. August verschwand Harmusch spurlos aus seinem Zufluchtsort Altinözü. Vermutlich hatte der Deserteur mit seinen Internetauftritten und seinen Interviews in internationalen Zeitungen die Aufmerksamkeit des syrischen Geheimdienstes auf sich gezogen. Die türkischen Behörden vermuten, dass sich in dem Flüchtlingslager in Altinözü Agenten des syrischen Geheimdienstes versteckt halten.

Am Tag seines Verschwindens traf sich Harmusch mit einem vermeintlichen Agenten des türkischen Geheimdienstes, der ihn in seinem Auto mitnahm. Der Agent behauptet, dass er Harmusch bereits nach zehn Minuten wieder abgesetzt habe. Am 15. September strahlte das syrische Staatsfernsehen ein Interview mit Harmusch aus, in dem er sich mit angstgeweiteten Augen von seinen vorherigen Bekundungen und dem Widerstand gegen das syrische System distanzierte. Experten gehen davon aus, dass Harmusch zu diesen Aussagen gezwungen wurde. Es ist nicht sicher, ob der ehemalige Offizier freiwillig nach Syrien zurückgekehrt war, um seine Familie zu schützen, oder ob er vom türkischen Geheimdienst dahin ausgeliefert wurde. Die türkische Regierung ließ verlauten, dass es sich bei dem angeblichen türkischen Agenten um einen syrischen Geheimdienstler gehandelt haben muss. Der weitere Verbleib Harmuschs und ob er überhaupt noch am Leben ist, ist nicht bekannt. Laut mehreren Berichten soll er im Januar 2012 vom syrischen Geheimdienst hingerichtet worden sein.

Schrecken des syrischen Bürgerkriegs

RIYĀSAT-E AMNIYAT-E MELLĪ

Der afghanische Geheimdienst gerät immer wieder in die Schlagzeilen – jedoch weniger aufgrund heroischer Taten als wegen des Verdachts auf Menschenrechtsverletzungen. Bei Organisationen im Ausland hat die im Volksmund als Amaniyat betitelte Behörde einen schweren Stand. Mit anscheinend allzu drastischen Mitteln beschützt der NDS die Sicherheit des Landes.

NAME:
Riyāsat-e amniyat-e mellī oder National Directorate of Security

ABKÜRZUNG:
NDS, Amaniyat

GRÜNDUNGSJAHR:
2001

HAUPTSITZ:
Kabul

STELLUNG:
Inlandsnachrichtendienst

AUFGABENGEBIET:
Wahrung der inneren Sicherheit, Spionage, Schutz der Regierung vor feindlichen Angriffen, Terrorismusabwehr

ZUSTÄNDIGKEIT:
Afghanistan

Kabul – Sitz des NDS

GESCHICHTE

Zwischen den Systemen

Der Inlandsgeheimdienst weist große Parallelen zum ersten Geheimdienst des Staates auf, dem Da Afghanistan da Gato da Satalo Idara (dt. Organisation für die Verteidigung afghanischer Interessen). Ab 1979 unterstützte die Sowjetunion die Demokratische Volkspartei Afghanistans, die anstrebte, den Kommunismus im Land mithilfe des Kampfes gegen die politischen Feinde durchzusetzen. In diesem Rahmen beriet der KGB auch den Geheimdienst und benannte ihn in Khadamat-e Etela'at-e Dawlati (KhAD) um. 1992 nahmen die Mudschahedin Kabul ein, der Nachrichtendienst wurde aufgelöst. Nach den

Krieg in Afghanistan

Anschlägen vom 11. September 2001 marschierten US-Truppen in Afghanistan ein, um die Regierung zu stürzen und die Macht der Taliban zu brechen. Hamid Karzai (*1957) wurde 2001 zum Präsidenten der Übergangsregierung bestimmt, 2004 wurde er bei den Präsidentschaftswahlen offiziell im Amt bestätigt. Im ersten Jahr seiner Amtszeit gründete er den KhAD neu, der fortan im Land unter dem Namen Riyāsat-e amniyat-e mellī, international unter der Bezeichnung National Directorate of Security (NDS), agiert. Der CIA stellte beim Aufbau des afghanischen Geheimdienstes selbstverständlich sein Know-how zur Verfügung. Unter seiner Führung wurden die Aufgaben und Ziele der Behörde ausgearbeitet.

Erfolg mit Fragezeichen

Stolz verkündete der Geheimdienst 2012, dass es Agenten gelungen sei, einen Anschlag auf Kabul zu vereiteln. Die acht vermeintlichen Terroristen wurden, bevor sie ihr Vorhaben in die Tat umsetzen konnten, von Geheimdienstmitarbeitern erschossen. Laut des NDS hätten sie das Versteck der potenziellen Attentäter in Pul-e-Sharki, das östlich von Kabul liegt, entdeckt und wenig später umstellt. Sofort sei das Feuergefecht eröffnet worden, bei dem die Männer den Tod fanden. Fünf von ihnen sollen sich mithilfe von Sprengstoff selbst getötet haben. Die Schießerei habe rund vier Stunden angedauert, bevor die vermeintlichen Terroristen bezwungen werden konnten. Bei den Extremisten sollen Granaten, mit Sprengstoff beladene Wagen, die zu rollenden Bomben umfunktioniert wurden, Gewehre sowie Sprengstoffwesten gefunden worden sein. Der Geheimdienst gab in seiner Meldung an, dass die Männer geplant hatten, das Parlament sowie zwei bekannte Kabuler Geschäftsviertel anzugreifen. Aller Wahrscheinlichkeit nach hätten sie von einem Hochhaus aus agieren wollen.

Die Taliban wies sämtliche Vorwürfe, sie hätten den geplanten Anschlag in Auftrag gegeben

Frühere Talibankämpfer geben ihre Waffen ab.

Pakistanische Taliban

Selbstmordattentat in Kabul

oder sich an der Vorbereitung beteiligt, energisch zurück. Stattdessen beschuldigten sie den Geheimdienst, die Nachricht erfunden zu haben, um sich profilieren zu können. Bereits ein paar Monate zuvor soll der NDS am Stadtrand von Kabul einen LKW angehalten haben, der neben Kartoffeln rund 400 Säcke mit Sprengstoff geladen hatte. Hierbei soll es sich um rund 10.000 Kilogramm Sprengstoff gehandelt haben. Der Fahrer sowie seine vier Begleiter wurden in Gewahrsam genommen. Zwei der Männer stammten aus Pakistan, drei aus Afghanistan selbst. Sie sollen in Verhören eingeräumt haben, dass sie Verbindungen zum ISI, dem pakistanischen Geheimdienst, sowie zur Taliban hätten. Der NDS ließ vermelden, dass die Agenten ein Bekennervideo sichergestellt hätten, das auf Hintermänner in Pakistan verweisen würde. Die vermeintlichen Attentäter hätten laut dem Geheimdienst mit dem Anschlag unter anderem den afghanischen Vizepräsidenten Karim Khalili (*1950) treffen und ihn töten wollen.

AUFGABENGEBIET

Der NDS versucht, Afghanistan vor feindlichen Übergriffen zu schützen und die noch recht junge demokratische Regierung vor einem Sturz zu bewahren. Der Amaniyat versucht, potenzielle Anschläge durch afghanische Rebellengruppen, die der Regierung schaden wollen, rechtzeitig zu vereiteln. Die größte Gefahr sehen die Agenten in Kämpfern aus Pakistan. Mit dem Nachbarland kam es in der Vergangenheit immer wieder zu feindlichen Auseinandersetzungen. Die Spionage in Pakistan nimmt innerhalb der Behörde eine wichtige Rolle ein. Terroristischen Selbstmordattentätern ist der Geheimdienst ebenfalls auf der Spur. Deren Pläne zu vereiteln, ist sein höchstes Ziel.

ORGANISATION

2012 übernahm Asadullah Khalid (*1969) die Leitung des NDS. Mehr als 30.000 Mitarbeiter sollen beim afghanischen Inlandsnachrichtendienst beschäftigt sein. Die Zentrale des Ge-

Amtseinführung des afghanischen Präsidenten Hamid Karzai (2004)

heimdienstes befindet sich in Kabul, weitere Büros verteilen sich auf die verschiedenen Regionen des Landes. Rund 30 Abteilungen arbeiten der Behörde zu. Es wird vermutet, dass der NDS direkt dem Präsidenten untersteht und ihm Bericht erstatten muss. Die Nationale Sicherheitsdirektion besitzt ihr eigenes Gefängnis, das im Kabuler Viertel Shash Darak errichtet wurde. Bei Gefangenen ist die Strafanstalt gefürchtet. Hauptsächlich Schwerverbrecher werden dort untergebracht, Folterungen sollen auf der Tagesordnung stehen. Den Wärtern wird Bestechlichkeit nachgesagt. Für ein Schmiergeld in entsprechender Höhe sollen sie den Häftlingen jeden Wunsch erfüllen. Weitere Haftanstalten in Afghanistan stehen ebenfalls unter der Aufsicht von NDS-Agenten. Den Geheimdienstmitarbeitern soll es erlaubt sein, Verdächtige aufzugreifen, sie zu bestrafen und zu verurteilen.

AUSBILDUNG

Wie der Riyāsat-e amniyat-e mellī neue Agenten rekrutiert, hält der Geheimdienst unter Verschluss. Vermutlich werden sie in Trainingslagern auf ihre Arbeit vorbereitet.

SKANDALÖSE METHODEN DES GEHEIMDIENSTES

Die Vereinten Nationen konnten in der jüngeren Vergangenheit nicht ausschließen, dass einige Mitarbeiter der Behörde Gewalt angewendet haben, um ihren Aufgaben nachzukommen beziehungsweise die erwünschten Ermittlungsergebnisse zu erzielen. Auch die beiden weltweit agierenden Menschenrechtsorganisationen Human Rights Watch sowie Amnesty International kamen nach Untersuchungen zu einem ähnlichen Schluss. So sollen vor allem Männer der Abteilung 17 Verdächtige gefoltert haben, um sie zu den passenden Aussagen zu zwingen. Der Geheimdienst kündigte 2011 an, überprüfen zu wollen, ob seine Agenten gegenüber den Gefangenen gewalttätig geworden waren. Aufgrund eines Berichts der UN-Mission in Afghanistan (UNAMA) stoppte die NATO-Truppe ISAF aus Vorsicht die Überstellung von Gefangenen. Das besagte Dokument soll unter anderem dargelegt haben, dass die Inhaftierten mit Gummischläuchen geschlagen worden seien. Außerdem sollen die Insassen laut des Berichts mehrfach Opfer von sexuellen Übergriffen geworden sein.

Amerikanische ISAF-Soldaten während einer Patrouille

CIA (CENTRAL INTELLIGENCE AGENCY)

Bereits seit der Gründung der Central Intelligence Agency begleiten den Auslandsgeheimdienst, der ganz im Dienste des Präsidenten steht, unzählige Skandale und Fehltritte. Zuletzt schockte die CIA die Amerikaner mit der Petraeus-Affäre. Mit dem späteren Präsidenten George Bush hatte die Behörde zwischen 1976 und 1977 einen äußerst prominenten Leiter.

Emblem der CIA

NAME:
Central Intelligence Agency

ABKÜRZUNG:
CIA

GRÜNDUNGSDATUM:
18. September 1947

HAUPTSITZ:
Langley (Virginia)

STELLUNG:
Auslandsnachrichtendienst

AUFGABENGEBIET:
Unterstützung des Präsidenten bei Entscheidungen zur nationalen Sicherheit, Terrorismusbekämpfung

ZUSTÄNDIGKEIT:
Vereinigte Staaten von Amerika

GESCHICHTE

Die Vorgänger der CIA

Die Geschichte der Central Intelligence Agency führt weit über die offizielle Gründung der Behörde hinaus, die mit der Verabschiedung des National Security Act am 18. September 1947 einhergeht. Bereits im 18. Jahrhundert, zu Zeiten George Washingtons (1732–99), schickten sich die USA an, auf lockerer Basis geheimdienstlerische Operationen durchzuführen. Die Aktivitäten waren noch wenig strukturiert und standen auf keiner rechtlichen Basis. Dies änderte sich erst 1942 im Verlauf des Zweiten Weltkrieges, als Präsident Franklin D. Roosevelt (1882–1945) den Anwalt und Kriegshelden William J. Donovan

Franklin D. Roosevelt – geistiger Vater des Auslandsgeheimdienstes

(1883–1959) zum Leiter des Office of Strategic Services (OSS) ernannte. Der vom Kriegsministerium unterhaltene Geheimdienst gilt als Vorläufer der heutigen CIA. Die Behörde existierte bis zum Jahr 1945. Die Hauptaufgabe des Geheimdienstes bestand darin, strategisch wertvolle Informationen zu sammeln und zu analysieren, die während der Kriegsjahre von Bedeutung waren. Wie sein Vorgänger erkannte auch der neue Präsident, Harry S. Truman (1884–1972), wie wichtig die Arbeit eines Auslandsgeheimdienstes für die Sicherheit eines Staates ist und brachte den National Security Act auf den Weg. Mit diesem Schritt zog er den Zorn J. Edgar Hoovers (1895–1972), dem Leiter des FBI, auf sich. Fortan war die CIA und nicht mehr das angesehene FBI für die strategische Auslandsaufklärung zuständig.

Die Spezialaufträge der CIA

In den Folgejahren ging die Central Intelligence Agency mehrfach geheimen Spezialaufträgen nach. So lag es unter anderem im Interesse der USA den kongolesischen Regierungschef Patrice Lumumba (1925–61) aus dem Weg zu räumen. 1960 versuchten angeblich CIA-Agenten auf Geheiß Dwight D. Eisenhowers (1890–1969) den demokratisch gewählten Ministerpräsiden-

William Donovan – Leiter des Office of Strategic Services

ten mithilfe von Gift von der Bildfläche verschwinden zu lassen. Die amerikanische Regierung sah in Lumumba einen zweiten Fidel Castro; sie befürchtete, dass der Kommunismus im Kongo Fuß fassen und so Tür und Tor für den Einfluss der Sowjetunion öffnen könnte. Die Anschläge schlugen fehl, stattdessen wurde Lumumba, der nach einem von den USA befürworteten Putsch am 14. September 1960 unter Hausarrest gestellt wurde, am 17. Januar 1961 von katangischen Soldaten erschossen. Dies geschah unter der Aufsicht des belgischen Heeres. Der belgische König Baudouin I. (1930–93) wusste wohl über die Mordpläne an Lumumba Bescheid.

Auf Fidel Castro (*1926) wurden wenig später ebenfalls mehrere Mordanschläge verübt. Zunächst hatte die CIA nur geplant, dem Ansehen

Im Visier der CIA – Patrice Lumumba

des kubanischen Revolutionsführers auf verschiedenen Wegen zu schaden. Die Pläne reichten vom Sabotieren seiner Reden über Zigarren, die Bewusstseinsstörungen hervorrufen sollten, bis hin zu Schuhen, die mit Enthaarungsmitteln versetzt waren. Doch sämtliche Pläne der Central Intelligence Agency fruchteten nicht oder stellten sich als nicht praktikabel heraus.

Putsch gegen Salvador Allende

In Chile war die Central Intelligence Agency im Jahr 1973 am Putsch gegen den Sozialisten Salvador Allende (1908–73) beteiligt. Dieser hatte 1970 die Präsidentschaftswahl gewonnen. Doch seine Pläne, eine Agrarreform voranzutreiben und das Land zu verstaatlichen, ließen bei US-Präsident Richard Nixon (1913–94) alle Alarmglocken läuten. Er beauftragte Richard Holm, den damaligen Direktor des Geheimdienstes, dies zu sabotieren. Darauf gründete sich der Beschluss, die Militärs in Chile bei einem Putschversuch gegen Allende zu unterstützen. Geleitet wurde der Putsch von General Augusto Pinochet (1915–2006), der anschließend die Macht an sich riss. Mit seinen Truppen belagerte er am 11. September 1973 Allendes Amtssitz, den Palacio de La Moneda. Der Präsident sah laut neusten Obduktionsberichten keinen anderen Ausweg, als sich während der Erstürmung des Präsidentenpalastes durch die Putschisten zu erschießen.

Die Petraeus-Affäre

Das Ansehen der CIA erlitt 2012 erheblichen Schaden, als die Affäre des Vier-Sterne-Generals David Petraeus (*1952), seit 2011 Direktor des Auslandsnachrichtendienstes, ans Licht kam. Petraeus geriet nicht nur in die Kritik, weil er seine Ehefrau betrogen hatte, sondern weil seine Geliebte Paula Broadwell (*1972) durch ihn wahr-

David Petraeus mit seiner Geliebten Paula Broadwell

Salvador Allende auf einer Massenkundgebung 1972

Angriff der Putschisten auf den Präsidentenpalast

David Petraeus als Leiter der CIA

scheinlich auch an vertrauliche CIA-Informationen gelangt war. In die Ermittlungen um die Petraeus-Affäre schaltete sich zwischenzeitlich auch das FBI ein, das von Jill Kelley, einer Freundin der Familie Petraeus, hinzugezogen worden war, weil sie anonyme Drohungen per E-Mail erhalten hatte. Die Freundin der Familie Petraeus behauptete, die Nachrichten stünden in Zusammenhang mit ihrer Freundschaft zu dem Vier-Sterne-General. Die E-Mails konnten zu der offenbar eifersüchtigen Geliebten Broadwell zurückverfolgt werden. Das FBI berichtete am 6. November, dem Tag der Präsidentschaftswahl, dem Koordinator aller Geheimdienste, James Clapper (*1941), von seinen Untersuchungen. Daraufhin legte Clapper Petraeus einen Rücktritt nahe. Drei Tage später nahm Barack Obama (*1961) nach reiflicher Überlegung das Rücktrittsgesuch an.

AUFGABENGEBIET

Die Central Intelligence Agency unterstützt den Präsidenten bei seinen unterschiedlichen Aufgaben, die die nationale Sicherheit betreffen, indem sie im Ausland Informationen über verdächtige Gruppierungen sammelt und analysiert. Hierfür tauscht sie sich auch mit anderen, ihr freundschaftlich verbundenen Geheimdiensten aus. Die Behörde dient dank ihrer Berichte den verschiedenen Politikern des Landes als unverzichtbare Quelle bei der Entscheidungsfindung.

Auf Befehl des Präsidenten hin führen die Agenten verdeckte Ermittlungen durch, sofern sie mit dem Gesetz in Einklang zu bringen sind. Die Ermittlungen werden häufig vom National Security Council, einer Beratergruppe des Staatsoberhauptes, angeregt. Solche Einsätze kommen erst dann zum Tragen, wenn mithilfe von diplomatischen Gesprächen die angestrebten Ziele nicht erreicht werden konnten oder militärische Maßnahmen nicht angemessen erscheinen. Sollte eine verdeckte Ermittlung von der Behörde aufgenommen werden, so muss die entsprechende Aufsichtsbehörde im Kongress darüber unterrichtet werden.

Auf dem Programm der CIA steht ebenfalls die flächendeckende Terrorismusbekämpfung. Per Gesetz ist es den Mitarbeitern jedoch untersagt,

Präsident Barack Obama

ohne Begründung einzelne Bürger zu überwachen. Ausnahmen liegen vor, wenn sich die Anzeichen mehren, dass der Verdächtige beispielsweise Mitglied eines Spionagerings oder einer terroristischen Vereinigung sein könnte. Die CIA arbeitet dem National Counterterrorism Center zu, das versucht dem Terrorismus im Land Einhalt zu gebieten.

ORGANISATION

Eine erhebliche Umstrukturierung erfuhr die CIA im Jahr 2004, als der damalige Präsident George W. Bush (*1946) den Intelligence Reform and Terrorism Prevention Act unterzeichnete. Die Posten des Directors of Central Intelligence und seines Stellvertreters wurden zum Director of Central Intelligence Agency zusammengelegt. Koordiniert werden seitdem die Aktivitäten der amerikanischen Geheimdienste durch den Director of National Intelligence. Der Leiter der Behörde, der wahlweise eine Zivilperson, ein General oder Flaggoffizier der bewaffneten Streitkräfte sein kann, wird durch den Präsidenten nominiert. Dem CIA-Präsidenten unterstehen 15 verschiedene Abteilungen und ihre Leiter. Der Geheimdienst gliedert sich in 13 Dienststellen, die sich beispielsweise mit dem Land Irak im Speziellen befassen oder grundlegende Strategien entwickeln und Analysen erarbeiten.
Die Anzahl der Mitarbeiter sowie das jährliche Budget bleiben jedoch unter Verschluss. Seit 1989 überwacht der Inspector General, der vom Präsidenten ebenfalls berufen und vom Senat eingesetzt wird, zusammen mit seinen Mitarbeitern die Tätigkeiten der Central Intelligence Agency. Sie untersuchen zum Beispiel, ob sich die Behörde des Missmanagements oder einer ähnlichen Straftat schuldig gemacht hat. Seinen Hauptsitz hat der Geheimdienst in Langley, Virginia.

Der Hauptsitz der CIA in Langley

AUSBILDUNG

Nur US-Bürger, die älter als 18 Jahre sind und die High School abgeschlossen haben, dürfen sich Hoffnung auf eine Anstellung beim amerikanischen Geheimdienst machen. Standardmäßig werden die Kandidaten einem Lügendetektortest sowie medizinischen Untersuchungen im psychischen und physischen Bereich unterzogen. Die Sicherheitsüberprüfung ist ebenfalls fester Bestandteil des Bewerbungsverfahrens. Außerdem wird kontrolliert, ob die Kandidaten in der Lage sind, im Falle von mentalem Druck, geheime Informationen für sich zu behalten. Auslandsaufenthalte, militärische Vorerfahrungen sowie Fremdsprachenkenntnisse sind bei der Bewerbung von Vorteil. Auch Studenten sind bei der Central Intelligence Agency willkommen. Sie müssen sich jedoch bewusst sein, dass der Studienort auf Washington, D. C. beschränkt ist und sie von der Behörde keinen Wohnplatz ge-

Washington, D.C.

stellt bekommen. Verschiedene Stipendien werden von der CIA ausgeschrieben; das Undergrate Scholarship Program förderte in der Vergangenheit besonders Minderheiten und behinderte Studenten. Heute steht es allen Bewerbern offen, die die Voraussetzungen erfüllen, zum Beispiel das Erreichen der Abschlussnote 3.0 in der High School. Die Studenten des Förderprogramms arbeiten während der Sommerferien und lernen so ihre beruflichen Kompetenzen als Agenten auszubauen. Sie unterstützen mit ihren an der Schule erlernten Fähigkeiten in der Regel einen bestimmten Geheimdienstmitarbeiter und arbeiten diesem zu. Die Central Intelligence Agency sucht vor allem Mitarbeiter in den Bereichen Analyse, Internetsicherheit, Kartografie und öffentliche Angelegenheiten sowie Bewerber mit herausragenden Fremdsprachenkenntnissen.

DIE AFFÄREN DER CIA

Das Kennedy-Attentat

Bis heute ranken sich zahlreiche Verschwörungstheorien um die Ermordung John F. Kennedys am 22. November 1963. So soll Lee Harvey Oswald (1939–63) den amerikanischen Präsidenten nicht aus persönlichen Motiven erschossen haben, sondern vom CIA dafür angeheuert worden sein. Der Geheimdienst habe sich dafür rächen wollen, dass John F. Kennedy (1917–63) nach der gescheiterten Invasion in der Schweinebucht hatte verlauten lassen, dass er falsch beraten worden sei.

Ein kurzer Rückblick: 1961 hatte die CIA die Schweinebucht im Süden Kubas als einen idealen Angriffspunkt für eine Invasion auserkoren. Auf diesem Wege sollte die kubanische Revolution unter Fidel Castro (*1926) gestoppt werden. Am 17. April erreichten rund 1500 Exilkubaner mit Booten die Strände von Playa Girón und Playa Larga. Acht Kampfflugzeuge unterstützten den Angriff sowie zahlreiche Transportflugzeuge und Frachtschiffe. Zeitgleich zur Invasion sollte in Havanna sowie in weiteren Städten ein Aufstand unter Soldaten und der Bevölkerung losgetreten werden, um jeglichen Verdacht zu zerstreuen, dass die amerikanische Regierung für die Invasion verantwortlich sei. Doch der Angriff scheiterte bereits nach wenigen Tagen, Kennedy musste eine herbe Niederlage einstecken. Auf Bestreben Kennedys musste Allen Dulles (1893–1969)

Die Kennedys Sekunden vor der Ermordung des Präsidenten

Jack Ruby (r.) erschießt Lee Harvey Oswald (M.)

pretation widersprechende Indizien nicht ausreichend berücksichtigt und das Motiv Oswalds und seines Mörders blieb diffus. FBI und CIA hatten dem Ausschuss zudem wichtige Unterlagen vorenthalten, um ihre eigenen rechtswidrigen Aktivitäten zu verschleiern.

Antrieb erhielten die Verschwörungstheorien durch die unterschiedlichen Aussagen der Augenzeugen, die das Geschehen vom Straßenrand aus beobachtet hatten. Sie konnten beispielsweise nicht zweifelsfrei sagen, wie viele Schüsse an dem Tag gefallen waren.

seinen Rücktritt als Leiter des Auslandsgeheimdienstes einreichen und wurde durch John McCone (1902–91) ersetzt.

Nach dem Tode des Präsidenten wurde die Warren-Kommission eingesetzt, um die Hintergründe der Tat aufzuklären. Trotz großer Proteste wurde unter anderem der ehemalige CIA-Chef Dulles, der die Einzeltäterthese vertrat, in die Kommission aufgenommen. Offensichtlich war die Hauptaufgabe der Warren-Kommission von Anfang an, die Öffentlichkeit von der Einzeltäterschaft Oswalds zu überzeugen und Verschwörungstheorien im Keime zu ersticken. So hatte die Kommission ihrer eigenen Inter-

Schon gewusst?

Lee Harvey Oswald, der seine Unschuld beteuerte, wurde zwei Tage nach dem Attentat vom Nachtklubbesitzer Jack Ruby (1911–67) während der Überführung in ein anderes Gefängnis ermordet.

Wenige Monate vor Kennedys Ermordung war bereits Hollywoodstar Marilyn Monroe (1926–62) unter mysteriösen Umständen ums Leben gekommen. Die blonde Sexbombe soll einst dem amerikanischen Präsidenten den Kopf verdreht und mit ihm sowie mit seinem Bruder Bobby eine Affäre gehabt haben. Um dies zu vertuschen, soll sie vom CIA oder dem FBI ermordet worden sein. Die beiden Politiker, beide verheiratet und katholisch, hätten so ihre Ehre und ihr Ansehen retten wollen. Fakt ist, dass Monroe am 5. August 1962 leblos in ihrem Bett gefunden wurde. Bei einer Obduktion konnte eine Überdosis des Barbiturats Nembutal in Verbindung mit dem Schlafmittel Chloralhydrat nachgewiesen werden.

9/11 – das amerikanische Trauma

Die Attentate auf die Zwillingstürme des World Trade Centers, auf das Pentagon sowie der Absturz einer vierten Maschine am 11. September 2001 schockierten die Amerikaner zutiefst. Viele von ihnen konnten und können noch immer nicht begreifen, wie die amerikanischen Geheimdienste von der Planung der Anschläge keine

Kenntniss genommen haben können. Bereits wenige Monate nach den Terroranschlägen kursierten die ersten Verschwörungstheorien im Internet. Darunter befand sich auch die Behauptung, dass die Central Intelligence Agency für das Unglück verantwortlich sei. CIA-Agenten hätten demnach die entführten Flugzeuge per Fernsteuerung ins World Trade Center gelenkt. Außerdem sei der merkwürdig anmutende senkrechte Zusammensturz der Zwillingstürme nur durch zuvor gelegte Sprengsätze zu erklären. Um den Verdacht sofort auf eine terroristische Gruppierung zu lenken, habe der Geheimdienst geschickt Dokumente und Indizien platziert. Einige Anhänger dieser Verschwörungstheorie behaupten, dass die USA die Anschläge als Vorwand nutzen wollten, um gegen muslimisch geprägte Länder militärisch vorgehen zu können. Vor allem wirtschaftliche Interessen sollen bei den späteren Kriegen gegen den Irak und Afghanistan eine Rolle gespielt haben.

Feuerwehrmann vor den Trümmern des World Trade Center

Eindeutig nachweisen konnte die Untersuchungskommission zum 11. September 2001 jedoch lediglich die geballte Inkompetenz der US-amerikanischen Geheimdienste beziehungsweise der amtierenden Regierung unter George W. Bush (*1946). Schließlich hatten die Behörden trotz rechtzeitiger Warnungen durch die Israelis sowie führende Persönlichkeiten Jordaniens und Ägyptens keine Abwehrmaßnahmen eingeleitet. Auch der ehemalige CIA-Präsident George Tenet (*1953) war vorab über die potenziellen Gefahren in Kenntnis gesetzt worden, die von der Gruppierung al-Qaida ausgingen.

FBI (FEDERAL BUREAU OF INVESTIGATION)

Fast ein halbes Jahrhundert lang stand das Federal Bureau of Investigation ganz im Zeichen seines langjährigen Direktors J. Edgar Hoover (1895–1972). Unter seiner Führung stieg der Geheimdienst zu einer der am meisten gefürchtetsten Behörden des Landes auf, die besonders Jagd auf Kommunisten machte. Hoover war der mächtigste Mann innerhalb des FBI, das nach seinem Tod von Skandalen erschüttert wurde.

NAME:
Federal Bureau of Investigation

ABKÜRZUNG:
FBI

GRÜNDUNGSDATUM:
26. Juli 1908

HAUPTSITZ:
Washington, D. C.

STELLUNG:
Inlandsnachrichtendienst, bundespolizeiliche Ermittlungsbehörde des Justizministeriums

AUFGABENGEBIET:
Terrorismusbekämpfung, Spionageabwehr, Eindämmung des Drogenhandels sowie von Gewalt- und Wirtschaftsverbrechen

ZUSTÄNDIGKEIT:
Vereinigte Staaten von Amerika

Emblem des FBI

GESCHICHTE

Die Anfänge und die Hoover-Ära

Im Juni 1908 formte der Justizminister Charles Bonaparte (1851–1921) innerhalb des Justizministeriums eine spezielle Ermittlereinheit. Diese bestand unter anderem aus zehn ehemaligen Secret Service Mitarbeitern sowie einigen Angestellten des Justizministeriums. Die Anordnung vom 26. Juli 1908, dem Chefinspektor Stanley W. Finch (1872–1951) künftig Bericht zu erstatten, wird als Gründungsdatum des FBI angesehen. Im März 1909 legten Bonaparte und Präsident Theodore Roosevelt (1858–1919) fest,

Generalstaatsanwalt Charles Bonaparte

dass die Einheit mit ihren 34 Mitarbeitern fortan fester Bestandteil des Justizministeriums sein sollte. Bonapartes Nachfolger, George Wickersham (1858–1936), nannte die Behörde zunächst Bureau of Investigation (dt. Ermittlungsbehörde). In den Anfangsjahren untersuchte der Geheimdienst vor allem Kartellstreitigkeiten, Banküberfälle und ähnliche Delikte. Dies änderte sich mit dem Ersten Weltkrieg. Spionagetätigkeiten ergänzten von nun an die Aufgabenbereiche des FBI.

1923 übernahm J. Edgar Hoover (1895–1972) die Leitung der Behörde, die er grundlegend reformierte und professionalisierte. Er ließ unter anderem ein Trainingsgelände für die Agenten errichten und legte fest, dass neue Mitarbeiter lediglich zwischen 25 und 35 Jahre alt sein durften. Die Anzahl der Angestellten stieg unter seiner Leitung kontinuierlich: In den 1930er-Jahren waren bereits 654 Special Agents sowie 1141 unterstützende Mitarbeiter beim FBI beschäftigt. Hoover war außerdem der Meinung, dass das Bureau of Investigation nur erfolgreich sein konnte, wenn es Unterstützung von der Bevölkerung erhielt, und warb deshalb für die Übermittlung relevanter Informationen. Am 1. Juli 1932 wurde die Behörde in United States Bureau of Investigation unbenannt. Im Jahr 1935 erhielt sie ihren endgültigen Namen: Federal Bureau of Investigation.

J. Edgar Hoover

Der FBI-Chef wurde geliebt und gefürchtet zugleich: Obwohl Hoover mit mehreren Präsidenten – Harry S. Truman (1884–1972) war einer von ihnen – im Laufe seiner Karriere aneinandergeriet, konnte er über etliche Jahrzehnte seinen Posten behaupten. Niemand wagte es, den mächtigen Mann seines Amtes zu entheben. Schließlich hatte Hoover über fast jede bedeutende Persönlichkeit des Landes eigens eine Akte angelegt, in der er brisante Informationen, teilweise auch entgegen der gesetzlichen Bestimmungen, gesammelt hatte. Hoover war es auch, der 1934 Präsident Franklin D. Roosevelt (1882–1945) davon überzeugte, dass den FBI-Mitgliedern zukünftig das Recht zu übertragen sei, Waffen zu tragen. Ab diesem Zeitpunkt durften die Agenten ebenfalls selbstständig Verdächtige festnehmen und im gesamten Bundesgebiet ermitteln.

Aufmarsch des Ku-Klux-Klans im Jahr 1928

Besonders vermeintliche Kommunisten und Agenten der Sowjetunion ließ Hoover während seiner Amtszeit überwachen. Er wollte so früh wie möglich einer Bedrohung seitens des Kommunismus Einhalt gebieten. Neben zahlreichen Verhaftungen von Verdächtigen geht auch die Zerschlagung des Ku-Klux-Klans auf sein Konto.

Nach dem Tode Hoovers wurden die unzähligen Gesetzesbrüche, die während seiner Amtszeit von den Agenten begangen worden waren, bekannt. Zwischenzeitlich durfte das FBI auf Anordnung des Justizministeriums keine geheimdienstlerischen Ermittlungen mehr gegen subversive US-Bürger führen, da es sich gegen den Wunsch des Präsidenten Richard Nixon (1913–94) gestellt hatte, ihn bei der Abhörung der Demokraten zu unterstützen. Erst unter Ronald Reagan (1911–2004) wurde dieses Verbot wieder aufgehoben.

Untersuchungen in der Watergate-Affäre

Nach Hoovers Tod am 2. Mai 1972 übernahm L. Patrick Gray (1916–2005) die Leitung des FBI. Nur kurze Zeit später wurde im Juni in den Watergate-Gebäudekomplex, die Zentrale der Demokratischen Partei, eingebrochen. Dank ausgiebiger Recherchen konnten die Agenten des Federal Bureau of Investigation schon bald einen Bezug zu den Mitarbeitern des Präsidenten herstellen. Die *New York Times* soll anschließend vom FBI-Direktor den Tipp erhalten haben, dass es in diesem Fall Verbindungen zum Weißen Haus geben könnte. Doch keiner der Journalisten ging der Story nach. Stattdessen machten sich Carl Bernstein (*1944) und Bob Woodward (*1943) von der *Washington Post* daran, den Gerüchten auf den Grund zu gehen. Sie fanden heraus, dass einige Berater von Präsident Richard Nixon im Hauptquartier der Demokraten Abhörvorrichtungen angebracht hatten, um ihre politischen Gegner zu belauschen. Wichtigster Hinweisgeber der beiden Journalisten war der Informant „Deep Throat", dessen Identität erst im Jahre 2005 gelüftet wurde. Es war kein geringerer als Mark Felt (1913–2008), die damalige Nummer zwei des FBI. Während ihrer geheimen Treffen in einer Tiefgarage oder an anderen unauffälligen Orten stellte der Vizepräsident des Geheimdienstes sicher, dass sich die beiden Journalisten auf der richtigen Fährte befanden. Woodwards und Bernsteins Berichterstattung trug dazu bei, dass der Amtsmissbrauch Nixons einer breiten Öffentlichkeit bekannt wurde. Der Präsident sollte dazu beitragen, den Vorfall vollständig aufzuklären. Nixon weigerte sich jedoch, wichtige Informationen preiszugeben. Er soll zudem seinen Männern zu einem früheren Zeitpunkt den Auftrag gegeben haben, die Affäre zu vertuschen. Einem vom Repräsentantenhaus angestrebten Amtsenthebungsverfahren kam der Präsident am 9. August 1974 mit seinem Rücktritt zuvor. Der Skandal ereignete sich zu einer Zeit, in der sich das FBI vom Präsidenten lösen und seine Unabhängigkeit demonstrieren wollte.

Richard Nixon

Schon gewusst?

Außer Woodward und Bernstein wusste einzig noch Ben Bradlee (*1921), damaliger Chefredakteur bei der *Washington Post*, wer sich hinter dem Pseudonym „Deep Throat“ verbarg.

AUFGABENGEBIET

Das Federal Bureau of Investigation besitzt als bundespolizeiliche Ermittlungsbehörde des Justizministeriums offiziell die Erlaubnis, spezielle Kriminaldelikte zu untersuchen. Die Agenten dürfen laut Gesetz Verhaftungen vornehmen, Waffen tragen sowie Haftbefehle zustellen. Im Rahmen der Verhaftungen, die im Ausland nur mit der Zustimmung des jeweiligen Landes und des US-Kongresses erfolgen dürfen, werden vom Verdächtigen Fingerabdrücke genommen und Fotos angefertigt. Im Gegensatz zu vielen anderen internationalen Geheimdiensten kann das FBI zwischen Überwachung und aktivem Eingreifen problemlos wechseln. Es ist ihnen jedoch untersagt, die Delikte auch strafrechtlich zu verfolgen. Dies wird unter anderem von den Staatsanwälten des Justizministeriums vorangetrieben. Außerdem unterstützt es andere Vollzugsbehörden im In- und Ausland bei ihrer Arbeit, indem es Fingerabdrücke mit der internen Datenbank abgleicht, Laboruntersuchungen vornimmt und verschiedene sicherheitsdienstliche Lehrgänge anbietet.

FBI-Marke und Dienstwaffe

Ziel des Geheimdienstes ist es, die Vereinigten Staaten von Amerika vor terroristischen Anschlägen sowie extremistischen Gruppierungen zu beschützen. Dafür sammelt er Informationen und wertet sie anschließend aus. Auch im Bereich Gegenspionage ist das FBI tätig. Es achtet ebenfalls darauf, dass das Strafrecht im Land eingehalten wird. Die Mitarbeiter beschäftigen sich darüber hinaus mit den Arbeitsfeldern Internetkriminalität, öffentliche Korruption, Bürgerrechte, organisiertes Verbrechen/Drogenhandel, Gewaltverbrechen sowie Wirtschaftskriminalität. Nur eingeschränkt darf die Behörde beispielsweise Gewaltverbrechen an international Reisenden sowie die Fahndung von Serienmördern verfolgen. Bevor sie diesen Verbrechen auf den Grund geht, muss sie zunächst eine offizielle Anfrage an den zuständigen Staatsbeamten stellen. Die Zuständigkeit des Federal Bureau of Investigation ist in verschiedenen Gesetzen geregelt, zum Beispiel im Intelligence Reform and Terrorism Prevention Act of 2004. So bedarf die Einrichtung von Abhöranlagen der vorherigen Zustimmung des zuständigen Bundesrichters.

ORGANISATION

Der FBI-Direktor wird seit 1968 gemäß des Omnibus Crime Control and Safe Streets Act durch den Präsidenten berufen und vom Senat eingesetzt. Seine Amtszeit ist auf höchstens zehn Jahre beschränkt. Die Zeitspanne wurde im Jahr 1976 als Folge der 48-jährigen Amtszeit von J. Edgar Hoover, der das FBI im Alleingang geführt hatte, festgelegt. Überwacht werden die

Robert S. Mueller (*1944) –
der aktuelle Leiter des FBI

geheimdienstlerischen Aktivitäten der Behörde vom Director of National Intelligence. Hauptsitz des Federal Bureau of Investigation ist seit 1975 das J. Edgar Hoover Building in Washington, D. C. In weiteren Großstädten des Landes befinden sich 56 Außenstellen, die der Zentrale zuarbeiten. In Quantico ist beispielsweise die Laboreinheit untergebracht. Als resident agencies werden kleinere Büroeinheiten beim FBI bezeichnet. Die Behörde verfügt über rund 380 dieser resident agencies. Ergänzt wird die Organisation noch durch einige Spezialeinheiten.

Im Ausland, zum Beispiel in Berlin, Kairo und Tallinn, unterhält der Geheimdienst mehr als 30 Vertretungen. Mit Ende des dritten Quartals 2012 beschäftigte das FBI 36.074 Mitarbeiter, von denen rund ein Drittel (13.913) als Agenten tätig sind. Fast die Hälfte der Angestellten ist weiblich. Im Jahr 2012 stand dem FBI, das sich dem Motto „Fidelity, Bravery and Integrity" (dt. Ehrlichkeit, Tapferkeit und Rechtschaffenheit) verschrieben hat, ein Budget von 8,1 Billionen US-Dollar zur Verfügung. Das FBI verfügt über eine eigene SWAT-Einheit.

Hauptsitz des FBI

AUSBILDUNG

Am Tag ihrer Bewerbung müssen potenzielle Agenten ein Mindestalter von 23 Jahren erreicht haben und dürfen nicht älter als 37 Jahre alt sein. Ausnahmeregelungen gelten für Veteranen. Einzig Personen, die im Besitz der amerikanischen Staatsbürgerschaft oder einer Staatsbürgerschaft der Nördlichen Marianen sind, können sich auf die ausgeschriebenen Positionen bewerben. Ein College- oder Universitätsabschluss, der eine mindestens vierjährige Studienzeit bescheinigt, sowie ein gültiger Führerschein sind ebenfalls Pflicht. Umzugsbereitschaft wird vorausgesetzt. Die Vergangenheit sämtlicher Kandidaten sowie ihre derzeitigen finanziellen Verhältnisse werden einem routinemäßigen Sicherheitscheck unterzogen. Außerdem müssen sie einen Lügendetektortest sowie Drogentests bestehen. Zudem werden Freunde, Verwandte, Nachbarn und Familie zu den Charaktereigenschaften des Bewerbers befragt. Sämtliche

Martin Luther King

neue Agenten absolvieren zu Beginn ihrer Karriere ein zwanzigwöchiges Intensivtraining an der FBI Academy in Quantico (Virginia). Während dieser Zeit leben sie auf dem hauseigenen Campus und lernen im Unterricht die Grundzüge des amerikanischen Rechtssystems sowie Elemente der Verhaltensforschung kennen. Sie lernen, investigative Untersuchungen zu führen, Berichte zu schreiben, beschäftigen sich mit den Grundlagen der Forensik und stringenter Interviewführung. Dort werden sie auch in die Feinheiten der Terrorismusabwehr, die Gegenspionage und das Erkennen von Massenvernichtungswaffen eingeführt. Neben der Theorie steht die Praxis auf dem Lehrplan. Die Agenten werden in der Anwendung von Schusswaffen trainiert sowie über Verteidigungstaktiken aufgeklärt. Ergänzt wird das Programm durch mehrstündige Fitnessübungen und Trainingseinheiten. Dort müssen sie unter anderem einen Fitnesstest bestehen, der Sit-ups, einen 300-m-Sprint, Liegestützen und Dauerlauf vorsieht. Wer durchfällt, wird nicht zu den weiteren Prüfungen zugelassen.

DER TOD DES BÜRGERRECHTLERS MARTIN LUTHER KING – SACHE DES FBI?

In den USA hält sich seit Jahren das Gerücht, dass nicht der Kleinkriminelle James Earl Ray (1928–98) den Bürgerrechtler und Friedensnobelpreisträger Martin Luther King (1929–68) erschossen haben soll, sondern dass dieser von einem Auftragskiller, der vom Federal Bureau of Investigation angeheuert worden war, ermordet wurde. Die Vermutung wird durch den Umstand genährt, dass J. Edgar Hoover King für einen Kommunisten hielt, der unter der Anleitung Moskaus die politischen Verhältnisse in den USA umstürzen sollte. Die Sowjetunion beabsichtigte Hoovers Meinung nach, mithilfe des Bürgerrechtlers in den Vereinigten Staaten eine kommunistische Diktatur zu errichten. Bereits seit 1958 hatte der FBI-Chef King im Verdacht, eine vom Kommunismus gesteuerte Marionette zu sein.

Von John F. Kennedy erhielt Hoover schließlich 1961 die Erlaubnis, den Telefonschluss von Stanley Levison (1912–79), Kings Redenschreiber, überwachen zu dürfen, nachdem er dem

Marsch auf Washington am 28. August 1963

Martin Luther King mit Präsident Lyndon B. Johnson (1966)

Präsidenten verdeutlicht hatte, dass er über dessen unsteten Lebenswandel Bescheid wusste. Auch die Hotelräume, in denen King sich während seiner Reisen aufhielt, sowie sein Büro wurden verwanzt. So hatte die Behörde bereits Tage vor dem Protestmarsch auf Washington von der Kundgebung Kenntnis erlangt, die später mit der berühmten Rede „I have a Dream" ihren Abschluss fand. Das FBI wertete die Rede Kings als aufwieglerisch und verstärkte ihre Überwachungsaktivitäten.

Ray hatte sich nach den tödlichen Schüssen auf King am 4. April 1968 nach Europa abgesetzt, wurde jedoch am Londoner Flughafen von der Polizei aufgegriffen. Bereits nach kurzer Zeit gestand Ray die Tat, eine Hauptverhandlung fand nicht statt. Er wurde zu 99 Jahren Haft verurteilt; diese erhöhte sich um ein Jahr, da Ray 1977 kurzeitig die Flucht gelang. Sein Geständnis widerrief er jedoch bereits kurze Zeit später. Gleichzeitig bleiben auch Jahre nach der Tat die Fragen unbeantwortet, ob Ray Hilfe von Dritten erhalten hatte und woher seine professionell gefälschten Papiere stammten. Auch die Frage, wie der Kleinkriminelle, der in der Vergangenheit häufig in finanzielle Schwierigkeiten geraten war, die Mittel aufbrachte, um sich per Flugzeug ins Ausland abzusetzen, bleibt offen. Ray behauptete selbst jahrelang, dass er von einem ominösen Mann namens Raoul den Auftrag erhalten habe, King zu erschießen. Er habe außerdem nicht allein gehandelt. Ein ehemaliger Abteilungsleiter des Justizministeriums gab später an, dass er vom stellvertretenden FBI-Direktor einen Tag nach dem Mordanschlag dazu gedrängt worden sei, die Einzeltätertheorie vehement zu vertreten. Sämtliche FBI-Akten zum Fall Martin Luther King bleiben bis 2027 unter Verschluss.

James Ray

SPIONAGE IN DEN ZEITEN DES BÜRGERKRIEGES – BELLE BOYD

NAME:
Isabella Marie Boyd,
besser bekannt als Belle Boyd

SPITZNAME:
La Belle Rebell,
Kleopatra der Sezession

GEBURTSDATUM UND -ORT:
4. Mai 1844 in Bunker Hill, Virginia

MISSION:
Spionage im Sezessionskrieg, Übermittlung der Truppenbewegungen der Nordstaaten an die Südstaaten

AUFTRAGGEBER:
Konföderierte Staaten

TÄTIGKEITSORT:
Front Royal, Virginia

Belle Boyd

Dass Spionage keine Erfindung des James-Bond-Autors Ian Fleming ist und bereits seit Jahrhunderten auf der ganzen Welt praktiziert wird, beweist die US-Amerikanerin Belle Boyd (1844–1900). Die Tochter eines wohlhabenden Kaufmanns und Farmers engagierte sich im amerikanischen Bürgerkrieg für die Südstaaten. Ihre Karriere als Spionin begann 1861, als während des Sezessionskrieges Soldaten, die den Nordstaaten angehörten, das Haus der Boyds in Virginia stürmten. Sie verdächtigten Belle, eine Fahne der Südstaatenkonföderation aufgehängt zu haben. Über die Flagge geriet Belle mit den Männern in Streit: Sie wollte nicht einsehen, warum sie die Fahne in ihrem Zuhause nicht zur Schau stellen durfte. Es kam vermutlich zu einem Handgemenge; Belle erschoss daraufhin einen der Männer. Dieser Vorfall ließ sie zu einer glühenden Verfechterin der Ideale der Südstaaten werden.

Dabei hätte Belle alle Möglichkeiten gehabt, ein sittsames Leben zu führen: Sie besuchte ein College, lernte dort Französisch und war Teil der

Der Bürgerkrieg forderte über 600.000 Tote.

gehobenen Gesellschaft. Trotzdem entschied sie sich für das unbequeme und gefährliche Leben einer Agentin. Ihre Ausbildung erhielt sie beim Geheimdienst der Konföderation. Von vielen wurde die junge Frau fortan nur noch „La Belle Rebell“ genannt. Sie zeichnete sich vor allem durch ihre Impulsivität und ihren Kampfgeist aus. Ebenso wie ihre männlichen Kollegen erfüllte Belle Boyd alle Aufgaben, die einem Spion in der Regel zugeschrieben werden. Sie ging potenziellen militärischen Manövern auf den Grund und leitete ihre gesammelten Informationen an die entsprechenden Kriegsgeneräle im Süden weiter. Dafür setzte sie mehrfach ihr Leben aufs Spiel: Damit der Truppengeneral noch rechtzeitig über entscheidende feindliche Truppenbewegungen informiert werden konnte, überquerte sie beispielsweise furchtlos einen der vielen Kriegsschauplätze. Nebenbei horchte sie mit viel Einfühlungsvermögen die für die Nordstaaten kämpfenden Soldaten aus. Außerdem soll sie für die Südstaaten Waffen geschmuggelt haben. Geschickt belieferte sie die Männer mit Munition und versorgte die Verwundeten mit Medikamenten. Später verkündete sie, dass sie allzeit entschlossen gewesen sei, ihrem Land trotz aller Widrigkeiten beizustehen – auch wenn dies ihren Tod hätte bedeuten können.

Doch nicht immer blieben Belles Aktivitäten unbemerkt. Den Nordstaatlern gelang es, die junge Dame in Gewahrsam zu nehmen. Dank eines Gefangenenaustauschs erlangte sie aber bereits nach kurzer Zeit ihre Freiheit zurück. Beim zweiten Mal hatte die als charmant geltende Belle weniger Glück. Sie wurde erneut inhaftiert. Das Kriegsgericht bestimmte, dass Belle für ihre Spionagetätigkeiten im Gegenzug Zwangsarbeit ableisten sollte. Wenig später entschied sich das Kriegsgericht jedoch um: Sie verbannten die Agentin in den Süden. Dies sollte Strafe genug sein. Mit der Verbannung endeten auch die Spionagetätigkeiten von Belle, die bereits als Kind ihr störrisches Wesen unter Beweis gestellt hatte: Als Elfjährige durfte sie trotz heftiger Proteste aus Altersgründen nicht an einem Dinner ihrer Eltern teilnehmen. Doch statt in ihrem Zimmer zu bleiben, soll sich das Mädchen auf ihren Wallach geschwungen haben und in das Esszimmer eingeritten sein. Als Erklärung gegenüber ihren Eltern gab sie lapidar an, dass das Pferd wohl das entsprechende Alter für ein Dinner hätte.

Große Aufmerksamkeit erntete sie mit der Veröffentlichung ihrer Memoiren. Die patriotische Agentin starb am 11. Juni 1900 an den Folgen eines Herzinfarktes.

Schon gewusst?

Nach ihrer Karriere als Spionin widmete sich Belle Boyd der Schauspielerei – doch nur mit mäßigem Erfolg.

CANADIAN SECURITY INTELLIGENCE SERVICE

Der Nachrichtendienst Kanadas ist voll und ganz damit beschäftigt, im In- und Ausland für die Regierung Informationen zu sammeln. Dessen Berichte zieht das Gouvernement für seine Entscheidungen hinsichtlich der nationalen Sicherheit heran. Bis auf die Royal Canadian Mounted Police beliefert er ebenfalls sämtliche Bundesbehörden mit seinen Sicherheitseinschätzungen.

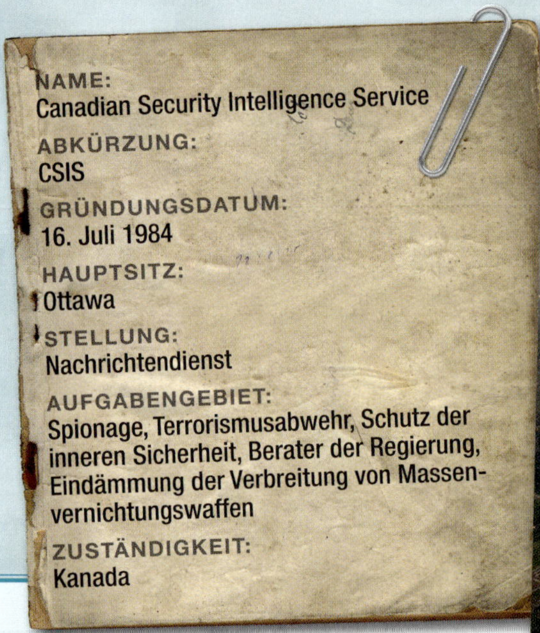

NAME:
Canadian Security Intelligence Service

ABKÜRZUNG:
CSIS

GRÜNDUNGSDATUM:
16. Juli 1984

HAUPTSITZ:
Ottawa

STELLUNG:
Nachrichtendienst

AUFGABENGEBIET:
Spionage, Terrorismusabwehr, Schutz der inneren Sicherheit, Berater der Regierung, Eindämmung der Verbreitung von Massenvernichtungswaffen

ZUSTÄNDIGKEIT:
Kanada

Ottawa – Sitz des Nachrichtendienstes

GESCHICHTE

Historische Entwicklung des CSIS

Die kanadische Regierung verabschiedete 1984 ein vom Parlament beschlossenes Gesetz, das die Gründung eines zivilen Nachrichtendienstes vorsah. Damit war der Canadian Security Intelligence Service geboren. Auf diesem Wege endete ein fast 120 Jahre andauernder Streit mit der Bundespolizei. Dank des Gesetzes wurde für die Zukunft klar geregelt, mit welchen Aufgaben die jeweilige Behörde betraut ist. Erste Vorgängerorganisationen des CSIS gab es bereits ab 1864, als Sir John A. Macdonald (1815–91)

John A. Macdonald

das Western Frontier Constabulary gegründet hatte. Die Polizeieinheit sollte präventiv das gesamte Territorium Oberkanadas bewachen und verdächtige Vorkommnisse an Macdonald berichten. Den östlichen Bereich schützte die Montreal Water Police. Die Behörde wurde 1868 durch eine zwölf Mann starke, herrschaftliche Polizeieinheit ersetzt, die vor allem öffentliche Gebäude bewachte. Bis zum Ersten Weltkrieg wuchs die Behörde auf 140 Mitglieder an. 1920 fusionierte die Einheit mit der Royal North West Mounted Police zur Royal Canadian Mounted Police (RCMP), deren Mitglieder im Volksmund schlicht „Mounties“ genannt werden.

Die Abteilung für Nachrichtendienste war zwischen den Weltkriegen nur dünn besetzt. Dies änderte sich mit dem Beginn des Zweiten Weltkrieges. Durch den Kryptografen der sowjetischen Botschaft in Ottawa, Igor Gouzenko (1919–82), erhielt der Geheimdienst Berichte über die Spionagetätigkeiten der UdSSR. Der sowjetische Spionagering hatte vor allem militärische und wissenschaftliche Informationen gesammelt. Die Abwehr von Spionageangriffen wurde zu einem neuen Aufgabengebiet des Nachrichtendienstes. Dazu gesellten sich in den 1960er-Jahren vermehrt Attacken durch einzelne linksextremistische Gruppen, allen voran die Front de libération du Québec (dt. Front für die Befreiung Québecs). Auch andere politisch motivierte Taten erschütterten in dieser Zeit Kanada. Der Schutz der Einwohner wurde für den Nachrichtendienst zum höchsten Gut. Jedoch überschnitten sich die Aufgabengebiete mit denen der Polizei. Zwei unabhängige Kommissionen kamen jeweils zu dem Schluss, dass die Behörde vom RCMP losgelöst werden müsste. So entstand 1970 zunächst der RCMP Security Service. 1981 entschied die Regierung jedoch, einen eigenständigen Geheimdienst einzurichten. Am 16. Juli 1984 wurde Thomas D’Arcy Finn (1939–2007) zum ersten Direktor des CSIS bestimmt.

Mounties um 1900

Flagge der linksextremistischen Terrororganisation Front de libération du Québec

Parlamentshügel in Ottawa

Mississauga – Zentrum der Terrorverdächtigen

Aktivitäten im Internet

Dank aufmerksamer Agenten des CSIS konnten 2006 mehrere Terroranschläge verhindert werden, die wahrscheinlich in der südlichen Region der Provinz Ontario verübt werden sollten. Vermutlich sollten sogar die Geheimdienstzentrale in Toronto selbst sowie das Parlamentsgebäude, das in Ottawa zu finden ist, angegriffen werden. Auch das kanadische U-Bahn-Netz soll ein mögliches Ziel gewesen sein.

Die siebzehn Männer, die vom Canadian Security Intelligence Service aufgegriffen wurden, waren bei ihrer Planung nicht besonders achtsam vorgegangen. Sie besprachen sich in öffentlichen Internetchatrooms und führten so die Ermittler auf ihre Spur. Die CSIS-Agenten stuften die zwölf Männer im Alter zwischen 19 und 43 Jahren sowie die fünf Jugendlichen als Sympathisanten der Terrorgruppe al-Qaida ein. Sie sollen von deren islamistischer Ideologie überzeugt gewesen sein. Die Männer gehörten verschiedenen Gesellschaftsschichten an; unter ihnen befanden sich Arbeitslose, Studenten und Angestellte. Viele der mutmaßlichen Terroristen besaßen einen kanadischen Pass und waren auch in Kanada geboren. Für die geplanten Attentate hatte sich die Gruppe drei Tonnen Ammoniumnitrat bestellt, die zum Schein von der Polizei ausgeliefert wurden. Danach hatte der Geheimdienst die Überwachung der Verdächtigen intensiviert, rund zwei Jahre lang standen sie unter strenger Beobachtung. Am 2. Juni 2006 wurden die Verdächtigen in der näheren Umgebung von Toronto von einer fast hundert Mann starken Polizeigruppe festgenommen. Wegen des Verdachts auf terroristische Aktivitäten wurden die Festgenommenen vor Gericht gestellt.

AUFGABENGEBIET

Mit Effektivität und Integrität möchte der CSIS den Bürgern Kanadas ein friedliches und sicheres Leben im Land ermöglichen. Dafür unterstützt er die Regierung mithilfe von national und international gesammelten Nachrichten bei ihrer Entscheidungsfindung. Einzelpersonen, die Zugang zu sensiblen Daten der Regierung erhalten oder für eine ähnliche Behörde arbeiten, werden einer ausführlichen Sicherheitsüberprüfung unterzogen. Die entsprechenden Behörden besitzen jedoch das Recht, die Sicherheitsfreigabe abzulehnen. Die Überprüfungen dienen auch dazu, Extremisten und Terroristen zu entlarven. Besonders religiös, politisch oder ideologisch motivierte Attentäter sollen durch die Arbeit des CSIS bei der Ausübung ihrer Pläne behindert werden. Auf dem gleichen Wege versucht der Geheimdienst, Spionage und die Verbreitung von Massenvernichtungswaffen aufzuhalten. So sollen die demokratischen Werte des Staates geschützt werden. Die Behörde erwartet von ihren Mitarbeitern, dass sie flexibel und zeitnah auf die aktuellen technischen und politischen Veränderungen in der Welt reagieren. Schließlich legt sie großen Wert darauf, dass die Agenten sämtliche Spionageattacken, die beispielsweise die neusten wissenschaftlichen und technischen Entwicklungen im Land in Augenschein nehmen, bereits im Keim ersticken. Auch die verschiedenen Informationswege soll der Canadian Security Intelligence Service vor

Gefahr im virtuellen Raum – Angriffe durch Hacker

Der Minister für öffentliche Sicherheit, Vic Toews (*1952)

Hackern und fremden Mächten schützen. Verdeckte Untersuchungen sowie Telefonüberwachungen müssen vorab jedoch von einem Richter des Bundesgerichts genehmigt werden.

ORGANISATION

Mit Verabschiedung des Gesetzes zur Gründung eines selbstständigen Nachrichtendienstes wurde zugleich das Security Intelligence Review Committee ins Leben gerufen. Auch der Posten des Inspector General wurde neu geschaffen. Gemeinsam überprüfen sie die Aktivitäten des CSIS und berichten der Regierung. Der Minister für öffentliche Sicherheit sowie sein Stellvertreter zeichnen für den CSIS und seinen Direktor gegenüber dem Parlament verantwortlich. Daher werden sie vom Nachrichtendienst über die einzelnen Operationen informiert. Der Minister veröffentlicht einmal jährlich den Bericht „Annual Statement on National Security“ sowie den „CSIS Public Report“, die beide der breiten Öffentlich-

Peking – Hauptstadt der Industriespionage?

keit zugänglich sind. Geleitet wird die Behörde durch den Direktor. Im Ausland werden Security Liaison Officers eingesetzt, die unter anderem anhand von öffentlichen Quellen für den CSIS relevante Informationen gewinnen.

AUSBILDUNG

Die Einstellungskriterien beim Canadian Security Intelligence Service sind besonders vielfältig. Die Bewerber müssen die kanadische Staatsbürgerschaft besitzen und dürfen keine Einträge im Strafregister aufweisen. Darüber hinaus müssen sie die Sicherheitsprüfung ohne Probleme überstehen, dürfen sich also nicht in finanziellen Schwierigkeiten befinden oder Teil einer verfassungswidrigen Vereinigung sein. Die vergangenen zehn Jahre im Leben des Kandidaten müssen einwandfrei überprüft werden können. Außerdem darf der Bewerber in den letzten zwölf Monaten, die seiner Bewerbung vorausgingen, keine illegalen Drogen konsumiert haben. Für bestimmte Positionen muss er einen Führerschein vorweisen können. Darüber hinaus muss der Kandidat sein Einverständnis geben, dass er in jedem Teil Kanadas oder im Ausland eingesetzt werden darf. Nach Auswertung der Bewerbungsunterlagen werden die aussichtsreichsten Bewerber zu einer Informationsveranstaltung eingeladen, bei der sie mehr über ihren potenziellen Arbeitgeber erfahren. Anschließend warten ein Bewerbungsgespräch sowie verschiedene Tests, die von einem Psychologen geleitet werden. Kandidaten mit Migrationshintergrund müssen sich einer Begutachtung stellen. Darüber hinaus warten ein Aufsatz, ein Interview zur Motivation sowie eine abschließende Bewertung auf die Bewerber.

Schon gewusst?

Eine Studie zur Industriespionage ermittelte 2012, dass fast 50 Prozent der deutschen Unternehmen vom Know-how-Klau betroffen sind. Die Spionage verursachte rund 4,2 Millionen Euro Schaden. China erscheint aber längst nicht mehr als einziges Risikoland.

Der kanadische Ministerpräsident Stephen Harper begrüßt den chinesischen Präsidenten Hu Jintao auf dem G20-Gipfel in Toronto.

SPIONAGE UND BESTECHUNG?

Im Juni 2010 trat der Direktor des CSIS, Richard Fadden (*1951), ins Fettnäpfchen, als er ein später heftig von den Medien kritisiertes Interview gab. Darin unterstellte er mehreren Nationen, dass sie in Kanada Industriespionage betreiben würden. Außerdem warf er ihnen vor, dass sie versuchen würden, einzelne kommunale Politiker des Landes sowie verschiedene Kabinettsmitglieder zweier Provinzen bei ihren Entscheidungen zu beeinflussen. Die Politiker würden Positionen bekleiden, in denen wichtige Entscheidungen getroffen werden, die die Provinzen oder gar das gesamte Land betreffen. Die entsprechenden Politiker hätten seiner Meinung nach gar nicht bemerkt, dass sie benutzt würden, sondern die Beziehung als eine innige Freundschaft angesehen. Diese entstehe schleichend durch gegenseitige Einladungen, kleinere Geschenke und Freiflüge.

Fadden wurde von der Presse dafür getadelt, dass er das öffentliche Interview beim CBC nur kurze Zeit vor der Eröffnung des G8-Gipfels in Huntsville sowie des G20-Gipfels in Toronto gegeben hatte. Seine Vermutungen hatte er zum ersten Mal einige Zeit vorher bei einem Treffen des Royal Canadian Military Institute geäußert. Auch wenn der CSIS-Chef keine konkreten Namen genannt hatte, so spekulierten doch einige Zeitungen, dass er unter anderem China mit seinen Anschuldigungen gemeint habe. Viele befürchteten, er könnte mit seinen Äußerungen den Verhandlungspartner verärgert haben. Zahlreiche Politiker bezeichneten Faddens Behauptungen als unerhört und komplett unprofessionell. Für seine Vorwürfe hätte er keine zwingenden Beweise. Später gab der Geheimdienstleiter zu Protokoll, dass der Canadian Security Intelligence Service den Fall in der Vergangenheit als nicht ausreichend belegt einstuft hatte, um ihn den Bezirksbehörden zu präsentieren.

Schon gewusst?

Richard Fadden (*1951) übernahm im Juni 2009 das Amt des CSIS-Direktors. Zuvor war er unter anderem stellvertretender Minister der Behörde für Staatsbürgerschaft und Einwanderung gewesen.

GOVERNMENT COMMUNICATIONS SECURITY BUREAU

Die öffentliche Behörde, die im Dienste der heimischen Regierung steht, hat sich komplett auf die technische Nachrichtenübermittlung und -überwachung spezialisiert. Das Government Communications Security Bureau ist Teil der vorangestellten Organisation Intelligence and Security Community, die mit der Sicherheit des Landes betraut ist.

NAME:
Government Communications Security Bureau

ABKÜRZUNG:
GCSB

GRÜNDUNGSDATUM:
1. September 1977

HAUPTSITZ:
Wellington

STELLUNG:
Nachrichtendienst

AUFGABENGEBIET:
Berater der Regierung, Informationsgewinnung im In- und Ausland, Schutz der nationalen Infrastruktur, Nachrichtenüberwachung

ZUSTÄNDIGKEIT:
Neuseeland

Wellington – Sitz des GCSB

GESCHICHTE

Der damalige Premierminister Sir Robert Muldoon (1921–92) gründete am 1. September 1977 den GCSB mit der Absicht, dass dieser im Auftrag der Regierung Neuseelands die Überprüfung der Nachrichtenwerte, der technischen Sicherheit sowie der ausländischen Geheimdienste übernehmen sollte. Einige Jahre später wurde das Aufgabenfeld durch den Bereich Computersicherheit ergänzt. Zuvor waren die Nachrichtenwerte vom New Zealand Communications Security Committee, das nach dem Ende des Zweiten Weltkrieges seine Arbeit aufgenommen

Sir Robert Muldoon – Begründer des GCSB

schloss sich aber in den 1980er-Jahren dazu, den anderen politischen Parteien die Existenz des Nachrichtendienstes nicht mehr zu verschweigen. Zunächst wurden das Kabinett und die Oppositionsführer über den Geheimdienst informiert. Die Bespitzelung der fremden Geheimdienste wurde ihnen aber verschwiegen. Erst 1984 wurde der Aufgabenbereich des GCSB dank eines parlamentarischen Berichts von Muldoon vollständig aufgedeckt. Die breite Öffentlichkeit erfuhr zum ersten Mal überhaupt von der Existenz des Government Communications Security Bureaus. Infolge des Intelligence Review of 1987, des State Sector Act 1988, des Quigley Defence Resource Management Review 1988 und des Public Finance Act 1989 wurde der Nachrichtendienst 1989 aus dem übergeordneten Verteidigungsministerium ausgegliedert und fortan als eine eigenständige Behörde geführt.

hatte, überwacht worden. Das Komitee setzte sich aus Angestellten des Auslands- sowie Verteidigungsministeriums und Mitgliedern des Büros des Premierministers zusammen. Mit der Überwachung der technischen Sicherheit war zunächst auch eine andere Behörde betraut. Da jedoch bald die Kapazitäten des New Zealand Security Intelligence Service sowie des Verteidigungsministeriums in diesem Bereich ausgeschöpft waren, wurde speziell für diese Aufgabe der GCSB errichtet.

Aus Sicherheitsgründen wurde das Government Communications Security Bureau zu Beginn im Verteidigungsministerium untergebracht. Auf diesem Wege sollte die Behörde vor der Spionage von feindlichen Geheimdiensten geschützt werden. Die Regierung ent-

Helen Clark

Anfang des neuen Jahrtausends entschied die mit dem Orden Order of New Zealand ausgezeichnete, von 1999 bis 2008 tätige Premierministerin Helen Clark (*1950), dass der GCSB auf das gleiche gesetzliche Fundament gestellt werden sollte wie der New Zealand Security Intelligence Service, der unter anderem die Aufgabe erfüllt, die wirtschaftlichen Interessen des Landes zu schützen. Aus diesem Grund wurde nach einer öffentlichen Anhörung zum entsprechenden Gesetzentwurf am 2. April 2003 der GCSB Act verabschiedet.

AUFGABENGEBIET

Die Aufgabengebiete sind im Government Communications Security Bureau Act aus dem Jahre 2003 definiert. Da das Gesetz in seinen Formulierungen neutral gehalten ist, bedarf es keiner Überarbeitung, auch wenn sich die Technologien in naher Zukunft drastisch verändern sollten. Es bestimmt, dass der GCSB als Behörde Teil des Gouvernements ist und erlaubt gleichzeitig das Abfangen von wichtigen Nachrichten. Er darf aber weder Einheimische noch Zugezogene, die dort ihren ständigen Wohnsitz haben, überwachen. Der GCSB sichert die geheimen Informationen der Regierung. Er ist dafür zuständig, dass diese nicht unerlaubterweise an die Öffentlichkeit gelangen und die Regierung sicher kommunizieren kann. Die Behörde hat dafür Sorge zu tragen, dass die Infrastruktur in diesem Bereich aufrechterhalten wird und nicht durch Computerviren oder ähnliche Cyberattacken Schaden nimmt. Für diese Aufgabe war das GCSB Centre for Critical Infrastructure Protection (CCIP) zuständig, bevor es 2011 im National Cyber Security Center aufgegangen ist. Zudem überwacht die Behörde Nachrichten aus dem Ausland, um die Regierung bei ihren Entscheidungen zu unterstützen.

Satellitenüberwachungsstation in Waihopai

ORGANISATION

An oberster Stelle innerhalb des Geheimdienstes steht als Geschäftsführer der Direktor, der dem Ministerpräsidenten Bericht erstattet. Jener ist für den GCSB verantwortlich. Die Stelle des Direktors wurde erst 1989 im Zuge der zahlreichen Gesetzesreformen und der Errichtung des GCSB als Einzelbehörde geschaffen. Die Einheit, die für das Abhören von Rundfunkstationen zuständig ist, verlegte die Regierung 1982 von der Marineeinheit Iriangi, in der Nähe von Waiouru, in das Government Communications Security Bureau. Ihren Sitz hat die Station nun in Tangimoana. Sieben Jahre später, 1989, wurde die Satellitenüberwachungsstation in Waihopai, in der Nähe von Blenheim, errichtet. Die Adresse des Hauptgebäudes in Wellington ist leicht zu merken: Die Zentrale befindet sich im Pipitea Haus, das im Pipitea Gebäude untergebracht ist, das wiederum in der Pipitea Street steht. Die drei Abteilungen ausländische Geheimdienste, Informations- und Internetsicherheit sowie der Bereich für Entwicklung sind dort untergebracht. Rund 330 Angestellte sind für den GCSB

The Beehive (l.), der Sitz des Premierministers, und das Parlamentsgebäude

Schon gewusst?

Eine weitere Kontrollfunktion übernimmt der Inspector-General of Intelligence and Security, der dem Premierminister jährlich berichtet, ob sich der GCSB an die Gesetze gehalten hat.

tätig. Für den Zeitraum 2012/2013 hat der Geheimdienst ein Budget von 59,23 Millionen Neuseeland-Dollar zugesprochen bekommen. Das Intelligence and Security Committee (ISC) kontrolliert unter anderem die jährlichen Aufwendungen, die Strategie und die Amtsführung der neuseeländischen Nachrichtendienste. Es setzt sich aus dem Premierminister, dem Oppositionsführer sowie drei Abgeordneten zusammen, von denen zwei durch den Premierminister und einer durch den Oppositionsführer vorgeschlagen werden. Jener wird durch den Premierminister und das House of Representatives bestätigt.

AUSBILDUNG

Laut eigener Aussage beschäftigt der GCSB in den verschiedenen Abteilungen nur Personen, die in ihren Fachbereichen wahre Experten sind. Bewerber müssen die neuseeländische Staatsbürgerschaft besitzen, mindestens 20 Jahre alt sein und sich einer Sicherheitsüberprüfung unterziehen. Die aussichtsreichsten Kandidaten werden zu einem Bewerbungsgespräch eingeladen. Anschließend müssen sie sich psychologischen Tests stellen. Der GCSB befragt zudem zwei als Referenz angegebene Arbeitgeber. Vor der Einstellung steht gegebenenfalls ein zweites Bewerbungsgespräch an.

DER FALL KIM SCHMITZ

In den 1990er-Jahren machte sich Kim Schmitz (*1974), der sowohl die deutsche als auch die finnische Staatsbürgerschaft besitzt, einen Namen in der Hackerszene. Seine Computerkenntnisse nutzte er vor allem dazu, Kredit- und Telefonkarten zu fälschen. Von der Polizei aufgegriffen,

Kim Schmitz

Screenshot der Webpage megaupload.com nach Sperrung durch das FBI und das US-Justizministerium

spürte er fortan für den Abmahnanwalt Günter Freiherr von Gravenreuth (1948–2010) Raubkopierer auf. Zwischenzeitlich wurde Schmitz unter anderem wegen Computerbetrugs zu zwei Jahren auf Bewährung verurteilt. Im Jahr 2002 erhielt er erneut eine Bewährungsstrafe aufgrund von Insidergeschäften mit Aktien des Portals letsbuyit.com. Dem angeschlagenen Unternehmen hatte er versprochen, es finanziell zu unterstützen, ohne jedoch sein Versprechen einzuhalten. 2007 deuteten erste Medienberichte daraufhin, dass Schmitz bereits 2005 den Sharehoster Megaupload gegründet hatte, wobei die Gerüchte vonseiten des Unternehmens zurückgewiesen wurden.

Auf Sharehostern können Dateien hochgeladen und gespeichert werden. Anschließend erhält der Anwender eine Downloadadresse, von der aus er die Datei zu jeder beliebigen Zeit herunterladen kann. Sofern die Datei nicht gelöscht wird, ist sie für jeden, der im Besitz der URL ist, zugänglich. Häufig nutzen User die verschiedenen Sharehoster, um Musik, Filme, Software und Serien untereinander auszutauschen. Meist werden dort illegal Daten ausgetauscht, die eigentlich dem Urheberrecht unterliegen.

Wer bei Megaupload größere Dateien herunterladen wollte, der brauchte einen Premium-Account. Alle anderen Dienste waren kostenlos, jedoch musste mit längerer Downloadzeit gerechnet werden. Der im Erotikbereich tätige Anbieter Perfect 10 verklagte 2011 Megaupload wegen möglicher Urheberrechtsverletzungen. Schmitz einigte sich mit dem Unternehmen auf einen Vergleich. Schmitz, der in der Presse vor allem unter seinen Pseudonymen Kim Dotcom und Kimble bekannt ist, wurde mit sechs weiteren Mitarbeitern am 19. Januar 2012 in Neuseeland unter anderem wegen des Verdachts von Urheberrechtsverletzungen sowie Geldwäscherei verhaftet. Rund 175 Millionen US-Dollar soll der Deutsche mit der Internetplattform erwirtschaftet haben. Die Vereinigten Staaten erließen Haftbefehl gegen Schmitz und forderten im März 2012 seine Auslieferung.

Wenig später wurde aufgrund von Gerichtsdokumenten in der Öffentlichkeit bekannt, dass der GCSB Kim Dotcom bereits vor seiner Verhaftung abgehört hatte. Aus den Unterlagen, die aufgrund des Auslieferungsverfahrens publik gemacht worden waren, geht hervor, dass die Abhöraktion im Auftrag der Polizei, aber nicht mit Einverständnis der Regierung geschehen war. Das FBI, das Schmitz unterstellt, er habe mit Absicht und vollem Wissen von den Urheberrechtsverletzungen profitiert, hatte vorab die neuseeländische Polizei um Mithilfe bei den Untersuchungen gebeten. Diese hätten wiederum den GCSB ersucht, Schmitz' Mitarbeiter abzuhören. Die Agenten hatten vor allem Telefonate sowie den E-Mail-Verkehr zwischen Schmitz und seinen Angestellten abgefangen und ausgewertet. Auf diesem Wege konnten sie die meisten Mitangeklagten aufspüren. Die Bespit-

Schmitz vor seiner Villa in Coatsville, Neuseeland

zelung wurde als illegal gewertet, da es dem Geheimdienst nicht erlaubt ist, Neuseeländer zu beschatten. Er darf außerdem keine Personen ausspionieren, die in dem Land ihren Wohnsitz

Bundeskanzlerin Merkel mit Premierminister Key

haben. Schmitz wohnt seit einigen Jahren in Neuseeland. Premierminister John Key (*1961) ordnete zu dem Fall eine Untersuchung an, die vom Generalinspekteur der Geheimdienste geleitet wurde. Die Kommission kam zu dem Schluss, dass die Abhöraktion illegal gewesen sei. Dies veranlasste Key dazu, sich für die gesetzeswidrige Handlung des Geheimdienstes bei Schmitz sowie dem neuseeländischen Volk zu entschuldigen. Schmitz, der in der Zwischenzeit auf Kaution freigekommen ist, kämpft mit seinen Anwälten darum, nicht in die Vereinigten Staaten ausgeliefert zu werden. Voraussichtlich im März 2013 soll eine Anhörung stattfinden, bei der diese Frage endgültig entschieden werden soll.

AGÊNCIA BRASILEIRA DE INTELIGÊNCIA

Die Agência Brasileira de Inteligência steht mächtig unter Druck: Sie ist in Brasilien als zentrale Behörde sowohl für die Planung als auch für die Ausführung, Koordination, Überwachung und Kontrolle der geheimdienstlerischen Aktivitäten zuständig. Das Staatsoberhaupt hält sich in der Regel an die Ratschläge der Behörde, die das Land vor feindlichen Angriffen schützen soll.

NAME:
Agência Brasileira de Inteligência

ABKÜRZUNG:
ABIN

GRÜNDUNGSDATUM:
7. Dezember 1999

HAUPTSITZ:
Brasília

STELLUNG:
In- und Auslandsnachrichtendienst

AUFGABENGEBIET:
Koordination des brasilianischen Geheimdienstwesens, Verteidigung der Demokratie

ZUSTÄNDIGKEIT:
Brasilien

Brasília, Sitz der ABIN

GESCHICHTE

Die Existenz der ABIN fußt auf der 1927 gegründeten militärischen Behörde Conselho de Defesa Nacional. Am 6. September 1946 wurde der Serviço Federal de Informações e Contra-Informações (Sfici) initiiert. Dieser hatte jedoch nur bis 1964 Bestand und wurde durch den Serviço Nacional de Informações (SNI) ersetzt. 1970 gesellte sich die Sistema Nacional de Informações hinzu, in der die Arbeiten der zivilen und militärischen Nachrichtendienste zusammenflossen. Ihnen stand der SNI voran. 1979 beschloss das Gouvernement, die Nachrichtendienste umzustrukturieren. Doch erst 1990 wurde der SNI durch die Secretaria de Assuntos Estratégicos

(SAE) ausgetauscht, die wiederum durch die ABIN abgelöst wurde. In diesem Zuge schuf der Präsident auch die übergeordnete Sistema Brasileiro de Inteligência (Sisbin).

AUFGABENGEBIET

Gemäß des Plans Política Nacional de Inteligência koordiniert die ABIN die Aktivitäten der brasilianischen Geheimdienste. Sie entwickelt und plant, bei Bedarf in Zusammenarbeit mit anderen Nachrichtendiensten, sämtliche Strategien und Aktionen, die die Demokratie im Land absichern sollen. Gleichfalls sollen die nationale Souveränität und die staatliche Autorität Brasiliens vor schädlichen Übergriffen geschützt werden. Für den Präsidenten sammelt und analysiert sie Informationen über Bedrohungen aus dem In- und Ausland.

ORGANISATION

Dem ABIN steht das Komitee für äußere Angelegenheiten und Verteidigung voran. Der Nachrichtendienst ist eine staatliche Behörde, die ihren Sitz in Brasília hat. Geführt wird sie vom Director-General. Verschiedene Gesetze regeln, dass sich die ABIN bei der Ausübung ihrer Aufgaben an die im Staat vorherrschenden Grundsätze und Richtlinien hält.

AUSBILDUNG

Bereits sehr früh versucht die ABIN den Nachwuchs für die Arbeit beim Geheimdienst zu begeistern: 2005 begrüßte sie zum ersten Mal in ihrer Zentrale im Rahmen der Initiative Programa Conhecendo a Abin Jugendliche zwischen zehn und 15 Jahren. Ihnen wurde exemplarisch der Arbeitsablauf eines Agenten vorgeführt. In Zukunft soll ein ähnliches Programm für High-School-Schüler und Studenten entwickelt werden.

SKANDALÖSE METHODEN DES GEHEIMDIENSTES

Wie viele andere Geheimdienste soll sich der Vorgänger der brasilianischen Behörde in einen Abhörskandal verstrickt haben. Vermeintliches Opfer war 1983 der damalige Präsident João Baptista de Oliveira Figueiredo (1918–99). Zufällig hatten Maler in seinem Büro ein Abhörgerät entdeckt, in das ein Sender eingebaut worden war. Die heimischen Zeitungen nahmen den Geheimdienst unter Beschuss, da sich dieser bereits zuvor eines ähnlichen Vergehens schuldig gemacht hatte. 1976 war bekannt geworden, dass Agenten den vorangegangenen Präsidenten Ernesto Beckmann Geisel (1908–96) abgehört hatten.

João Baptista de Oliveira Figueiredo

DIRECCIÓN DE INTELIGENCIA NACIONAL

Während der Diktatur von General Augusto Pinochet (1915–2006) verbreitete die Dirección de Inteligencia Nacional Angst und Schrecken. In Chile war die Geheimpolizei besonders bei Personen, die dem linken Flügel angehörten, gefürchtet: Die DINA ging auf Befehl ihres Anführers drastisch gegen Regimekritiker und Oppositionelle im eigenen Land vor.

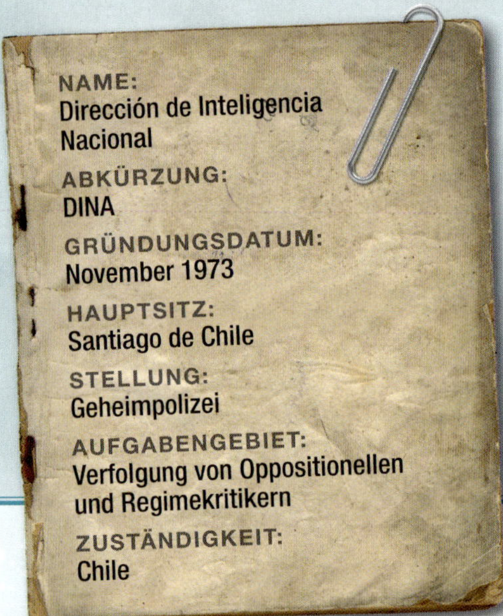

NAME:
Dirección de Inteligencia Nacional

ABKÜRZUNG:
DINA

GRÜNDUNGSDATUM:
November 1973

HAUPTSITZ:
Santiago de Chile

STELLUNG:
Geheimpolizei

AUFGABENGEBIET:
Verfolgung von Oppositionellen und Regimekritikern

ZUSTÄNDIGKEIT:
Chile

Emblem der DINA

GESCHICHTE

Pinochet, dessen Putschversuch am 11. September 1973 gegen den damaligen Präsidenten Salvador Allende (1908–73) erfolgreich verlaufen war und der bis zum März 1990 das Land diktatorisch regieren sollte, kümmerte sich nur wenige Monate später persönlich um die Errichtung einer Geheimpolizei. Diese wurde bereits kurze Zeit nach ihrer Gründung mit einer eigenen Verwaltung ausgestattet. Aus ihr entstand 1977 die Behörde Central Nacional de Informaciones (CNI). Im Jahr 2009 wurden insgesamt 129 Polizisten und Militärs, die für die Geheimpolizei tätig gewesen waren, wegen Menschenrechtsverletzung angeklagt. Sie sollen zahlreiche sogenannte Oppositionelle entführt, gefoltert und getötet haben. Die Ermittlungen seitens der chilenischen

Regierung zu den Verbrechen der Geheimpolizei sind jedoch immer noch nicht vollständig abgeschlossen.

AUFGABENGEBIET

Die Mitarbeiter des Geheimdienstes hatten die Aufgabe, Oppositionelle mundtot zu machen – teilweise auch mithilfe von Gewalt. Die politischen Gegner wurden mitunter bis ins Ausland verfolgt. Unter der Hand der Dirección de Inteligencia Nacional starben beispielsweise in Washington der chilenische Diplomat und Oppositionelle Orlando Letelier (1932–76) sowie in Buenos Aires Carlos Prats (1915–74), der während der Präsidentschaft Salvador Allendes die Ämter des Innenministers und Vizepräsidenten bekleidet hatte. Rund 3100 Personen sollen von Angehörigen der DINA ermordet worden sein, mehrere zehntausend Menschen – die Zahlen schwanken zwischen 28.000 und 50.000 – sollen Gewalt und Folter erlitten haben.

ORGANISATION

Pinochet stand der Dirección de Inteligencia Nacional als führender Kopf vor, geleitet wurde die Geheimpolizei jedoch lange Zeit von General Manuel Contreras (*1929). Dieser verbüßt für seine Taten, unter anderem Mord, eine 289-jährige Haftstrafe. Mit der südlich von Santiago de Chile gelegenen, wie eine Festung ausgebauten Siedlung Colonia Dignidad unterhielt die Geheimpolizei laut Amnesty International und anderen Organisationen ein eigenes Gefangenenlager. Viele Regimekritiker sollen hier misshandelt worden sein, während zeitgleich Aufseher ausgebildet wurden. Jahrelang leugneten die Verantwortlichen gegenüber Menschenrechtsorganisationen die Folterungen.

Carlos Prats nach dem Autobombenattentat

AUSBILDUNG

Über die Rekrutierung der Agenten ist heute nichts mehr bekannt. Die Agenten sollen jedoch durch Mitarbeiter der damaligen US School of the Americans (heute: Western Hemisphere Institute for Security Cooperation) unter anderem in den Bereichen Folter und Nötigungen angeleitet worden sein.

OPERATION COLOMBO

Eine der größten Affären, der sich die Dirección de Inteligencia Nacional schuldig gemacht hat, war die Operation Colombo, die weltweit für Aufsehen gesorgt hat. 1975 wurden über 100 Personen aufgrund ihrer politischen Gesinnung verschleppt und gefoltert. Erst in den vergangenen Jahren wurden im Rahmen der Aufklärungsarbeit der chilenischen Regierung gegen viele Beteiligte der Operation Haftbefehle erlassen.

GLOSSAR

ÄGYPTEN

General Intelligence Service: Der auch Mukhabarat genannte Geheimdienst wurde 1954 von Gamal Abdel Nasser (1918–70) gegründet und beschäftigt sich hauptsächlich mit der innerstaatlichen und transnationalen Terrorismusabwehr.

State Security Investigations Service: Der ägyptische Inlandsgeheimdienst diente als tragende Säule des autokratischen Regimes von Husni Mubarak (*1928) und wurde im Zuge der Proteste während des Arabischen Frühlings am 15. März 2011 aufgelöst. Zeit seines Bestehens bezichtigten oppositionelle Gruppen den SSIS der Folter.

AUSTRALIEN

Australian Secret Intelligence Service: Im Jahre 1952 etablierte der damalige Premierminister Robert Menzies (1894–1978) den australischen Auslandsgeheimdienst, der equivalent zu den weitaus bekannteren Behörden MI6 oder CIA aufgebaut ist. Laut eigenen Aussagen ist die Mission des ASIS, die Interessen des Landes mithilfe von international gesammelten Informationen zu schützen und zu fördern.

CHINA

Ministerium für Staatssicherheit: Aufgrund seiner Rolle als Überwachungsinstrument von angeblichen Konterrevolutionären wird der Inlandsgeheimdienst auch als Geheimpolizei bezeichnet. Gleichzeitig beherbergt das Ministerium für Staatssicherheit, das 1955 in der heutigen Form gegründet wurde, aber auch den Auslandsgeheimdienst. Primäres Ziel beider Organisationen ist der Schutz des sozialistischen Systems vor Saboteuren.

ESTLAND

Kaitsepolitseiamet: Die Geschichte des estnischen Geheimdienstes spiegelt die turbulente Geschichte des baltischen Landes. Die Republik Estland proklamierte im Februar 1918 ihre Unabhängigkeit von Russland und gründete 1920 die unter der Leitung des Innenministeriums stehende Sicherheitspolizei. Als die Sowjetunion Estland am 17. Juni 1940 okkupierte, wurde ein Großteil der Geheimdienstmitarbeiter inhaftiert oder getötet. Da Estland von 1944 bis 1991 einen Teil der Sowjetunion bildete, wurde das Kaitsepolitseiamet erst am 12. Februar 1991 wiederhergestellt. Die Behörde, die primär die rechtsstaatliche und territoriale Integrität des Landes schützen soll, wird seit 2008 von Raivo Aeg (*1962) geleitet.

FINNLAND

Suojelupoliisi: Die Geschichte des finnischen Geheimdienstes reicht bis ins Jahr 1919, die Zeit kurz nach der Unabhängigkeit von Russland, zurück. Die Supo in ihrer heutigen Form wurde im Jahr 1949 gegründet und widmet sich hauptsächlich den Aufgaben der Terrorismusbekämpfung, Spionageabwehr und Sicherheitspolitik. Sie beruft sich dabei auf die Grundsätze der Gesetzmäßigkeit, Seriosität und Qualität ihrer Arbeit. Die Sicherheitspolizei beschäftigt rund 220 Mitarbeiter und wird zur Zeit von Antti Pelttari (*1965) geleitet.

INDIEN

Intelligence Bureau: Nachdem Britisch-Indien 1947 in die Unabhängigkeit entlassen wurde, gründete die indische Regierung den Inlandsgeheimdienst. Seine Aufgaben bestehen aus dem Sammeln von sicherheitspolitischen Informationen im Inland sowie der Durchführung der Spionage- und Terrorismusabwehr. Um diesem Antrag gerecht zu werden, scheint das IB intensiv und teils mit fragwürdigen Methoden die Kommunikationsmittel auf dem Subkontinent zu überwachen.

Research and Analysis Wing: Der Auslandgeheimdienst wurde 1968 gegründet, nachdem das IB in den Kriegen gegen China (1962) und Pakistan (1965) eine unglückliche Figur gemacht hatte. Um die Professionalisierung der Geheimdienste voranzutreiben übernahm von nun an der RAW die Recherche von sicherheitspolitisch relevanten Informationen im Ausland.

Central Bureau of Investigation: Die indische Bundespolizeibehörde, die im Jahr 1941 gegründet wurde, berichtet direkt an die indische Regierung. Da Indien eine föderale Struktur aufweist, werden Kriminalfälle grundsätzlich von den Behörden der Bundesstaaten bearbeitet. Lediglich bei besonders sensiblen, länderübergreifenden beziehungsweise bedeutsamen Fällen werden die Ermittlungsarbeiten vom CBI ausgeführt.

IRAN

Sazeman-e Ettela'at va Amniat-e Keshvar: Der im Jahr 1957 gegründete Nachrichtendienst sollte die Belange des iranischen Staates schützen und Handlungen gegen das öffentliche Interesse verhindern. Der In- und Auslandsgeheimdienst überwachte deshalb vor allem die politische Opposition im eigenen Land. Zunächst war der Geheimdienst ebenfalls für die Zensur regimekritischer Äußerungen zuständig. Die besonders grausamen Foltermethoden des SAVAK wurden mehrfach von Betroffenen belegt. Der Geheimdienst wurde im Zuge der Islamischen Revolution im Jahr 1979 aufgelöst.

Vezārat-e Ettelā'at va Amniat-e Keshvar: Nach dem Sturz des Schahs Mohammad Reza Pahlavi (1919–80) wurde mit dem VEVAK im Jahr 1984 ein neuer In- und Auslandsgeheimdienst installiert. Der Kampf gegen die inneriranische Opposition und die Überwachung von Exiliranern steht beim VEVAK ganz oben auf der Agenda. So versuchen iranische Agenten laut BND in Deutschland Demonstranten zu identifizieren. Zum Schutz der Islamischen Republik schreckt der Geheimdienst auch nicht vor Attentaten im In- und Ausland zurück.

JAPAN

Kōanchōsa-chō: Der 1952 gegründete Geheimdienst ist im In- und Ausland aktiv. In den Zeiten des Kalten Krieges spielte die Überwachung der Kommunistischen Partei Japans eine entscheidende Rolle. National befasst sich der Geheimdienst heutzutage primär mit der Spionageabwehr beziehungsweise der Überwachung verfassungsfeindlicher Gruppierungen, während sich die internationalen Aktivitäten vor allem auf das Atomwaffenprogramm des Nachbarn Nordkorea konzentrieren.

KOLUMBIEN

Departamento Administrativo de Seguridad: Der dubiose kolumbianische Inlandsgeheimdienst, der 1960 gegründet worden war, wurde zum Ende des Jahres 2011 von Präsident Juan Manuel Santos (*1951) nach mehreren Skandalen aufgelöst. So war der ehemalige DAS-Präsident Jorge Noguera (*1963) zu 25 Jahren Haft verurteilt worden, u. a. weil er rechtsextreme Paramilitärs in den Geheimdienst eingeschleust haben soll. Ein neuer Inlandsgeheimdienst befindet sich seit Anfang 2012 im Aufbau.

KUBA

Dirección de Inteligencia: Der kubanische Auslandsgeheimdienst wurde 1961 kurz nach der Revolution gegründet. Im Sinne der sozialistischen Staatsführung unterstützte die DI im Laufe ihrer Geschichte verschiedene revolutionäre Bewegungen. So versuchte der Geheimdienst beispielsweise den chilenischen Präsidenten Salvador Allende (1908–73) nach seiner Wahl zu stärken, indem er die Aktivitäten von Anhängern förderte.

LIBYEN

Jamahiriya Security Organisation: Der Geheimdienst, der als rechte Hand des Diktators Muammar al-Gaddafi (1942–2011) fungierte, konzentrierte sich vor allem auf die Überwachung und Unterdrückung der libyschen Opposition. Im Zuge des Arabischen Frühlings und der wachsenden Opposition infiltrierte der Geheimdienst die Rebellen, um Informationen über die Anführer und bestehende Waffenlager zu erhalten. Nach dem lybischen Bürgerkrieg und dem Sturz des Regimes wurde der Geheimdienst im August 2011 aufgelöst.

MALAYSIA

Special Branch: Der Geheimdienst wurde im frühen 20. Jahrhundert von der britischen Verwaltung in der Kolonie Malaya installiert. Als die Kommunistische Partei Malaysias von 1948 bis 1957 einen Guerillakrieg gegen die britischen Kolonialherren führte, infiltrierte der Geheimdienst die Aufständischen und unterdrückte den Widerstand. Geheimdienstmitarbeiter sollen 1998 Anschuldigungen gegen den Oppositionellen Anwar Ibrahim (*1947) erhoben haben, der, inzwischen wieder entlassen, in einem Schauprozess wegen Homosexualität und Korruption verurteilt wurde. Falschaussagen und mithilfe von Gewalt erzwungene Zeugenaussagen riefen internationale Kritik hervor.

ÖSTERREICH

Heeres-Nachrichtenamt: Die Behörde, deren Anfänge bis ins Jahr 1850 zurückreichen, wurde 1972 geschaffen und zur Wahrung der Souveränität Österreichs vor allem mit der Auslandsaufklärung und der Spionageabwehr während des Kalten Krieges betraut. Aufgrund von internen Querelen wurde letztere Aufgabe 1985 dem neu gegründeten Inlandsgeheimdienst, dem Abwehramt, übergeben. Der Bundesminister für Landesverteidigung und Sport, Norbert Darabos (*1964) von der SPÖ, zog 2010 den Unmut seines Koalitionspartners, der ÖVP, auf sich, weil er zwei SPÖ-nahe Offiziere zu den Leitern des In- und Auslandsgeheimdienst ernannt hatte.

PAKISTAN

Inter-Services Intelligence: Der 1948 gegründete militärische Nachrichtendienst Pakistans gilt als einer der einflussreichsten Geheimdienste der islamischen Welt. Die Machtanhäufung des im In- und Ausland operierenden Geheimdienstes brachte ihm die Betitelung als Staat im Staate ein. Während des Afghanistankrieges unterstützte der ISI an der Seite der CIA die afghanische Guerilla-Bewegung gegen die Sowjetunion. Heutzutage wirft der afghanische Geheimdienst dem ISI die heimliche Unterstützung der Taliban vor. Nach der Tötung Osama bin Ladens am 2. Mai 2011 wurde weltweit die Frage diskutiert, wie dem ISI das Versteck des Terroristen verborgen bleiben konnte.

RUMÄNIEN

Securitate: Die Sowjetunion weitete ihren Einfluss nach dem Zweiten Weltkrieg auf Rumänien aus, was 1948 zur Gründung der Volksrepublik Rumänien führte. Im selben Jahr wurde die Securitate gegründet, die zeit ihres Bestehens Regimegegner verfolgte, inhaftierte und ermordete. Von besonderer Grausamkeit zeugt das sogenannte Experiment von Piteşti, das von 1948 bis Ende 1951 in einem Gefängnis stattfand. Über tausend Menschen, meist regimekritische Studenten, sollten mithilfe grausamer Folter zu regimetreuen Genossen geformt werden. Psychoterror und Gewaltexzesse hatten zum Ziel, dass die Gequälten zu Tätern werden und nachfolgende Gefangene im Sinne des Geheim- und Sicherheitsdienstes „umerziehen“. Die Behörde, die 1990 nach dem Sturz und der Hinrichtung des diktatorisch regierenden Staatspräsidenten Nicolae Ceauşescu (1918-89) aufgelöst wurde, ist nach Schätzungen für den Tod von bis zu 200.000 Menschen verantwortlich.

SCHWEIZ

Nachrichtendienst des Bundes: Am 1. Januar 2010 entstand in der Schweiz durch die Zusammenführung des Dienstes für Analyse und Prävention und des Strategischen Nachrichtendienstes ein neuer In- und Auslandsgeheimdienst. Die Behörde nimmt primär folgende Aufgaben war: Beschaffung und Auswertung sicherheitspolitisch relevanter Informationen in den Bereichen Terrorismus, Extremismus und Rüstung. Die Rechtmäßigkeit und Zweckmäßigkeit der Tätigkeiten werden von der Unabhängigen Kontrollinstanz, dem Bundesrat und dem Eidgenössischen Department für Verteidigung, Bevölkerungsschutz und Sport geprüft.

VIETNAM

Tổng cục 2 tình báo quân đội: Der vietnamesische In- und Auslandsgeheimdienst wurde offiziell erst in den 1990er-Jahren eingerichtet. Gerüchten zufolge hat er aber bereits vor diesem Zeitpunkt inoffiziell für die Regierung sicherheitspolitische Aufgaben übernommen. Die Behörde verfügt über weitreichende Befugnisse, die im Sinne der kommunistischen Staatsführung zu nutzen sind. Anfang des neuen Jahrtausends sorgte der Geheimdienst für Furore, da er abgelehnte vietnamesische Asylbewerber in Deutschland erpresst und bedroht haben soll. Agenten hätten ihren Landsmännern angeboten, dass Vietnam gegen eine bestimmte Summe die Wiederaufnahme ins Land verweigern würde. Ohne Geldzahlung hätten den Asylbewerbern bei ihrer Rückkehr Repressalien gedroht.

REGISTER

L

M

N

O

P

R

S

Bildnachweis

dpa Picture-Alliance, Frankfurt: 7, 8, 11, 18, 23 o. l., 28, 29, 31, 32, 33, 39, 40, 41, 42, 49 u. l., 50, 51, 52, 54, 56, 57 o. r., 58 u. l., 58 u. r., 63, 68, 69 u. r., 74 o. r., 75, 76, 77 u. r., 78, 79 u. l., 81, 83, 84 o. l., 87, 89, 90 u. l., 93, 95 u. r., 98 o. m., 100, 101, 106, 109 o. r., 111, 112 u. r., 119 o. r., 120, 122 o. l., 122 u. l., 123 u. r., 128 o. l., 129, 130, 133 m. r., 134 o. l., 137 u. r., 141 o. l., 141 u. l., 142 o. l., 144, 145, 146, 149, 151 u. r., 153, 154 u. r., 155, 157 o. r., 160, 161, 163 o. r., 166 u. l., 168, 171 u. r., 174 o. r., 178, 183 o. l., 186, 201 o. r., 203, 207 u. r., 209

fotolia.com: marrakeshh 12, fazon 94, stevanzz 96 u. l., Aliona 103 o. l., Anton Balazh 105, Ivelin Ivanov 107 u. l., JS 107 u. m., michelangelus 201 u. l., Al Teich 207 o. l.

Sonstige:
Lizenz cc-by-sa: UpstateNYer 10; Manfred Brückels 15; Silosarg 17 o. l.; Bronstein 20; Bundesarchiv, Bild 146-1976-143-21, 23 u. r.; Juri Kowski 24/25; Bundeswehr-Fotos 26 u. l.; UpstateNYer 26 o. r.; Reinhardhauke 27; Manfred Brückels 37; Usien 38; Dmitry Azovtsev 43; jgaray 44; Bundesarchiv, Bild 175-14676, 45 u. l.; Bundesarchiv, Bild 183-R0522-177, 45 o. r.; Bundesarchiv, Bild 183-1990-0115-034, 46 o. l.; Bundesarchiv, Bild 183-1990-0116-013, 46 u. l.; Lokilech 47; Max Wahrhaftig 48 o. l.; Anagoria 48 u. l.; Bundesarchiv, Bild 183-P00521-0033 / Lehmann, Thomas 49 o. r.; Bundesarchiv, B 145 Bild-F042453-0011 / Wegmann, Ludwig 53; Bundesarchiv, B 145 Bild-F057884-0009 / Engelbert Reineke 55; Andrew Dunn 59; diliff 64; Bundesarchiv, B 145 Bild-F019859-0022 / Wegmann, Ludwig 65 u. l.; Bundesarchiv, Bild 137-004055 69 o. l.; Mohamed Amine BOUKHOULDA 82 o. r.; Magharebia 84 o. r.; Thbz 86; Felipe Gabaldon 88; Gryffindor 90 o. l.; Enrique Dans 90 u. r.; Iker Parriza 91; א (Aleph) 92 o. l; Puertomenesteo 92 u. r.; Bundesarchiv, Bild 101I-316-1181-11 / Vack 95 o. l.; www.esercito.difesa.it 96 m. l.; Geobia 97; Onkel Tuca! 102; NASA Goddard Space Flight Center 104; FaceMePLS 108; Emiel Ketelaar 109 o. l.; Partij van de Arbeid 110 u. l.; Roi Shiratski 112 o. l.; Hans-Petter Fjeld 118; Bundesarchiv, Bild 183-1989-1204-023 / Hirndorf, Heinz 119 o. l.; Thierry Gschwind 121 u.; Henrik Lied 122 o. r.; Paal Sørensen 123 o.; Koyos 124; Johannes Akkach 125 o.; Konrad Kurzacz 127 o. l.; Holger Motzkau 127 u. r.; l99pema 128 o. r.; Lukasz2 132; burts 133 o. l.; Kancelaria Prezydenta RP 133 o. r.; BurgererSF 135; Radoslaw Idaszak 137 o. l.; Myrabella 140 o. l.; Diliff 140 o. r.; A.Savin 142 u. l.; Christophe Meneboeuf 143; kremlin.ru 151 o. l.; Vitosha 151 o. r.; Multimotyl 152 o. l.; Kremlin.ru 152 u. r.; Oleg Lastochkin 154 o. l.; Noumenon 156; Halil Uysal 158 o. r.; James (Jim) Gordon 159 o. l.; Πρωθυπουργός της Ελλάδας 159 u. r.; Beivushtang 165 o.; 365grad 166 o.; Shmuliko 167 u. l.; Cornischong 167 u. r.; Nauticashades 168; Bernard Gagnon 170; HonorTheKing 172; Fabio Rodrigues Pozzebom 173; Robysan 147 o. l.; Bo yaser 174 m. r.; Peretz Partensky 176; isafmedia 177 u. r.; Nationaal Archief Fotocollectie Anefo 181 u. r.; Biblioteca del Congreso Nacional de Chile 183 m. l.; Zach Rudisin 185 o. l.; Brunswyk 192 o. r.; Shanta Rohse 198; Iraqidude 200 o. r.; ASDFGHJ 202; Andrew Cooper 204; Courtesy of Horowhenua Historical Society inc, Levin, New Zealand 205; Jughead78 205 u. r.; Schutz 206; Thum Fel 210